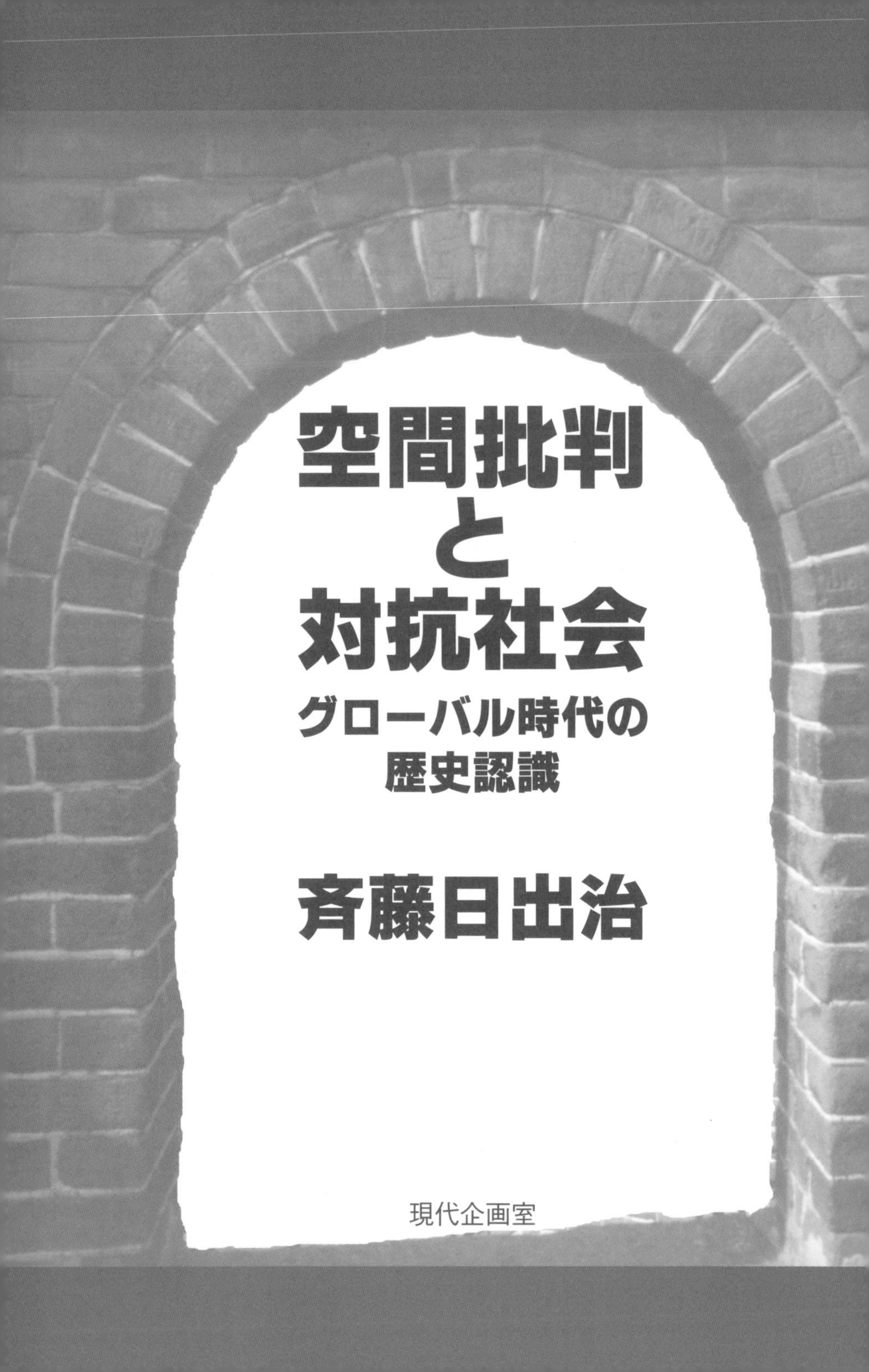

空間批判と対抗社会

グローバル時代の歴史認識

斉藤日出治

現代企画室

空間批判と対抗社会

グローバル時代の歴史認識

斉藤日出治

装丁——本永惠子

空間批判と対抗社会　目次

はじめに

i

社会主義の崩壊とポスト冷戦時代の到来は、市場経済のグローバルな展開に拍車をかけた。グローバリゼーションの波は、東西対立、南北対立という戦後世界の固定した枠組みをつき崩して、地球上のすべての地域を資本の価値増殖の運動の渦に巻きこんでいる。

この動きは近代の社会形成の規範を激しく揺り動かし、再審理にかける。なによりも、近代のあらゆる主権を独占した国民国家が国境を越えた資本の移動を制御する能力を喪失する。あるいはみずからの主権を越える地球的な規模の課題（環境・平和・人口・飢餓）に直面して、その統治能力が問われるようになる。

また近代社会の担い手である個人は、帰属する集団の流動化によって安定したアイデンティティを喪失する。そして個人を主体としてたちあげた市民権の概念が多様化し、再定義を迫られるようになる。

さらに、社会の存立を根拠づけてきた時間と空間の絶対的な枠組みが崩壊する。均質で、直線的で、連続した時間の観念が失われ、歴史感覚が希薄になる。また遠近法と等質的・等方向的な空間の観念が崩壊して、不均質で、入り組み合う多層化した複合的空間が浮上して入る。

このような近代社会を支えてきた規範の動揺とともに、近代社会の不安の意識が蔓延する。ポストモダンの思想状況がこうして深化する。

近代社会はそもそも不安定で不確実な社会として誕生した。近代社会は慣習・伝統・儀礼による宇宙論的・自然的な秩序をつき崩して、あらゆる要因を流動化し断片化させた。だが同時に近代社会は流動化し断片化した諸要因をまとめあげ、社会の統一を導く主体を生み出した。近代社会は個人という主体の自律が社会の統一を導くという信念にささえられており、したがって流動化・断片化と統合化というダイナミックな運動をばねにして発展を遂げてきたと言ってもよい。そして、この主体の自律を保証したのが、民主主義および市民権の言説であり、この言説を根底で支えたのが、国民国家という近代社会の基本的な枠組みであった。

グローバリゼーションはこのような近代社会の基本前提に揺さぶりをかける。国境を越えた市場取引の進展、移民・難民・亡命・観光旅行などによるひとびとの国際移動の高まり、情報通信技術や交通輸送手段の革新による時間と空間の極度の圧縮によって、民主主義や市民権といった、主体の自律を可能にした言説的条件に亀裂が入れられ、主体の自律能力が衰退して、近代社会の統一性が保持できなくなる。人間は、不確実で分裂した断片にすぎず、断片の重層的な重なりの中で節合され組み立てられる存在へと変質する。人間主体に対する信頼の全面的な喪失とともに、近代社会の統一の根拠は失われていく。社会は構造的に非決定の状態におかれ、社会の根拠は無限の奈落の底となる。

グローバリゼーションとポストモダンの時代は、伝統的な規範の解体と流動化を通してダイナミックな統合を図るという近代のロジックの全面的な崩壊によってゆきづまり、社会の存立基盤が失われつつある。そのために、社会的なものはいかにして可能か、という根源的な問いが発せられている。今日深まりつつある危機は、経済システムの危機、地球環境危機、アイデンティティの危機、文明の危機、いずれをとっても、このような近代社会のトータルな社会統合の危機に起因している。

本書はこのような時代認識の上に、社会の断片化と流動化を契機にした新しい社会形成の可能性の所在を探り当てようとするこころみである。

この課題に取り組むためには、近代社会を築き上げた社会形成の諸概念が再定義され、再検証される必要がある。

国民国家しかり、ナショナリズムしかり、市民社会しかり、民主主義しかり、市民権しかり、都市文明しかりである。そしてこれらの諸概念の再検証に当たって、社会の外部に自然的所与として前提されていた時間と空間の概念の再検証が同時に求められる。近代における直線的で等質的な時間意識が解体することによって歴史認識にどのような変化が生じたのか。グローバリゼーションは均質で幾何学的な空間意識にどのような変容を及ぼし、いかなる空間意識を生み出しているのか。そしてこのような時間と空間の意識の変容が近代の社会形成の基本的概念にどのような変容を及ぼしているのか。

この取り組みは、同時に近代社会の自己認識であり自己批判の産物であるユートピア論や社会主義論の再検証をも不可避的に引き起こすことになる。社会の根拠が崩れさった危機の時代に社会主義像をどのように提示したらよいのか、という課題がそれである。

ii

つまり本書の課題は、近代社会を存立させてきた社会形成の基本的諸概念が、グローバリゼーションとポストモダンの歴史的状況の中でいかなる変容を遂げているのかを問い、それらの諸概念の批判的な再構成と脱構築を試みることにある。この作業を通してはじめて、今日の歴史的状況に対する内在した認識と、対抗的な社会形成を展望することが可能となるのではないか。

序章でとりあげるナショナリズムの概念を例にとってみよう。ナショナリズムは、一見するとグローバリゼーションの時代に逆行するアナクロニズムであるかのように考えられがちである。だが九〇年代以降、国境を越えた市場取引が進展するとともに、先進諸国で排外主義的なネオ・ナショナリズムが台頭する。それはなぜか。国民国家はグローバリゼーションとたんに対抗しているだけではない。国民国家は巨大資本による国境を越えた投資活動の条件を整えるという任務を果たすことによって、グローバリゼーションの水先案内人となっている。国際会計基準などのグローバル・スタンダードを整備して、国民国家の外部だけではなく、自国の国内においてもそのような条件整備が推し進められる。それと同時に、国家は技術開発や技能形成を推進して自国の企業の国際競争力を育成しなければならず、自国の国民をそのような国際競争に向けて動員しなければならない。このようにして国民国家がグローバリゼーションの脱国家的な空間領域に融合していくとき、社会成員の集団的アイデンティティは不安定なものとなり、国民的統合はしだいに困難となる。

とりわけ市場のグローバリゼーションは、資本の回転循環の速度を加速させる。情報通信ネットワークのグローバルな配備と国際的な交通輸送網の発展によって、資本の回転時間は極度に短縮された。この時間の短縮が地球空間の圧縮を引き起こす。時間による空間の絶滅が極限的に進行して、ひとびとの場所感覚が衰退する。それは安定した場所に根ざしたひとびとの集団的アイデンティティを揺り動かす。そして時間の短縮は、直線的・連続的な時間感覚を崩壊させ、歴史意識をいちじるしく希薄なものにする。空間に刻印された時間は浮遊し、断片化する。このように流動化する空間意識と浮遊する時間意識を背景にして、国家は集団的アイデンティティを失ったひとびとを国民に再統合しつつ、排外主義と敵対関係をテコにして、国際競争への動員を図る。このような動向の中で、ネオ・ナショナリズムが台頭する。それゆえネオ・ナショナリズムの歴史意識は、国民の「自由な物語」を賛美し、国民形成の歴史を再構築しようとする。

かつての古典的なナショナリズムが共和主義、立憲主義、民主主義などの共通感覚にささえられていたのに対して、ネオ・ナショナリズムはそのような共通感覚を失い、諸個人の分断と孤立の状況下で、異質な他者を排除し、歴史を再構成する自由をテコにしてアイデンティティを回復する社会的排除のナショナリズムへと転換する。かつて近代社会をうちたてる創造的なエネルギーの源泉をなしたナショナリズムは、このようにしてグローバリゼーションの歴史的状況の中で変容を遂げていく。

本書の構成について概観しておきたい。

第I部は、市場のグローバリゼーションが国民国家、市民権、ジェンダー、都市文明に及ぼす変容を検討する。またこの検討を通してポストナショナルな社会形成の方向性を探る。とりわけ二〇〇一年の《九・一一》以後の状況が歴然と語り出しているように、市場のグローバリゼーションは、ネオ・リベラリズムの主張とは正反対に、たんに国境を越えた市場取引を深化・拡大するだけではなく、国民国家を越えたグローバルな権力的秩序を配備し、戦争のグローバリゼーションを引き起こすものであることが指摘される。

第II部では、ポストモダンの歴史的状況とグローバル時代の空間認識を先取りして提示したアンリ・ルフェーヴル『空間の生産』のプロブレマティークを検討する。ルフェーヴルは空間を社会的生産物として、つまり社会諸関係の空間的な秩序形成として読み解き、社会・人文の諸科学を空間論の問題構成の上に再定位する。そしてこの空間認識の提起は、身体のリズム分析という時間概念の変革へとゆきつく。

第III部では、ポストモダンの歴史的状況における市民社会と社会主義の再定義をおこなう。近代社会の社会統合の担い手である主体が崩壊したポストモダンの歴史的状況において、市民社会とはもはや市民的個人を自明の前提とする社会ではないし、社会主義も労働者階級という集団的主体を前提として構想することはできない。近代社会が立脚していた基本的な諸概念（民主主義、市民権、空間、時間、労働）が再検証され、それを踏まえて市民社会が再定義され、社会主義の構想と戦略が再提起される。

この課題は個別科学の領域を越えるものであり、著者の手に余る課題である。だが今日の社会では、政治・経済・文化の諸領域がたがいに入り組み融合しており、それゆえ従来のような固定した境界領域に立脚する個別科学の存在意義が根本から問われている。そのために、学的な知の根底に問いかける作業が不可避的に求められている。著者が非力を顧みずそのような作業にあえて挑んだ理由はそこにある。読者のみなさんのご批判とご叱正を請いたい。

序章　ポストモダンにおける歴史の復権――歴史認識をめぐる政治闘争

ポストモダンは歴史が消失する時代である。そこでは歴史意識が希薄化し、空間が極度に平板化する。だがこの時代は、同時に歴史を自由に語る権利が出現する時代でもある。現在から過去を切り離して過去を自由に表現する歴史観（いわゆる「新自由主義史観」）が称賛される。このような歴史意識の希薄化と歴史の自由な表現の中には、現在を発生論的・批判的に読み解くという意味での歴史認識を抹殺し、現在を無批判的に正当化する権力作用が貫かれている。この権力作用を通してネオ・ナショナリズムが台頭する。

本論の課題は、歴史教科書問題の背後に潜むこのような歴史観がナショナリズムを回路づける権力作用をともなうものであることを明らかにし、現在を発生論的に読み解く歴史認識の構築を図ろうとすることにある。

「新しい歴史教科書」の歴史観

「新しい歴史教科書をつくる会」（以下、「つくる会」）は、日本の学校教育における既存の公民・歴史教科書が「自虐史観」にもとづいており、日本国民としての誇りを失わせるものであると批判した上で、過去の歴史を「正当に」評価するという目的で新しい公民・歴史の教科書を編纂した。文部科学省の検定作業によって、一三七カ所以上の修正意見を受けながらも、この教科書は二〇〇一年四月三日に検定を合格した。その結果、翌年四月より中学校の教科書として使用されることになり、「つくる会」では採択率一〇%をめざしてキャンペーンを進めた。しかし、書店における五〇万部を優に越える売上げにもかかわらず、一部の私立中学校と養護学校を除いて、全国の公立中学校でこの歴史教科書を採択したところはほとんどなかった。（ただし、二〇〇二年八月には愛媛県の教育委員会が新設の県立中学の三校でこの教科書の採択を決定している）全国各地での粘り強い批判の動きが公立中学校における採択を阻止したと言うことができる。

しかし、扶桑社の教科書の圧倒的な不採択にもかかわらず、教科書採択制度の改悪の動きや、教科書の内容の後退の動きはむしろ加速されている。たとえば、教科書の採択の決定を教育委員会に全面的に委ね教科書の採択から現場の教師を排除する動きが急展開し、全国の三三道県と二二二の市町村議会で採択制度の改定要請が決議された。さらに扶桑社以外の歴史教科書から「慰安婦」「三光作戦」「七三一部隊」「侵略」といった記述が削除されたりするなど、記述の後退が目立つ。また「南京大虐殺」を「南京事件」に書き換えるなどの変化が顕著である。[1]

日本の国内ではいろいろな歴史教科書があってよいという考えから扶桑社の歴史教科書を肯定的に受けとめる動きもみられるが、諸外国ではこの教科書にきわめて厳しい批判が浴びせられた。韓国と中国からは具体的な修正項目を挙げて、修正要求が出された。またアジア各地の新聞は、この歴史教科書が国家主義の色彩を濃厚に帯びているためアジアの隣人たちを憤激させている、と報じた。

教科書問題の背景にあるのは、日本の社会経済危機が深化する中で、この危機意識をナショナリズムの発揚へと誘導しようとする動きである。

《国民の物語》としての歴史教科書

「新しい歴史教科書」はその記述の問題点を個別にとりあげるかぎり、これまでの日本ナショナリズムを復権させようとする主張と大きく変わったところはない。[2] たとえばこの教科書は、日本のアジア侵略戦争を「大東亜戦争」と呼んで、この戦争を肯定あるいは美化しようとする。「日本の緒戦の勝利は東南アジアの人々、さらにはアフリカの人々にまで独立の夢と希望を育んだ」として、この戦争が非西欧諸国の独立運動に貢献したかのような記述がなされる。またこの戦争が「侵略戦争ではなく、日本にとってやむを得ない自衛の戦争であった」と位置づけ、「戦争は悲劇である。しかし戦争に善悪はつけがたい。どちらかが正義でどちらかが不正だという話ではない」として、その責任をあいまいにする。他方で、日本軍がおこなった戦争犯罪行為については、「強制連行」「強制労働」「南京大虐殺」「従軍慰安婦」などについての一切の記述を避けている。

そのうえ、日本によるアジア諸国の植民地支配について、その実態（創氏改名、日本語の強要、土地の収奪、徴兵制など）には一切言及せずに、植民地支配そのものを正当化する。また戦後の日本国憲法を占領軍によって押しつけられた憲法だとして、戦争放棄をふくめてその理念を否定する。

さらに日本を「天皇中心の神の国」と定義して、教科書の冒頭から神話の記述をとりあげ、教科書全体で神武天皇から昭和天皇にいたるまでの歴代一九名の天皇を登場させている。

天皇制ナショナリズムを発揚させ国粋主義に彩られた教科書の記述それ自体に目新しい内容はない。だがこのような記述を正当化する論拠として、この歴史教科書に特有な歴史観が存在することは注目に値する。それは歴史を科学ではなく、物語としてとらえる歴史観である。この歴史観によれば、歴史には客観的な過程など存在せず、歴史とはそれぞれの人がみずから構成する物語である。したがって過去の歴史にもそれぞれの価値基準があり、それらの価値基準がそれ自体として尊重されるべきものであるとみなされる。

「新しい歴史教科書」は言う。過去の歴史を現在の価値基準という唯一の基準によって裁いてはならない、と。歴史を学ぶことは、「今の時代の基準からみて、過去の不正や不公平を裁いたり、告発したりすることと同じではない。過去のそれぞれの時代には、それぞれの時代に特有の善悪があり、特有の幸福があった」。このようにして、「つくる会」は、現在の道徳を基準にして過去を裁く「裁判」のような歴史観をやめよう、と訴える。歴史を現在の基準から解き放ち、各人が過去の歴史をそれぞれの価値観にもとづいて自由に構成する権利をもたなければならない。一見もっともらしいこのような論拠によって、「新しい歴史教科書」が正当化される。

だがこの歴史観は、日本の侵略の事実を包み隠し、日本の戦争責任を不問にする隠れ蓑となっている。リベラルで多元主義的な装いをもって、絶対的で一元的な国家主義が復活する。ここに《新自由主義史観》と呼ばれる新種のナショナリズムの特徴を読みとることができる。

オーストラリア国立大教授で日本思想史・経済史を専攻するテッサ・モーリス・スズキは、『朝日新聞』の論壇記事「地球時代の歴史教科書」（二〇〇一年四月五日号）で、このような新自由主義の歴史観をつぎのように的確に批判している。歴史認識とは、現在の価値基準をアプリオリに自明の前提として過去を裁くことではないが、かといって過去は現在とまったく無関係に存在するわけではない。現在の価値基準とは、現在に生きるわたしたちの経験や検証によって総合的に評価されるべきものであり、この総合的な評価の上に立って過去の行為の過ちが判断され裁かれなければならない。そのような歴史認識の意義を否定して歴史をたんなる物語に還元してはならない。現在の価値基準を放棄することは、逆にきわめて狭隘な自国中心史観という絶対的な基準を採用することになり、他国の批判を拒否した独善的な歴史観をうちたてることになる。歴史を学ぶことを通して、現在に生きるわたしたちの限界を知り、現在の自己を批判的に認識しなければならない。この姿勢が「新しい歴史教科書」からはすっぽりと抜け落ち、過去が現在から切り離されて独自な価値をもつものとして美化され、過去の美化を通して、今度は現在が無批判的に正当化される。新しい歴史教科書の歴史観にはこのようなイデオロギー的構造がはらまれているのである。テッサ・モーリス・スズキが指摘するように、この歴史観のねらいは、これまで戦争責任を不問にしてきた「日本国民の心理的救済」を図ることにあるのである。

ポストモダンの歴史的状況と新しいナショナリズム

この歴史教科書を支える歴史観は、ポストモダンの歴史的状況をはっきりと映し出している。ポストモダンの歴史的状況は、モダニズムを支えていた基本的原理に対する懐疑と動揺から生じてきた。個人・市民・国民などの主体の自律性、市民社会・国民国家という社会的枠組みは、モダニズムの基本的な原理であった。だがポストモダンの思想は、この基本的原理の自明性に疑問を投げかけるようになる。近代社会の主体は、自明の前提ではなく、さまざまなイデオロギー的・政治的な節合の結果であり、諸種の社会的・経済的制度の産物である。市民社会や国民国家という社会的枠組みも、諸種の個人的・集団的な利害対立や紛争を制御し調整する過程を通して築き上げられるものであり、したがってこの枠組みは安定したものではなく、たえず解体=再構成される。とりわけグローバリゼーションと情報化の進展は、近代の強固な社会的枠組みをなしてきた国民国家を大きく揺り動かし、市民社会を脱国民国家的な広がりにおいて再編しつつある。

だがポストモダンの思想が暴き出したこのようなモダニズムへの懐疑の中から、ナショナリズムの新しい動きが浮上する。ナショナリズムの運動は、このようなポストモダンの思想を活力源として息を吹き返すのである。

ポストモダンの思想を逆用したナショナリズムの復権の動きを二点とりあげてみたい。

第一の事例は、《国民の物語》としての歴史観である。国民とは、かつて血縁・地縁などの歴史的条件にもとづく民族共同体の成員とみなされ、比較的自明で安定した主体とみなされていた。だがポストモダンの思想は、この国民を自然発生的な血縁や人種にもとづくものではなく、近代社会の諸制度が創出した「想像の共同体」の産物であることを暴き出す。たとえばアメリカの政治学者ベネディクト・アンダーソンは、一九八三年に『想像の共同体』を著して、国民の共同体が、近代とともに生まれた全国新聞、出版文化、放送文化、標準語の制定、全国共通の度量標準などの制度を通して、さらには国勢調査や国土地図や博物館などの権力の制度を通して、人為的に築き上げられた想像の共同体であると主張する。

アンダーソンのこの説は、国民主体やナショナリズムを自明のものとみなしてきた近代のイデオロギーを批判し、それを脱構築する意図で提起されたものである。ところが新自由主義史観においては、アンダーソンのこの説が逆手にとられて、《想像の共同体》がナショナリズムを正当化する論拠とみなされる。つまり、国民が人為的につくりあげられた想像の共同体であるとすれば、国民形成の物語を作成するのも個人の自由であり、個人の権利である。諸個人がみずからの経験にもとづいて国民形成の歴史を語ること、それこそが歴史認識にほかならない、と。このようにして、リベラリズムの政治思想とナショナリズムが節合する新しい歴史観と、そのような歴史観に裏打ちされた新しい国民像が浮かび上がる。

第二の事例は、今日の西ヨーロッパで吹き荒れている《新しい人種主義》の言説である。ドイツのネオナチやフランスの極右政党である国民戦線が移民労働者を排撃する論拠となっているのは、もはやかつてのような人種差別のそれではない。フランスの政治哲学者エティエンヌ・バリバールはこれを「差異論的人種主義」と呼ぶ。かつての人種差別は、皮膚・髪・眼の色といった身体の識別可能な生物学的な差異を根拠においていた。これに対して近年の人種主義は、文化の差異を論拠にして他者を排除しようとする。だがこの文化の差異という発想は、かつて人種差別に反対する反人種主義の理念とされていたものであった。地球上のひとびとは、多様な文化集団に属しており、この文化の差異こそがひとびとを存在せしめる重要な根拠となっている。したがって文化の差異の承認は、ひとびとの基本的な権利である。ひとびとはみずからが属する文化を享受する権利を有する。こうして反人種主義の運動は「差異への権利」をスローガンに掲げて、移民の市民権を擁護する運動を展開した。だが新しい人種主義は、まさにこの差異への権利を逆手にとって排除の論理を組み立てる。たとえば、国民戦線はフランス国民がフランスの純粋文化を守るために、異質な文化をもった移民を排除する権利をもつ、と訴える(3)。

以上の二つの事例は、《国民国家》および《国民》という絶対的な基準が崩れ去りあらゆる主体が相対化され多元化されるポストモダンの歴史的状況において、相対主義と多元主義の思想を媒介として他者を排除する自己閉塞的なナショナリズムが登場する過程を端的に示していると言えよう。

わたしたちはこのようなナショナリズムの台頭の背後にある社会的磁場の変容に目を向けて、ナショナリズムの変質に注目する必要がある。たとえばイギリスの政治学者ジェラール・ドゥランティ［2001］は、新しいナショナリズムがグローバリゼーションにともなう国民国家の衰退と密接に結びついていることを強調している。国民国家とは、民族（nation）と国家（state）が同一の地政学的基盤において融合した社会体である。言語・文化・地縁にもとづく共同体としての民族と政治機構としての国家が結びついて国民国家（nation-state）が築き上げられる。だがグローバリゼーションは、民族と国家とのこの結びつきを解体していく。そのために、ナショナリズムは国家という公的な基盤を失って、個人のアイデンティティやナルシシズムと結びつくようになる。ナショナリズムは、公的なイデオロギーや信念の体系であるよりもむしろ、社会・経済危機に触発された社会的不満の発露となる。したがってナショナリズムは、国民主権のような市民権と結びついた社会統合の役割をしだいに果たさなくなり、下からの社会的不満をエネルギー源とした社会的排除の動きとなる。移民に対する極端な人種差別や外国人嫌いが顕著になるのはそのためである。

「今日のナショナリズムは市民権との結びつきを失い、排除のナショナリズムとなっている。」（Delanty G., ibid., p.96.）

近代の古典的なナショナリズムは、共和主義、立憲主義、民主主義、祖国愛といったイデオロギーや信念の体系に支えられていたため、社会的統合の主要な回路をなしていた。だがポストモダンの時代状況における排除のナショナリズムはそのような統合の機能を失って、社会内部の敵対関係をひたすらあおり立てる。

「新しいナショナリズムは、国民国家の危機の表現であり、産業社会およびその社会的統合のシステムの解体の表現である。」（ibid., p.97.）

国民国家の均質性が崩れ去り、不均質と多元化が進む状況下で、ひとびとのアイデンティティは自己閉塞的なナショナリズムへと吸収され、社会の分裂と敵対関係を深める。このような多元主義と自己閉塞性の併存の根底に潜んでいるのは、歴史感覚の希薄化である。あらゆるものが相対化され絶対的な基準が崩れ去ることによって、社会的なるものの根拠が不確実なものとなる。社会空間は意味がたえず浮遊する諸種の断片へと分解され、それらの断片からは時間の刻印が薄れていく。このような希薄化する時間意識の中に、過去を美化することによって現在を正当化し、現在の矛盾や過去の責任を包み隠して、現在を永遠の時間として描き出そうとする歴史観が出現するのである。

歴史認識による《現在》の再審理——「木本事件」から学ぶこと

このようなポストモダン的状況を打破して自己閉塞的なナショナリズムの台頭を阻止するためには、現在の空間に歴史意識を呼び戻さなければならない。歴史認識と歴史教育の意義はまさにそこにある。現在の空間を歴史的時間の刻みこまれた重層的な厚みをもった空間として認識すること、現在を発生論的に説き明かすこと、ここに歴史教育と歴史認識の意義がある。それは現在に過去の光を当てることによって、現在を批判的にとらえ返し、併せて将来の進むべき道を照らし出すことでもある。現在の社会空間をを過去の時間的刻印を帯びた重層的構造として認識すること、これが歴史を学ぶことの意味なのである。

このような歴史認識の重要性を考える際に手がかりになるものとして、筆者がかかわっている社会運動をとりあげてみたい。日本の紀伊半島の南端にある熊野市で、今から七〇数年前の一九二六年に、地元住民が二人の朝鮮人を虐殺するという事件が生じた[4]。日本が朝鮮の政治的・軍事的な主権を奪いとり植民地支配をうちたてた時代のことであった。わたしたちは一九八九年に「三重県木本で虐殺された朝鮮人労働者（李基允［イ・ギユン］、裵相度［ペ・サンド］）の追悼碑を建立する会」を結成して、数年後の一九九四年に二人の追悼碑を建立した。わたしたちはこの事件をうみだした根が、ひとつは地元住民の朝鮮人に対する排外主義的な差別感情にあり、もうひとつは地元の町役場が出動を要請した武装集団（在郷軍人会、消防組など）による朝鮮人への集団的な襲撃にあることを指摘した。

だがこの事件を起こした原因は、七〇数年後の今日の熊野市において、十分に内省されることがないまま放置されている。そのことを端的に物語る事件の二つの痕跡がある。

ひとつは、熊野市内の極楽寺にある二人の墓石である。事件の直後にふたりの建築会社の現場監督が二人を供養してつくったこの墓石には、「鮮人」という朝鮮人に対する蔑称が記され、本名ではなく、「春山」、「秋山」という日本名が刻みこまれている。またその墓石に刻みこまれた戒名は四文字からなっており、四文字という文字数は、死者を差別しもっとも低い位の死者とみなされる者に授けられる差別戒名であった。そのような墓石が地元でまったく顧みられることもなく、アジア太平洋戦争後も極楽寺にそのまま放置されていたのである。

もうひとつは、一九八三年に刊行された『熊野市史』における「木本事件」の記述である。『熊野市史』には「木本トンネル騒動」と題されるこの事件を取り扱った記述がある。その記述は、全体として地元住民がとった行動を弁護する色彩が濃厚で、とりわけその末尾に、この事件で地元住民がとった行動は郷土を愛する気持ちから発した「愛町心の発露」であった、と記されている。

わたしたちの会の運動は、事件が残したこの二つの痕跡に疑問を抱くことから出発した。わたしたちはまず極楽寺にあったふたりの墓石を大阪の人権博物館に移して、日本社会の朝鮮人差別を物語る歴史的な資料として展示した。さらに極楽寺の最近就任した若い住職は、二〇〇〇年一一月に、差別表現が刻み込まれたこの墓石をそのまま放置しておけないとして、自費を投じてふたりの本名を刻みこんだ新しい墓石を建立した。

また『熊野市史』の記述については、わたしたちの会が熊野市に対して「愛町心の発露」という箇所を削除し、事件の記述全体を書き直すように要求してきたが、要求は部分的に受け入れられただけである。

わたしたちはなぜ七〇数年前に日本の地方の小都市で起きたこの事件にこだわり続けるのであろうか。それは、この事件が近代日本のアジアに対する侵略行為の縮図であり、またこの事件に対する当事者の無責任な対応がそのまま日本国家と日本国民のアジア侵略戦争に対する無責任な対応の縮図である、と考えるからである。

この事件を知りその原因を探ることによって、わたしたちは熊野市の現在が過去の事件を日々再生産していることとを認識することができた。極楽寺の差別表現を刻み込んだ墓石や、事件を正当化する『熊野市史』が顧みられることなく存在し続けるということは、過去の事件が現在の熊野市において日々くりかえされていることを意味する。つまり、過去の事件の原因は、じつは現在を日々生きているわたしたちの現実にある。歴史を学ぶとは、わたしたちが何げなく過ごしている現在の日常を批判的にとらえ返し、現在に新しい照明を当てることである。

K・マルクスの歴史認識

わたしたちは、このような歴史認識をカール・マルクスのうちに読みとることができる。カール・マルクスは、私的所有批判を通して、個体的=社会的所有にもとづく社会の将来像を展望した歴史理論家である。かれは「私的所有とは盗みである」というピエール・ジョセフ・プルードンの思想を理論的に根拠づけるべく、所有の歴史理論をうちたてようと試みた。

ブルジョアジーの弁護論者は、私的所有を自己労働によって根拠づけようとする。かれらはかつて遠い過去には詐欺と暴力が存在したことを認めたうえで、その過去の罪が法にもとづく権利移転がおこなわれる現在においてもはや時効となっているとして、現在を過去から切り離し、免罪しようとする。

これに対して、マルクスは法にもとづく権利移転こそ、過去の罪を再生産するものであることを指摘するのである。つまり、私的所有は遺産相続によって合法的に継承されているかのようにみえるが、それは過去の盗みを合法的に再生産していることにすぎない、と。

そのために、マルクスはフランス語版『資本論』でゲーテの小学生向き教義問答を引用して、つぎのように皮肉るのである。学校の先生は生徒にたずねる。「あなたのお父さんの財産はどこから来たのか」と。生徒は答える。「おじいさんからです」。では「おじいさんはどこから来たのか」、生徒は同じく答える。「ひいおじいさんから」と。「では、ひいおじいさんはどうしたのか」。「ひいおじいさんは盗んだのです。」

最初の財産は盗まれたのである。この盗みを大規模に組織する歴史的過程こそ、ヨーロッパで近代資本主義を生み出した《資本の本源的蓄積》の過程にほかならない。それは、中世の時代に農耕民の土地を収奪して、農耕民を無産プロレタリアートに転化する歴史的過程にほかならなかった。農耕民は土地を奪われ、生産手段を失って、無産者と化して都市に流れこむ。都市に流れこんだ無産者は労働時間を切り売りする近代的賃金労働者として鍛え上げられ、賃金労働の慣習を強制的に身につけさせられる。この過程は「流血立法」と呼ばれる経済外的な暴力があからさまに作用する過程である。

だが資本主義がひとたび確立されると、この過程は終結するのではなく、合法的な市民法契約という形式を通して継続することになる。市民法契約とは、労働力という商品の売り手と買い手が対等な私的所有者として等価交換をおこなう過程である。だがこの関係を通して、かつての土地・生産手段と労働力との分離が日々現在的に再生産される。しかもこの分離は拡大された規模で再生産され、一方に富が、他方に貧困が累積していく。これが資本の「蓄積過程」である。つまり現在における資本の「蓄積過程」とは、過去の「本源的蓄積過程」を不断に、しかも拡大された規模で再生産する過程にほかならない。本源的蓄積過程における土地・生産手段と労働力との暴力的な分離は、資本の蓄積過程において市民法契約という合法的な形式をとって再生産される。その意味で、本源的蓄積過程とはたんに歴史的な過去の事実であるだけでなく、現在の根源に潜む過程でもある。合法的に遂行される資本と労働の交換（労働契約）は、死んだ労働（生産手段）と生きた労働（労働力）との本源的分離を不断に再生産する過程にほかならないからである。

したがって現在の罪は、過去の罪を問いただすことなく再生産していることにある。現在がそのような歴史の原罪を負って存在していることを認識すること、ここに歴史認識の意義がある。だから過去とは、現在の根源に潜むものであって、たんに時間的に先行する出来事なのではない。この認識に立つとき、過去の行為の原因が現在にあることがわかってくる。マルクスが言うように、キリスト教における《原罪》とは、まさしく《現罪》なのである。(5)

歴史の責任

日本の戦争責任について、当時生きていなかった現在の日本人が過去の戦争責任を問われる筋合いはない、という主張がある。過去におこなわれた不正義に対してそのとき生きていなかった現在の日本人が「恥」や「罪」や「責任」を感じる必要は一切ない、という主張である。

だが先に述べた歴史認識に立脚するならば、この主張は誤りであることがわかる。現在生きている日本人は、過去の戦争犯罪を犯した日本人の子孫であるがゆえに戦争責任を負っているのではない。現在生きている日本人が過去の戦争責任を負っているのは、現在が過去の戦争の原因を再生産しており、日本人がそのような現在に批判的に立ち向かうことなくその現在を無為に生きているからなのである。過去の戦争犯罪を不問にして、その責任の所在を問うことも、被害者の補償をしようとする努力も、被害者に謝罪をすることもない現在を生きているからこそ、現在に生きる日本人は戦争責任を負っているのである。

現在を過去から切り離して、過去の行為に現在を生きる自己が責任をもたないという姿勢は、戦争責任を現在において問う姿勢を放棄している。日本が戦争責任をみずからの課題として引き受け、「従軍慰安婦問題」もふくめて戦争の侵略責任と加害責任を記憶にとどめ、謝罪する行為をおこなうことなく、それらの行為を不問にして生きているかぎり、現在生きている日本人は過去の侵略戦争を再生産しているのであり、そのような現実を生きているかぎり、日本人は戦争責任を問われ続けるのである。

テッサ・モーリス・スズキ［2001］は、「現在も生き続けている過去の不正義を是正する責任がわたしたちには確実にある」（九〇頁）として、これを《連累 implication》の責任と呼ぶ。「連累」とは「過去との意識的な関係の存在と、『事後共犯』の現実を認知する」（九〇頁）ことである。「わたしは直接に土地を収奪しなかったかもしれないが、その盗まれた土地の上に住む。わたしは虐殺を実際に行わなかったかもしれないが、虐殺の記憶を抹殺するプロセスに関与する。わたしは『他者』を具体的に迫害しなかったかもしれないが、正当に対応がなされていない過去の迫害によって受益した社会に生きている。」（九〇頁）

連累の責任を負うためには、歴史を知らなければならない。[6] 現在を歴史的時間の厚みにおいてとらえ直さなければならない。歴史を学ぶとは、このような連累の責任を自覚して、現在の不正義の構造を是正する取り組みに参画する行為なのである。このときわたしたちは、歴史とは時間的な流れではなく、現在を再生産する構造であることを知る。むしろ現在を再生産する構造において、過去―現在―未来の時間的な流れが組織されていることを知るのである。

ポストモダンの歴史的状況に身を委ねた歴史観は、歴史を「国民の物語」ととらえて、客観的な歴史の存在を否定する。歴史とはそれぞれの経験を語ることであり、したがってさまざまな国民の物語があってよいものとみなされる。だがこのような相対的多元主義の歴史観の中で、戦争犯罪と戦争責任はもみ消されていく。

高橋哲哉は、この多元主義の歴史観をつぎのように批判する。歴史は物語なのだからさまざまな物語があってよい、という考えは、これらの物語の間の抗争関係や対立関係を不問にしている。これらの物語はそれぞれまったくちがう現実なのではなく、おなじひとつの現実の中でたがいに激しい抗争関係に置かれているのである。戦争でのレイプ体験を楽しい思い出として語る日本兵と、性の奴隷にさせられたアジアの被害女性の経験は、いろいろあってよい関係として済ますことはできない。被害女性は日本兵の行為を戦争犯罪として告発しているのである。被害者女性の経験は、もうひとつの物語として歴史に加えられるべきものなのではなく、これまでの歴史における普遍性や正義を問い直すものとして受け止められるべきものなのである。

二〇〇〇年一二月に東京でおこなわれた「女性国際戦犯法廷」は、まさにこのような歴史の普遍性を、つまり歴史における正義を再審理する場であった。高橋哲哉はこれを「国際法の脱構築」と呼ぶ。

「法の脱構築とは、法の他者、法から排除された他者との関係によって、法の『普遍性』の衣装が剝ぎ取られ、

その暴力性が暴露されることである。」(高橋哲哉[2001]一〇二頁)

極東裁判をはじめとしてこれまで国際法廷における戦争裁判は、アジアで植民地支配を受けたひとびとや戦争被害者の女性に法の光りを当てようとはしてこなかった。「女性国際戦犯法廷」はこのようなひとびとを法廷に召喚することによって、国際法の従来の普遍性を反転させようとする。

多元主義の中でこれまで自明のものとされてきた普遍性が再審理され、新しい判断基準の下で普遍性が脱構築される。多元主義をそのまま容認することは現存の普遍性をそのまま容認することになる。この普遍性から排除された存在に光りを当て、現行の普遍性を疑問に付し、正義とは何かを判断すること、この作業が求められているのである。歴史認識とは、このように既存の普遍性を脱構築する作業である。それは市民社会の新しい共通感覚を、つまり新しい道徳感覚を築き上げる試みでもある。

注

(1) アジア太平洋戦争に関する加害の記述が歴史教科書全般から大幅に後退しているという件については、西野瑠美子「『教科書問題』は終わっていない」(『週刊金曜日』二〇〇一年十一月三〇日号)を参照されたい。

(2) 『新しい歴史教科書』の問題点については、俵義文「『国史』を復活させるな」(『世界』二〇〇一年一月号)が手際よく要点を整理している。

(3) 「差異論的人種主義」については、拙論「新しい人種主義と越境する市民権」(斉藤日出治[1998b]所収)を参照されたい。

(4) 「木本事件」については、金静美[1988]、斉藤日出治[1995]および[1998a]を参照されたい。

(5) マルクスの歴史認識、および資本の本源的蓄積と資本蓄積との関連については、平田清明[1971]および[1981]を参照されたい。

(6) 日本がアジア太平洋戦争においてアジアの民衆に及ぼした被害の実態については、今日でもなお十分な調査もなされずに埋もれたままでいるものが多い。たとえば木村宏一郎［2001］は、インド洋の孤島カーニコバルで、敗戦の一カ月ほど前に駐屯していた日本軍が「スパイ」事件を理由として島に住む八〇余名の先住民を処刑した事件を克明に追っている。

またわたしたちは、一九三九年に中国の海南島を軍事占領した日本軍が朝鮮から服役囚を島に連行し工事作業に就労させた後、敗戦を迎える四五年夏頃になって一〇〇〇名以上もの朝鮮人服役囚を殺害して地中に埋めたという事実をつきとめた。殺害された朝鮮人の遺骨は、今もなお海南島の村に埋められたままである。

I

グローバル時代を読む——日常性、ジェンダー、市民権、都市文明

一　グローバリゼーションと対抗的ヘゲモニー

今日グローバリゼーションは、わたしたちにとって選択の余地なき唯一の道であるかのように提示されている。それは、さまざまな困難を抱えてはいるが未来を切り開く唯一の可能性をもった道とされているのである。だが他方で、グローバリゼーションを推進する国際会議に立ち向かう市民運動・社会運動の炎が燃え上がっている。一九九八年のジュネーブで開催されたWTO（世界貿易機関）の第二回閣僚会議でも、九九年一一月三〇日にシアトルで開かれた第三回閣僚会議でも、グローバリゼーションに反対する労働組合、環境保護団体、農民の数万人規模のデモがくりひろげられた。この抗議運動に対して、たとえば『ニューズウィーク』の国際版編集長は、この動きをかつてのラッダイツ運動やマルクス主義思想にたとえて、これまでの歴史でも経済成長や市場拡大に反対する運動は数多く見られた、グローバリゼーションは今日における国際貿易の自由化と経済成長がもたらした帰結であり、このようなダイナミックな歴史の動きに対する不安や抵抗はつきものであるが、グローバリゼーションの動きは結局のところ歴史の進歩に通ずる道なのだ、と論じている（『ニューズウィーク』一九九九年一二月二九日／二〇〇〇年一月五日号）。

サミットやWTOのような国際会議で積極的に推進されるグローバリゼーションの動きに対して批判の刃を向ける民衆運動の高揚がなぜ生じたのか。この批判の刃は、はたして『ニューズウィーク』が言うようにグローバリゼーションの王道に咲くあだ花にすぎないのか。それとも新しい社会形成の対抗的ヘゲモニーを掌握しうる可能性をもつのか。この点について本論で考えてみたい。

グローバリゼーションとは何か

グローバリゼーションとは、国境を越えた企業の生産活動、市場取引、金融取引を、また労働力やサービスや記号や情報や映像の国際的な移動と交換を総称するものであるが、それは資本主義の新しい質的な発展段階の到来を意味する。それはなによりもまず、第二次世界大戦後の先進諸国の経済成長をもたらしたフォーディズムの発展モデルのゆきづまりから生じた。

資本主義の発展モデルに転換をもたらしたグローバリゼーションは、国民国家と資本との関係の根本的な変容をともなった。フォーディズムの発展モデルにおいては、国民国家が資本の循環=蓄積過程に深く介入し、景気循環をコントロールしたり、福祉政策を講じて、持続的な成長の維持に寄与した。そのために資本の再生産構造は国民経済という枠組みにおいて組織された。フォーディズムが危機に陥ると、国内の市場と投資がゆきづまり、資本の国外移転や国際競争が激化し、金融取引のグローバルな展開が進む。その結果、フォーディズムの蓄積体制において有機的に連動していた国民国家と資本との関連が断ち切られるようになる。

もちろん国民国家と資本のグローバルな展開との関係は単純な対立関係でとらえることはできない。多国籍企業の投資活動や金融取引のグローバル化を推進したのは、米国を初めとする先進諸国の諸政府である。国民国家は金融の規制緩和を断行し、国際会計基準などのグローバル・スタンダードの作成に携わることによって、グローバリゼーションを推進する水先案内人の役割を果たした。その意味で国民国家はグローバリゼーションの発展段階を築き上げた中心的な担い手でもあった。

だが同時に、国民国家は、自国の領土を越えて経営戦略を展開する巨大な多国籍企業に対する制御能力を失っていく。多国籍企業は国民国家の支配圏から脱して独自な主権をうちたてるようになる。そのために国民国家は多国籍企業に対する課税の権限を失い、財政の基盤を喪失する。また国家は投機目的の短期資本の移動をコントロールすることができずに、為替相場の激しい変動によって自国の通貨価値の安定化が脅かされる。その結果、国民国家はフォーディズムの時代に築き上げたような、通貨の管理や景気の調整といった経済政策の能力を失っていく。

九五年からWTOでおこなわれてきたMAI（多国間投資協定）は《多国籍企業憲章》とも呼ばれ、多国籍企業の利益を擁護し、その投資活動を保証するための協定である。この協定は国家や地方自治体の規制を脱して多国籍企業が自由に投資活動を展開することができるように社会政策を改め投資環境を整備する取り決めである。だがこの協定は九九年一二月に頓挫した。この頓挫を招いたのは、企業の投資活動に対する無制限な自由の承認が社会と環境の破壊をもたらすという各国の危機意識の高まりであった。

国民国家は、その意味で資本のグローバリゼーションを推進する力にもなれば、それを抑止する力にもなるという両義性をはらんでいる。だがいずれにせよ、かつて社会の主権を一手に独占した国民国家がその主権を衰退させ、社会形成のヘゲモニーを資本のグローバリゼーションに譲り渡しつつあることは否めない。社会を組織するヘゲモニーが国民国家から資本のグローバリゼーションへと移動しつつある。かつての帝国主義や《国際化》と、今日進展する《グローバリゼーション》との根本的なちがいはそこにある。第二次大戦後の国際化は、国民国家を主導にして推進された。IMF、GATTのような国際通貨制度・自由貿易体制を支えたのは、米国を主導とする国民国家の連合体であった。したがってそこでの取り決めも、主として国民経済間の取引事項に限定されていた。GATTの協定は国民経済で生産される財の取引に関する取り決めであった。ひとびとの日常生活は国民国家という枠組みによって基本的に守られていたのである。

だがグローバリゼーションは、この枠組みをつき崩して、ひとびとの日常生活を、国境を越えた資本の活動の荒波にストレートにさらすようになる。今日のサミットやWTOにおける議論が、ひとびとの生活様式や文化や意識のありかたにストレートにかかわる内容をはらんだものであることがそれを端的に物語っている。

七〇年代以降、国際取引の対象は、財だけでなくサービス、情報、金融、テクノロジーなどにまで広がる。さらには遺伝子組み替え農産物などバイオテクノロジーの取引もおこなわれるようになる。そのために投資・金融・通信・情報などの国際取引に関する取り決めが議論の俎上に載せられ、知的所有権の取引が議題となる。さらには地球環境問題のような国民国家の統治能力を越えた地球規模の社会管理の主題が浮上して、ＩＳＯ一四〇〇〇など環境に関するグローバル・スタンダードも設けられるようになる。一九九五年に発足したＷＴＯで討議されたのは、まさしくこのようなグローバルな社会形成をめぐる議題であった。

ＷＴＯの閣僚会議に対する社会運動の激しいコミットは、このような事態の進展と密接にかかわっている。グローバリゼーションはたんに経済取引の領域だけでなく、ひとびとの日常生活、文化、環境、身体、意識、欲望、生命にかかわる領域にまで浸透し、社会形成のヘゲモニーを掌握しつつある。農産物の自由化とアグリビジネスの国際的展開は、開発途上国の農業を破壊し、食生活を支配した。化学企業は南の諸国における農作物の種子の特許を申請することによって、農民の共有財産であった種子に対する私的所有権をうちたてる。多国籍企業による食料と生命の略奪が進行する。自由貿易は、有害廃棄物の越境を促し、森林の伐採を推し進め、生物を絶滅させている。企業の対外投資は、途上国の労働条件を悪化させ、労働争議や労働災害を引き起こしている。こうして自由貿易を積極的に推し進めるためのルールづくりを討議するＷＴＯに対抗して、生活者主権の立場に立った社会形成のルールづくりを求める社会運動が不可避的に登場してくる。

かつて社会形成のヘゲモニーをめぐる紛争は、国民国家の主権をめぐってくりひろげられた。国民国家間の紛争、あるいは地域と国家との紛争がそれである。だがグローバル時代の今日、社会紛争の主要な争点はグローバルな社会形成である。その方向性をめぐって、資本のヘゲモニーと社会運動のヘゲモニーが衝突する。

資本のグローバリゼーションを推進しているのは、あらゆる社会関係を市場原理に還元して処理する新自由主義の理念である。それに対して市場取引や投資活動に倫理的な規制を加えて、生命、人権、環境、自由時間などの価値基準によって市場を制御しようとするのが社会運動の理念である。そこでは社会形成をめぐるヘゲモニー闘争が展開され、二つの理念が衝突する。

グローバリゼーションは社会諸関係の安定した基盤を根こぎにして、社会諸関係をたえざる不安定と流動化の状態におくが、この不安定な社会諸関係を安定化させ社会秩序を生成させる場、それが政治である。だが新自由主義の理念においては、この政治の場が消え去り、政治の場が経済領域に還元され、社会形成のヘゲモニー闘争が中立的な装いをとった市場競争にすりかえられる。そのために多国籍企業・国民国家・社会運動の間の敵対的な紛争は、たんなる個人の利益競争の関係に還元される。こうしてグローバリゼーションは、情報通信や交通運輸の技術革新がもたらす歴史の普遍的な流れであるかのようなイメージが浸透する。その結果、社会運動が掲げる社会形成の理念は、グローバリゼーションの対抗的なヘゲモニーとしてではなく、グローバリゼーションを円滑に推進するルールづくりの中に解消され、グローバリゼーションを補完する機能を担うよう余儀なくされる。

対抗的ヘゲモニーの可能性

グローバリゼーションに対抗する諸種の社会運動が市場のグローバリゼーションを補完する動きに回収されるのではなく、それに対抗する社会形成のヘゲモニーを発揮する可能性はあるのか。その可能性は、グローバリゼーション自身がはらむ矛盾のうちに潜んでいる。グローバリゼーションは空間を均質化し、あらゆるものを結びつけ、ひとびとの相互依存を強める。単一の商品を世界市場を通して普及させ、世界を共通の消費財で満たす。この市場の支配は、社会生活や文化やひとびとの身体・意識にまで及ぶ。

だがこの均質化と統一化と相互依存の進展は、ひとびとの社会関係や生活様式がその方向で一元的に進展することを意味しない。むしろその逆である。均質化はひとびとの差異を掘り起こし、統一化は断片化を引き起こし、相互依存は分裂をもたらす。むしろグローバリゼーションがもたらすのは、ひとびとの社会関係をそれが埋めこまれた場所から引き離し、脱領土化するということである。そのために、国民国家、地域、家族、人種集団の中で安定していたひとびとのアイデンティティが浮遊する。その結果、宗教・文化・人種・性などの多様な差異が噴出する。これらの差異を排他的に固定し、その差異の中に閉じこもるとき、グローバリゼーションとは正反対の排他的な人種主義や宗教的原理主義が台頭することになる。市場のグローバリゼーションによって世界がひとつに内包される中で、このようなグローバルな排除と敵対関係が進展する。

それゆえグローバリゼーションは、経済危機だけでなく、社会的なるものの衰退を招く。それは自律した個人による制度の構築という近代のプロジェクトをつき崩すからである。国民国家による社会形成と社会の国民化は、近代における個人の自律の基盤であったが、グローバリゼーションはこの基盤を根底から揺るがす。社会的なるものの統一性が崩れ去り、断片化する。

だがグローバリゼーションは、一方における世界の均質化・統一化・相互依存と、他方における排除や排他的な敵対関係という対極の傾向をのりこえる可能性もはらんでいる。脱領土化や非場所の生成は、ひとびとがみずからの直接的な社会関係をいったんかっこにくくって、より広い時間的・空間的文脈において内省する契機となる。グローバリゼーションに対抗する社会運動がこのような脱領土化を再埋めこみの契機にするとき、社会運動は市場のグローバリゼーションを越える社会形成のヘゲモニーを掌握することができる。

社会運動がそのようなヘゲモニーを掌握するためには、異質なもの、あるいは差異を節合する新しい言説を築き上げなければならない。それは、脱政治化されたグローバリゼーションの過程に、政治的なるものを復権させる試みである。国民国家という想像の共同体でも、市場の競争原理という言説でもなく、多様性と差異を産出しながらそれらを平等主義の原理にもとづいて節合する言説を築き上げなければならない。グローバリゼーションは近代の原理（市場あるいは国民国家）にもとづく社会的なるものの統一を衰退させると同時に、このような新しい言説による社会諸関係の節合の可能性を切り開く。

第三世界の労働者の想像力は、すでにこの言説を築き上げる可能性をはらんでいる。たとえばＪ・トムリンソンの『グローバリゼーション』は、イギリスの多国籍企業との契約の下でサヤエンドウを栽培するジンバブエの農業労働者が、みずからの労働が置かれた社会的・経済的なひろがりを自覚する想像力をはらんでいることを指摘している。農業労働者は、みずからが栽培するサヤエンドウが先進諸国の消費者の手にわたる流通ルートをふくめたプロセスを想像することによって、みずからの労働と生活が遠隔化された社会的・経済的な結びつきをもつことを自覚し、この結びつきを支える構造的な不平等と従属状態を批判的にとらえかえす。それは、「先進諸国」の消費者がスーパーで買い物をするときのそのような想像力の欠落と好対照をなしている。だが「先進諸国」の消費者でさえ、いまやみずからの消費行為が第三世界の生産と密接な結びつきをもつことを自覚しつつある。自分たちの消費財を生産してくれる生産者の生活を考慮するような取引関係を築き上げようとする公正貿易（フェアトレード）の運動が動き出しているし、ジュビリー二〇〇〇のような開発途上国の債務帳消しを要求する市民運動がサミットのような国際政治の舞台に登場する。

グローバリゼーションによる脱領土化と場所の喪失は、ひとびとの日常生活を根本から再考する決定的な契機となる。その再考の回路と方法はきわめて多様であり、想像力に富んでいる。その多様性と想像力こそが、噴出する差異を節合する言説を生み出し、市場のグローバリゼーションに対抗するヘゲモニーを築き上げる可能性をはらんでいるのである。

それはグローバルな均質空間に対する差異の空間の誕生を意味する。アンリ・ルフェーヴルはすでに一九七〇年代初頭の時点で、グローバリゼーションがもたらす新しい社会形成の可能性を空間の矛盾にうちに読みとっていた。かれは近代が生み出す抽象空間の矛盾を、総合性と細分化との矛盾において、あるいは統一化と断片化との矛盾においてとらえる。抽象空間は、一方で情報通信技術や運輸技術の発達によって地球的な規模における空間の管理を可能にした。だが他方で抽象空間は、空間を粉々に砕いて売買する。国家や企業は空間を分断し断片化した上で、それらの諸種の空間を戦略的な目標にしたがって統合する。グローバリゼーションはこのような断片化と総合化が極限まで進展した事態であると言うことができる。それゆえ抽象空間は、一元的に均質化を推し進めるのではなく、差異と多様性を増幅する。そして増幅した差異と多様性を市場や権力の戦略的意志の下に統一する。ポストモダンの社会状況や思想状況は、このような差異や多様性をたえず増幅する。だがそこから、抽象空間そのものに対抗する差異の空間が登場する。差異の空間は、当初は均質化された空間の外部に排除された形で生ずる。スラム街やゲリラや遊びの空間がそれである。このような均質化された空間の裂け目に生じた差異を対抗空間として組織すること、それは先述したように、場所を喪失した直接的な諸関係をより広い視野の下で再構成する試みにほかならない。

国民共同体のような安定した枠組みの中に自己の社会的役割と自己のアイデンティティを求めるのではなく、たえず浮遊する社会関係をより広い文脈の中で内省しながら自分のアイデンティティを組み直していこうとする主体がそこから生まれてくる。グローバリゼーションに対抗する集団的な主体はそこから生ずるのである。

二 グローバル資本主義の権力的秩序と性差別——マリア・ミースに寄せて

二〇〇一年九月一一日の米国への自爆攻撃とその後の米国によるアフガニスタンへの報復戦争は、市場のグローバリゼーションが何を意味するかをあぶりだした。この事件と戦争は、それ自身が市場のグローバリゼーションのもたらした帰結であり、一見平和的な取引にみえるグローバル経済の背後に戦争と暴力が潜んでいることを衆目の目にさらしたと言える。ドイツの社会学者マリア・ミースはグローバリゼーションのこのような真相を鋭くえぐり出した。本章では、マリア・ミースの資本主義の世界史認識を手がかりにして、グローバリゼーションにはらまれる権力秩序を説き明かし、同時にこの権力秩序と性差別の構造との関連を考えてみたい(1)。

市場のグローバリゼーションと戦争のグローバリゼーション

二〇〇一年一二月に生活クラブ生協の招きで来日したミースは、日本の社会運動の諸団体が開催したいくつかの集会で勢力的な発言をおこない、九・一一事件と報復戦争の状況についても鋭い分析を披露した。

ミースは、市場のグローバリゼーションが米国の世界軍事戦略によって支えられていること、それゆえ市場のグローバリゼーションとは戦争のグローバリゼーションにほかならないこと、を力説する(2)。

ミースはまず自由貿易を平和的な取引とみなす神話を批判して、自由貿易の歴史が冒険・戦争・略奪の歴史であったことを指摘する。一九世紀の自由貿易は、大英帝国の植民地支配に支えられており、インドをはじめとするアジア・アフリカの農民や職人に対する残忍な暴力によって推進された。今日進展するグローバリゼーションの過程も、それと同様に、国際的には南北間の不平等を拡大し、また先進諸国の社会内部においても社会諸階層間の格差を押し広げた。グローバリゼーションを推進する新自由主義の理念は、自由競争と私的利益の追求を称賛した。そのために、寛容、他者の尊重、自律といった価値はいまや衰弱する一方である。今日では、すべてのひとびとがたがいに競争関係にはまりこみ、排他的な敵対関係におとしめられている。

このような理念を構造的に配備したものこそ、IMF、GATTに代表される戦後の国際体制であった。この国際体制は一九九五年にWTOに引き継がれ、世界のすべての地域を多国籍企業の投資対象へと転換するための集権的なシステムが築き上げられる。南の開発援助を推し進めるという名目で実施されたIMFの構造調整プログラムは、南の開発途上国を市場競争へとひきずりこみ、部族紛争や宗教紛争を再燃させ、内乱を誘発する引き金となった。北の先進諸国で製造された武器が援助の名目で南に売り渡され、内乱を誘発し、女性や子供を虐殺するために使用される。またNGOの食料援助も、南の自律した農業生産を解体する結果を招く。組織的なテロ攻撃によって民衆は土地から追い出され、公共施設は破壊される。サブシステンス経済は破壊され、社会のインフラは崩壊する。ひとびとは難民となって移動と飢餓を強いられる。こうしてIMFの構造調整策は、南の諸国で戦争と内乱を引き起こし、ジェノサイドをもたらした。そしてこの構造調整策を通して、南の諸国は国際資本や米国や国連といった国際的権力への依存を強めていくことになる。だからミースは「構造調整とは戦争の別名である」と断言する。

一九九一年の湾岸戦争に始まり、九九年の旧ユーゴスラヴィアのコソヴォ紛争を経て、二〇〇一年のアフガン戦争にいたるまで、世界の軍事化の過程が急進展し、この軍事化の過程を通してグローバリゼーションが推進されている。このことは、NATOや米国の軍事戦略がグローバル資本の利害とぴったり照合していることを意味している。

社会の軍事化の過程が経済のグローバル化の過程と並行して進んでいる。それは市場のグローバル化が軍事戦略の展開を不可欠の条件にすると同時に、軍事戦略と軍事紛争をさらに推進し拡大しているからである。戦争のグローバリゼーションは、先進諸国の産軍複合体制を強化し、軍事産業を発展させる。また戦争や軍事紛争を通して、グローバル資本の国際戦略の展開にとって好都合な条件整備がおこなわれる。

ミースはNATOの軍事戦略がたんに国土の防衛を目的としておこなわれるのではなく、本国の経済的利権を擁護するという名目で国外に向けて展開されていることにとりわけ着目している。一国の経済的利益を防衛するという名目で世界のあらゆる地域に軍事紛争をつくりだし、軍事介入をおこなう。そして軍事介入を契機として多国籍企業の投資活動が展開される。グローバリゼーションはこのようにして推進されていく。それゆえ「経済のグローバリゼーションと自由貿易のシステムは、必然的に新しいグローバルな戦争システムをもたらす」。ミースはこのように結論づける。

ミースのこの視点は、性差別の問題を世界資本主義システムとのかかわりにおいてとらえてきた彼女の論点とも重なっている。

グローバリゼーションと性差別

(1) 生命の生産と再生産──家父長制資本主義

ミースは、近代資本主義における市場経済的秩序が、資本による労働の支配だけでなく、性差別にもとづく権力関係に支えられていることを洞察した。彼女はまず、経済学が子供を産み育てる活動、つまり出産・育児・家事の活動を労働のカテゴリーから排除してきたことを告発する。経済学において、労働のカテゴリーは、男性の労働者による剰余価値の生産という「生産的労働」に限定されている。男が担う生産的労働のみが公式の労働として認められ、女の生殖活動は自然の生態系の活動や動植物の生殖活動がそうであるように、労働のカテゴリーから排除される。ミースはなによりもまず、この経済学的思考にはらまれる男性本位主義の発想を告発する。経済学の労働カテゴリーのうちには、人間と自然、男と女を裁断して、人間と男を優位におき、自然と女を支配の対象とみなす人間主義的で男性本位の発想が刻みこまれている、と。

これに対してミースは、生命を再生産するサブシステンスの活動を労働ととらえるべきだと主張して、資本主義経済が剰余価値を生産する賃金労働と、生命を再生産する生産活動の双方によって支えられていることを力説する。この視点に立つとき、資本主義が賃金労働者の搾取と同時に、女性、植民地、そして農民の「過剰な搾取」に依存するものであることがみえてくる。女性、植民地、農民が過剰に搾取されているのはなぜか。女性、植民地、農民は、いずれも賃金労働のように労働の対価をともなわない半強制的な無償労働を提供しているからである。

したがって、資本主義は性差別を制度化した家父長制を不可欠の契機としている。家父長制は、男による女の生殖活動の管理と支配の制度として資本主義以前にうちたてられたものであるが、この制度が資本主義以後も存続して、資本蓄積を支える重要な契機となる。つまり資本主義においては、階級支配と性差別が制度的にも相互に補完しあって機能しているのである。

この家父長制資本主義という視点に立つとき、資本主義が資本による集合労働力の私的な領有だけでなく、さらに根源的な支配のメカニズムに支えられていることが暴き出される。女性の身体による自然の領有活動をふくめたひとびとの協働能力やそのような領有活動の歴史的成果を私的に簒奪するという支配の回路がそれである。

ミースは女性の身体が最初の生産手段であり、最初の生産力であると言う。身体は身振りやリズムを通して時間と空間を領有する力をもっている。そしてその力は、自己の身体を内省し、知を媒介にして自己の身体にかかわる関係行為の産物である。女性は「女性の身体の機能、月経のリズム、妊娠や出産についての膨大な量の経験にもとづく知識を獲得した。女性の身体的自然の領有は、外部の自然の生殖力についての知識や、動植物、地球、水、空気についての知識の獲得と密接に結びついている。」（Mies M.［1986］邦訳八〇頁）

そしてこのような関係行為の産物である生産力は、知識を蓄積しそれを世代から世代へと伝える歴史形成能力、および知的な蓄積を踏まえた未来の予測能力に支えられている。労働者・農民の世代ごとの再生産を可能にしているのは、ほかならぬこの女性の身体の生産力である。それゆえ家父長制資本主義は、このような生産力としての女性の身体を私的に領有し、そのエネルギーを資本の価値増殖の回路へと流しこむ。

したがって資本主義の搾取とは、賃金労働者の不払い労働を私的に領有することだけにとどまらない。それは、女性の身体による自然の領有能力を私的に領有することであり、自然の領有能力を形成する協働の過程を、つまりひとびとの歴史形成の能力を私的に領有することを意味しているのである。

(2) 主婦化

このようにとらえることによって、性差別の問題はたんなる文化的な事象ではなく、資本主義の生産関係と密接に結びついていることがわかる。

ミースは、資本主義の形成史をこの性差別の視点からとらえかえす。そのときに浮かび上がってくるのが、《主婦化》という概念である。資本主義の生誕の地であるヨーロッパで、中世期におびただしい数の女性が魔女として迫害され、逮捕され、拷問にかけられたり、処刑されたりした。この魔女狩りの過程を通して、女性の生殖能力が男に管理され、女性が飼い慣らされ、家庭に囲いこまれていく。はじめは有産階級の女性が主婦化され、女性は家庭という消費と愛情の私的領域に囲いこまれていく。公的な活動を担う男と、私的領域の管理を担う女との性別役割分業がうちたてられる。やがてこの性別役割分業が労働者階級にもおよんで、プロレタリア女性の主婦化が進む。女性は労働力の再生産の管理を無償で担う。このようなプロレタリア女性の主婦化が、男の賃金労働を可能にした。だから「男性のプロレタリア化は女性の主婦化を基盤としている。」(Mies M. [1986] 邦訳一六六頁)

だが同時に、非ヨーロッパ地帯においても、主婦化の過程は進む。ヨーロッパ諸国はアフリカ、アジア、カリブの諸地域を植民地化し、成人男女を奴隷化する。つまりヨーロッパにおける女性の主婦化と非ヨーロッパにおける女性の奴隷化とが同時的に進行する。

西欧資本主義はその外部に植民地をもつことによって、内部の植民地化を推進した。つまり植民地の奴隷制度が、帝国主義本国の家父長制を推進し、女性を家庭に囲いこんだのである。ミースはこのような植民地化と主婦化の因果関係を力説する。

要するに、ヨーロッパに出現した資本主義は、《女性》と《非西欧地帯》と《自然》を支配の対象とみなして、それらを資本の生産力の源泉として活用し、そのエネルギーを吸い上げたのである。

この三重の支配を可能にしたのは、近代社会に特有な言説の媒介によってである。人間と自然、男と女を切断してたがいを支配‐被支配の関係に置く思考回路をなしたものこそ、近代科学と宗教の言説である。医学や自然科学をふくむ近代科学は、自然を奴隷視し、支配の対象とみなし、道具主義的に利用するための言説であった。そしてこの近代科学によって、女性も自然と同様に支配の対象とされていく。近代科学の祖と言われるフランシス・ベーコンは、自然と女性をともに支配と隷属の対象とする思考の持ち主であった。それゆえベーコンは、自然を「機械の発明によって拷問を受ける女」として定義した。そのために科学技術の進歩は、当然のごとく家父長制を正当化し強化することになったのである。

さらに近代科学と近代技術は、科学と技術から女性を排除して、男性の排他的な支配を強化する宗教的な精神とも連携する。近代の科学技術はユダヤ教やキリスト教の精神を基盤としている。

「ユダヤ思想とキリスト教神学は自然を支配、従属させる権利、無制限に拡大する権利という思想に宗教的な認可を与えた。一五、六世紀にヨーロッパで起こった科学革命はこの宗教的思想を世俗化したものである。」(Mies M.［1986］邦訳三一七頁)

近代科学を告発し現代技術に対するラッダイツ運動を提唱する米国の科学技術史研究者デービッド・ノーブル［1995］は、マリア・ミースと同じ視点に立って現代技術の宗教的な起源に注目する。技術は本来男と女の双方によって担われていたものであった。ところが中世の修道院におけるキリスト教の贖罪神話によって、男が女性および他の生物に対する優越した地位を手に入れる。キリスト教神話では、男性のアダムが神に似せた人間とみなされ、その他のものをつくりだす造物主とされた。この宗教的精神にもとづいて近代科学は発展を遂げる。その結果、女の生殖能力や生命活動までもが技術的操作の対象とされることになる。この「科学的精神」は、今日に至って宇宙開発、人工生殖、人工生命、遺伝子工学といった最先端の科学分野にまで貫かれている。こうして近代科学技術は、《男性の千年王国のプロジェクト》となる。

この科学技術と宗教の言説に媒介された《主婦化》の過程が、近代資本主義の歴史では、西欧と非西欧の双方において、つまり資本主義の中枢部と周辺部の双方において、同時進行する。というよりもむしろ、この主婦化によって、中心と周辺との空間的な不均等の構造が築き上げられていったのである。

グローバリゼーションと本源的蓄積

そしてミースはこのような主婦化の空間構造が、グローバリゼーションが進む現代世界の新国際分業体制において再組織されていると説く。

一九七〇年代以降、先進諸国の多国籍企業は、第三世界に労働集約的生産工程を移して、海外子会社での現地生産を積極的に推し進める。巨大企業の生産工程においては、本国の企画開発部門や熟練労働の作業工程から第三世界の単純作業工程にいたるまで複数の国にまたがった企業内の国際分業体制が成立する。

そしてこの単純作業工程を担った第三世界の労働者は、安い賃金で忍耐強く労働する農村出身の若い女性であった。グローバル資本は「貧しく、安上がりで、柔順で、手先が器用で、服従させやすい第三世界の女たちを輸出志向の生産に動員する戦略」（Mies M.［1986］邦訳一八一頁）を推進したのである。このようにして第三世界の女性が低賃金労働力として動員されていく中で、第三世界の工業化（新興工業国の台頭）が進み、他方では、先進工業国の国内産業が空洞化していく。

ミースは、このような新たな主婦化現象が二つの意味をもっていると指摘する。

第一は、女性を第三世界の農村のサブシステンス生産から引き離して、女性を市場のための生産に引き入れる。つまり、女性を市場志向の生産・消費の過程に統合する。かつて高度成長期に先進工業国の農村で展開された動向が、第三世界の農村でくりかえされることになる。

第二は、主婦としての女性を労働力として動員することによって、労働者階級全体の主婦化傾向が促進される。主婦はつねに安い賃金で補助的な労働に従事する存在であり、したがって資本にとって、これらの主婦を労働力として使用することは、労働コストの大幅な節約につながる。この第三世界の女性の主婦化と同時並行して、先進工業諸国においては経済危機の深化にともない、雇用形態が変容し、男性正社員の正規雇用が削減し、アルバイト・パート・臨時工などの不安定就労の増大傾向が強まる。あるいはインフォーマル・セクターにおける無給労働や低賃金労働が増加する。ミースはこのような先進諸国の不安定就労者、女性、貧困層と、開発途上国の女性、農民、低賃金労働者とをともに《主婦化》という共通のカテゴリーでくくり、世界の労働者階級の全面的な主婦化傾向が進展しつつあることを指摘するのである。

このように主婦化は、資本によってたえず再発見され、資本蓄積の重要な契機として活用される。しかも主婦化は、グローバルな規模での資本蓄積の空間的な展開として、つまり国際分業体制の展開として編成されるのである。要するに《主婦化》の現象は、女性を資本蓄積過程に統合し、資本の生産力として動員する権力的秩序の産物にほかならない。資本の蓄積過程は、その円滑な進行のためにこのような権力的秩序を不可欠の条件としているのである。

かつてカール・マルクスは資本蓄積をその根源で支えているこのような権力的秩序を暴き出すために、《資本の本源的蓄積》という概念を導入した。資本の本源的蓄積とは、資本の蓄積過程（経済成長）が労働と資本の階級関係を拡大再生産し、資本（死んだ資本）による生きた労働の支配という権力的秩序によって支えられていることを暴き出すための方法概念である（マルクスはこれを「人目に隠れて存在する」過程と呼んでいる）。この権力関係がなければ、資本と労働の交換という経済的取引も存立しえないし、したがって資本の概念そのものも不可能となる。この権力関係は、資本主義の生誕に先立って先資本主義社会の中ではぐくまれた。生きた労働と生産手段が結びついていた本源的所有を解体して、この両者を暴力的に切り離す過程がそれである。この過程は、一五―七世紀のイギリスのエンクロージャー運動における土地の囲いこみと農耕民の土地収奪を通して遂行される。この過程が通常《資本の本源的蓄積の過程》と呼ばれているものである。

だがこの生産手段と生きた労働との分離は、その後資本蓄積が市場の合法的な取引を介して進行する過程においても引き続き展開される。ただしこの分離は、合法的な契約を介して、市場における労働力商品の売買という商取引を介しておこなわれる。したがって、本源的蓄積の概念は、たんに歴史的に先行する一過程ではなく、現在不断に進展している資本蓄積にはらまれる権力的秩序を開示する方法概念なのである。

ミースはこの資本の権力秩序に、性別役割分業にもとづく性差別の契機が不可避的に随伴していることを指摘し、資本蓄積の過程が階級関係の支配を拡大再生産するだけでなく、男による女の支配を拡大再生産するということを、しかも階級関係と性差別が密接に絡み合っているということを語り出したのである。それゆえ、資本によって主婦化が再発見され、新国際分業の下で性差別が不断に構造化されていく過程を《資本の本源的蓄積の継続的進行》と呼ぶのである。つまり今日進展するグローバリゼーションの過程を本源的蓄積の概念によってとらえかえすことは、そこにはらまれる権力秩序を暴き出すための決定的に重要な視点なのである。

グローバル空間と帝国の権力

(1) 近代の抽象空間と国家主権

市場のグローバリゼーションは、階級支配と性差別の権力秩序を不可避的に随伴する。そして資本の本源的蓄積の概念はこの権力秩序を浮き彫りにする。このことを前節で見たが、この問題設定を空間論の視点から提起したのが、アンリ・ルフェーヴルの『空間の生産』[1974]である。

グローバリゼーションを可能にしたのは、地球的な規模における資本蓄積空間の成立である。そしてこのような蓄積空間は、近代社会における抽象空間の成立に根差している。この抽象空間の成立こそ、近代資本主義の誕生を可能にした根本的な条件である。ルフェーヴルはこのようにして、資本の本源的蓄積過程を抽象空間の発生の過程としてとらえようとする。

ルフェーヴルはなぜ一六世紀に西欧で近代資本主義が誕生したのか、と問う。そしてこの問いに対する答えが抽象空間の成立であった。抽象空間は死者や地下の世界と結びつき象徴・神話・儀礼によって組織された歴史的空間を圧倒して、社会の支配的な空間にのしあがる。ヨーロッパでは、一二世紀ころからそのような世俗の空間が中世都市を中心にして発展し、市場取引と資本蓄積のゆりかごになっていく。この空間は自然を包みこみ、奪いとる。最初は商業ブルジョアジーが、やがて国家が自然を支配し、世俗の空間を制御するようになる。

一六世紀になると、都市における世俗の空間が遠近法とファサードによって有機的な統一性をうちたて、さらにこの有機的な統一性は、国王と君主の政治権力によって政治的な原理となり、強化されていく。

その結果、市場取引の経済領域が社会の支配的な領域となり、歴史的な領域を圧倒する。この資本蓄積の空間を支配的な地位に押し上げる上で、国家主権による戦争と暴力が決定的な役割を果たす。一〇〇年戦争、イタリア戦争、宗教戦争、三〇年戦争、ルイ一四世によるオランダと神聖ローマ帝国に対する戦争、フランス革命と植民地支配など、ヨーロッパでは一連の戦争を通して、資本の蓄積空間が築き上げられた。この空間こそ、近代資本主義をはぐくんだ土壌である。ルフェーヴルはこのようにして近代空間と、国家主権による暴力・戦争との関連を重視する。そして、近代の抽象空間を組織するに際して国家主権が果たした戦争と暴力の役割は、ヘーゲルによっても、マルクスによっても、看過されたのだと批判する。

ルフェーヴルは、さらに近代空間が近代に固有な権力的秩序に支えられていることを強調している。この空間は、ユークリッド幾何学の均質性にもとづき、身体感覚を軽視して五感のうちで視覚をもっぱら優位に置き、さらに女性に対する男性の優位にもとづいている、と。この空間はあらゆる固有性や差異を抹殺し、身体と空間の関係を平板な質に還元し、女性原理を抑圧する。

(2) グローバルな抽象空間とグローバルな権力

市場のグローバリゼーションは、近代に出現した上記の抽象空間を全地球的な規模でうちたてる。まず世界の遠隔の地が情報通信網や交通輸送網によってひとつに結ばれ、空間が均質化していく。金融・情報通信・交通輸送・販売組織などのフローのネットワークが張りめぐらされ、場所の制約を越えてひとびとが広範囲にコミュニケートする空間が現出する。時間の短縮によって空間が圧縮され、均質な空間が生み出される。

だが同時に、この空間はグローバルな断片化を引き起こす。地域に根ざした伝統・慣習・儀礼をつき崩し、国家の仕切りをとり払って、流動化と移動を促す。第三世界の農村から首座都市に向けて、第三世界から先進工業諸国に向けて、おびただしい数の移民の流れが生ずる。戦争と飢餓は無数の難民を流出させる。さらに観光旅行、研究交流、留学、文化交流などでひとびとの移動が促進される。

地域や伝統に根ざした安定した社会関係がつき崩され、地域の空間は粉々に裁断され、価格が付けられて、商品として売買される。ひとびとの安定したアイデンティティは揺り動かされ、アイデンティティの浮遊化とフレキシブル化が生ずる。つまりグローバリゼーションは、均質的な統合と断片的な分裂という近代の抽象空間がはらんでいた矛盾を全地球的な規模にまで押し広げて展開することになる。

そこに現出するのは、国民国家という仕切りをとりはらった世界の全面的な内包と排除の関係である。たとえば移民は国民国家という仕切りを前提として、この仕切りを越境する存在ではもはやない。国民国家の仕切りそのものがつき崩され、全面的な流動化と移動が生ずる。しかも、その流動化の中で排除・支配・序列化が進展する。つまり移民労働者は、グローバル資本の利害によって、開発途上国の輸出加工区やグローバル都市に吸い寄せられ、労働力需要が高まるときは低賃金労働力として利用され、雇用が過剰になると切り捨てられる。グローバル都市においても、多文化化と多人種化は、排外主義と外国人嫌いを呼び起こし、移民は隔離や排撃の対象となる。

このグローバル空間の矛盾は、それを制御調整する権力秩序を不可避的に要請する。この矛盾を自由主義的な市場取引にゆだねておくと、社会の秩序を維持することが不可能となるからである。そのために、社会の全面的な断片化と流動化を権力的な秩序につなぎとめ、そのエネルギーを資本の生産力として活用するための回路形成が企てられる。

すでに述べたように、かつてこの回路形成の任務を担ったのは、国民国家の主権であった。だが抽象空間の矛盾が国境を越えて展開し、国民国家の主権による制御能力を超えるようになるとき、この矛盾を制御調整するための超国家的な次元における権力秩序が求められるようになる。グローバリゼーションを市場原理にゆだねることは、抽象空間の矛盾に世界が引き裂かれることを意味するからである（あるいは覇権国家の主権が世界的な権力秩序の形成をめざして、経済的・政治的・軍事的なヘゲモニーを行使する。〈九・一一〉以後のテロに対する報復戦争を推進する米国の世界戦略は、まさしくそれである）。

M・ハート／A・ネグリ［2000］は、このような国家主権を越える超国家的権力秩序の生成を《帝国》と名づけて、これまでの国家主権相互の紛争として展開された《帝国主義》から区別しようとした。市場のグローバリゼーションの背後でひそかに組織される帝国の権力的秩序を性差別の構造とともに洞察することが、今日進展する市場のグローバリゼーションの歴史的傾向を見抜く上で決定的に重要なことなのである。

注

(1) 二〇〇一年一二月八日に来日したマリア・ミースを迎えて、明治学院大学でピープルズ・プラン主催のシンポジウム《テロ・報復戦争のもとでグローバル資本主義を越える》が開催された。筆者もパネリストのひとりとしてその集会で発言した。本稿はそこでの筆者の発言に加筆して作成したものである。なおこの集会の記録は、『季刊ピープルズ・プラン』一七号(二〇〇二年冬)に掲載されている。

(2) 以下のミースの主張は、『季刊ピープルズ・プラン』一七号のミースの基調報告「戦争システムとしてのグローバル化」および未発表草稿「新植民地主義的グローバル戦争システムとしてのグローバル自由貿易システム」を参照している。

三　グローバリゼーションとポストナショナルな市民権(1)――国家主権の危機と近代的人権の再審

個人の人権と国家主権との相克

グローバリゼーションは市場と国家の相関性を強めると同時に、両者の間に深い亀裂をも入れた。市場のグローバリゼーションは、国境を越えた市場取引の条件整備をおこなう国家の政策的な導きを抜きにしてはありえない。だが同時に、国境を越えた市場取引の展開によって、国家による市場の制御はしだいに困難なものになりつつある。ヘッジファンドをはじめとした投機目的の金融取引が、通貨の国家管理を揺るがしている。国家は金融財政政策を介した国民経済の統治能力をしだいに弱めつつある。(2)

だが市場だけが国家主権を越えるモンスターにのしあがったわけではない。グローバリゼーションは、市場と並んで、国家主権を越えるもうひとつの新しい力を生み出した。人権および市民権の概念がそれである。二〇世紀に入って個人の人権は国際法の対象とされるようになり、第二次大戦後に世界人権宣言（一九四八年）が国連で採択されて以降、人権に関する多くの規約や協定が結ばれる。そして近年では難民法（一九八〇年）、「移住労働者の権利条約」（一九九〇年）、欧州連合条約（一九九二年）における欧州連合市民権の採択など、超国家的な国際人権レジームがうちたてられ、その結果、国民国家はもはや人権が論じられる唯一の場ではなくなった。

この動きを背景にして、《市場と国家との相克》に代わって、《人権と国家との相克》が国際論争のテーマとして浮上している。ユーゴのコソボ自治州のセルビア系住民とアルバニア系住民の民族紛争に対するＮＡＴＯの軍事介入は、「人権」の名においておこなわれ、人権が国家主権の侵害を正当化する論拠とされた。NATOは「アルバニア系住民の人権擁護」を錦の御旗にして空爆を遂行する。これに対してユーゴのミロシェヴィッチ大統領は、この空爆を国連憲章の内政不干渉の原則を侵害するものであるとしてNATO加盟国を相手取ってハーグの国際司法裁判所に提訴した。「人道主義的な」軍事介入は許されるべきものではない。NATOの軍事介入の背後には米国の国家利害が貫かれており、またこの軍事介入によって多くの市民の命が奪われた(3)。だがこの論争は、人権と国家主権の一体化が崩れ、国民国家を越える人権概念が登場したことの証しでもある。NATOの軍事介入は、この超国家的な人権概念を国家主義的に回収する動きであったといえる。

個人の人権と国家の主権とのこのような相克は、グローバリゼーションにともなう超国家的主権の誕生、ならびに主権の多元化の動きと密接にかかわっている。だがこの相克は、たんに二〇世紀後半のグローバリゼーション時代における新たな現象というよりも、むしろ近代市民革命の当初から存在していた近代的人権概念の矛盾の展開であり、その矛盾のグローバル時代における発現だと言うことができる。

本章では、近代市民革命期にまでさかのぼって、近代的人権概念の意義と制約を確認すると同時に、この近代的人権概念を越える可能性をグローバル時代における新しい人権・市民権概念の登場のうちに探ってみたい。

近代的人権の成立

近代の人権概念の特徴は、身分や地位によらずに人一般が主体として有する権利だという点にある。ヨーロッパ中世の権利は身分制秩序に立脚し、この秩序は法によって支えられた。この法を制定するのは神と主権者の意志であった。ひとびとは神と絶対王制への従属を通して自己の権利を手に入れた。その意味で中世社会の秩序は神と主権者という絶対的な根拠を有していた。

フランス革命の『人権宣言』はこの絶対的な根拠をうち砕く。ひとびとはもはや神と主権の意志に従属するのではなく、みずからが責任ある法の制定者になる。こうして人権は「等しい従属にもとづく市民権から等しい権利にもとづく市民権」(Torfing J.［1999］p.264.)となる。

中世の身分制秩序が解体され、神と絶対王制への従属から解放されることによって自由な主観性の形式をもった個人が誕生する。近代の人権とは、主体を自由な主観性として構成するものであった。こうして人一般の権利としての人権が確立される。「身分から解放された『人』一般がつかみ出され、そのような個人を主体とする『人』権の論理が、はじめて成立する。」(樋口陽一［1996］八頁)

人権は神によって授けられる権利なのではなく、ほかならぬ人間がみずからその権利を宣言するのである。人間は権利を授けられる対象であるだけでなく、権利を授ける主体でもある。

『人権宣言』において「人間はこの宣言という行為を通して自分たちの人権となる諸権利を言明しているのであって、人間が宣言の対象であると同時に主体でもあることについての一種の自己宣言であることを表明しているのである。」(佐々木允臣［1995］五一頁)

このような権利の主体であり対象である個人は、社会の空白状態で生まれたのではない。それは主権国家という社会的枠組みに支えられて生み出された。社会契約説では、このような自然権の主体としての個人が政治的共同体に先立って自存するかのように想定されている。だが先国家的な存在とされるこのような個人は、歴史過程の産物なのであって、絶対王制を支えていた身分制度の網の目をうち破り、あらゆる主権を独占する集権的国家の成立とともに誕生する。その意味で、国家主権と個人の人権とは密接な関連をもっている。

「主権と人権の密接な相互連関というのは、身分制的中間団体が解体され、集権的国家の主権性が完成することによってはじめて、『個人』が解放され、人一般の権利という意味での人権——身分的自由ではなくて——が成り立つための論理的な前提がもたらされた。」(樋口陽一［1989］一二四-五頁)

近代的人権の自己矛盾

近代の人権概念は、政治的共同体に先立って自存するはずの個人が主権国家という政治的共同体の産物であるという矛盾をはじめから内包していた。主権国家は個人の一般意志によって生み出されるものであるにもかかわらず、個人そのものが主権国家の産物であるという矛盾。この矛盾は、フランスの人権宣言(「人間と市民の諸権利に関する宣言」)において、人間と市民(=国民)とのズレの可能性として表現されている。人権宣言は以下の構成をとっている。

第一条　人間は自由にして平等な権利を有する。
第二条　人間の自然権の保護が政治的結合の目的である。
第三条　すべての主権は市民に存する。
第六条　すべての市民は、個人として、あるいは代表者として、法の制定に参加する権利をもつ。

第一、二条では人間の自然権が国家に先立って前提とされ、この自然権の保護を目的として国家が建設されることが宣言される。これに対して第三、六条では主体が市民=国民と規定され、主体が初めから主権国家の構成員であることを前提としている。ここで主権者は自然的人間から国家的人間へと転換する。

E・バリバールは、人権宣言において人権と市民権との間にまったく隔たりがなく両者が同一視されていることを力説する。そしてこの宣言が「市民権宣言」ではなく「人権宣言」であるところに、宣言のラディカル性を読み取る[4]。このラディカル性こそ、人権宣言がその後の近代における民主主義的諸闘争を支える言説として機能してきたゆえんである。というのも、この同一視によって、不平等のあらゆる形態が反自然なものとされ、それらの形態を抑圧として感じとるための言説的な条件がうちたてられるからである。つまり、人権概念は市民=国民という限定された領域を越えて、人種差別、性差別、経済的搾取など多様な領域にまで押し広げられ、それらを告発する言説的基準となったのである。[5]

だが同時に『人権宣言』は、人権と市民権を分離し、前者を後者へと還元する言説的条件でもあった。主権国家の産物である人一般は、国家に先立つ自然人をたえず市民という国家的人間へと囲いこんでいく。

この矛盾は、その後の近代社会における国家主権と個人の人権との対抗関係として運動することになる。主権国家は個人の人権を保障すると同時に人権を国家的制約の下に置こうとする。他方で、個人は国家に対抗して人権概念を押し広げ、国家的制約の枠をのり越えようとする。

人権宣言には、国家的制約を越えて人権を人間の自然権として承認しようとする傾向と、その逆に人間を市民＝国民へと還元することによってこの自然権を国家的制約の下に回収しようとする傾向とがともにはらまれていたと言える。そして近代社会の歴史は、国民国家による社会形成が進展するとともに、主としてこの後者の傾向を強めていくことになる。

フランスでは、一七九一年憲法において、フランス市民が明文化され、市民権が国籍の保有者に限定されるようになる。そして一八〇四年のナポレオン法典になると、国籍取得に血統主義が採用され、移民は市民権から排除される。

人権はこうして市民権、つまり国民の権利へと還元されるようになる。人権とは、身分や集団への帰属なしに人一般が保有する権利であり、自然人の権利であるが、市民権は主権国家の構成員である市民の権利である。T・H・マーシャルは近代における市民権の発展を、一八世紀の公民的な市民権（個人の自由権、所有権、契約権、表現の自由・思想・信教の自由など）から一九世紀の政治的な市民権（選挙権、被選挙権）を経て、二〇世紀の社会的な市民権（社会福祉、生存権）への発展として跡づけた。だがこのような市民権の発展過程は、同時に人権の国家的制約を強化し、個人を国民として統合していく過程でもあった。[6] その証拠に、市民権は労働者を国民国家へと統合し、帝国主義戦争へと動員する回路でもあった。国家は労働者を社会的に承認しつつ国家管理の対象として国家へと統合=動員していく。そのことによって、人権宣言の主体であるはずの個人は、国家による統治の対象へと転化する。

わが国では、現行の日本国憲法の誕生時に自然人の国民へのすりかえがおこなわれて今日に至っている。古関彰一［1995］に拠りつつ、このすりかえの過程をたどってみたい。

現行の日本国憲法では、基本的人権の主体は「国民」とされているが、憲法の原案であったGHQ草案では、主語は《People》であり、自然人であった。そこでは国籍や人種にかかわりなしに、人権がつぎのように規定されていた。

「すべての自然人は、法の前に平等である。人種、信条、性別、カーストまたは出身国により、政治的関係、経済的関係、教育の関係および家族関係において差別がなされることを、授権しまたは容認してはならない。」そして「外国人は法の平等な保護を受ける」（古関彰一［1995］一三九頁）と付け加えている。

ところが現行憲法では、このような自然人の人権が国民の権利に置き換えられ、権利主体から外国人が排除されていく。そしてこれを決定的なものにしたのが、国民条項である。

日本国憲法には、第一一条で国民の基本的人権の享有が、第一三条で個人の尊重、幸福追求権、公共の福祉が謳われているが、それに先立って、第一〇条では国民の要件として、「日本国民たる要件は法律でこれを定める」という条項がある。この条項は、GHQ草案はもとより、日本政府草案にも当初はなかった条項であった。ところが最終段階でこの条項がとりいれられる。古関はこれを「人権の明治憲法化」（同書、一七八頁）と呼ぶ。というのは、明治憲法には第一八条に、「日本臣民たる要件は法律の定むる所による」という条項があり、これを現行憲法にも継承したのが第一〇条だったのである。

人権とは、そもそも法律（実定法）の規定に先立って自然人が有する権利である。その権利が法律によって授けられる権利へと変容する。その法律とは一九五〇年に制定された国籍法であり、そこでは「日本国民とは日本国籍を有する者」と定義される。この定義によって、人権の対象範囲が法律によって限定されることになる。その結果、国籍をもたない定住外国人は基本的人権から排除されることになる。その後長い間、国民年金法の被保険者資格は日本国籍の保有者に限定され、とりわけ在日韓国・朝鮮人は長期にわたって（一九八二年の国民年金法において国籍条項が廃止されるまで）この権利を剝奪されることになる。

グローバリゼーションと主権の多元化

グローバリゼーションの動向は、このような国家主権に制約された人権・市民権概念を大きく転換する契機となる。かつて近代社会の主権を一手に独占していた国民国家は、グローバリゼーションの進展とともにその力を衰弱させていく。国境を越えた市場取引の進展は、市場取引に対する国民国家の制御能力をしだいに弱める。多国籍企業の生産活動は、途上国に労働集約的な生産工程を移転し複数の国にまたがって産業部門内回路を築き上げる。銀行やノンバンクの金融取引は、投機を目的とした短期金融市場における巨額のマネー・フローを引き起こし、それが為替レートに深刻な影響を及ぼす。国民経済の一国の財政はこの為替レートの変動につねに脅かされるようになる。

とはいえ、国家主権による経済の制御能力の衰退は、かならずしも国家の経済介入の後退を意味するわけではない。それどころか、国家は自国資本の国際競争力を強化し、熟練技能や専門知識を備えた労働力を育成するために経済介入を強化し、権威主義化していく。国家は、かつてのケインズ主義のように需要をコントロールするための経済政策を実施するだけではなく、供給サイドにおける生産性の向上と国際競争力の強化のための労働政策・社会政策をうちだし、社会領域に対する国家の全面的な介入を今まで以上に強化する。

しかし、一国のGNPをはるかに凌ぐ巨額の販売実績を上げる巨大多国籍企業が出現して、一国の経済を支配し左右するような強大な力を発揮するようになると、一国の主権による経済・社会介入には限界が生じてくる。このようなグローバリゼーションに対抗するために、国際地域レベルで超国家的な主権を創出し、グローバリゼーションを制御する国際的な公共圏を構築しようとするこころみがあらわれる。

欧州連合はその典型例である。欧州連合は関税の撤廃、手数料の廃止など域内の市場統合を実現し、国境を越えた単一市場を形成したが、それだけにとどまらず通貨の発行権、軍隊の組織、外国人の出入国管理と市民権など、それまで国家主権に属していた基本的な権限を欧州連合機関に委譲し、国民国家はその主権を部分的であれ放棄することになった(7)。

だが他方で、グローバリゼーションは国民国家内部のローカルな主権をも呼び起こした。国民国家は共通の民族、共通の言語、国民文化に支えられているものとみなされてきたが、グローバリゼーションによる国民国家の揺らぎとともに、その均質なイメージに亀裂が入れられ、文化の多元性、言語の多様性、民族の多様性が浮かび上がってくる。地方分権、地域の言語・文化・エスニシティの主権、地域経済の自律の要求が、グローバリゼーションとともに高まっていく。ヨーロッパでは、欧州統合が進む中でこのような地域主義の動きが活発となる。フランスにおけるオクシタニー地方、スペインのバスク、カタルーニャ地域、イタリアの南北間の地域対立、アイルランド紛争など、言語や文化をめぐって地域紛争が高まっている(8)。

国民国家の主権は、グローバリゼーションを制御するには過小であり、地域主義を制御するには過大となる。そのために、国民国家に独占されていた主権が超国家的レベルと地域レベルに委譲され、主権の多元化が生ずることになる。

また同時に、主権のこのような脱国民国家化だけでなく、政治過程の脱国民国家化も進展する。近代の政治過程は、議会・内閣・裁判所といった三権分立の体制によって回路づけられていた。それは国民国家の公式の政治過程であった。だがグローバリゼーションの進展とともに、この公式の政治過程（ガヴァメント）はしだいにその効力を弱めつつある。代わって政治過程に民間諸団体、ローカルな諸団体、トランスナショナルな運動体が参入し、重要な役割を果たすようになる。民間NGO、非営利組織、ボランティア団体、協同組合運動などが政治の調整に大きな役割を果たす。これらの非公式の諸団体による政治過程の調整作用は《ガヴァナンス》と呼ばれる。

こうして《ガヴァメント》から《ガヴァナンス》への政治過程の比重の移動が始まる。たとえば都市や地域の政治過程を担うのは、地方自治体の行政機構だけでなく、業界団体、非営利組織、消費者団体、納税者、地域住民組織による非公式の妥協や調整の過程である。そしてこれらの非公式のネットワークを組織するために、地域通貨のような媒体が登場し発展を遂げる。国民国家の中央集権化に抗する地方分権化の動きを推進したのは、このような新しい政治過程であった。たとえばイギリスのスコットランド地方は、安全保障をめぐって分権化の動きを強めるが、この動きを推進したのは地域住民や地方自治体の安全保障問題への積極的な発言と関与であった。地域住民は情報公開を通して政治的意志決定に積極的に参画していったのである。(9)

市民権の脱国民国家化

上記のようなグローバリゼーションにともなう主権の多元化は、国民国家と一義的に結びつけられてきた市民権にも変容をもたらす。

近代の市民権概念は、国民に授けられる権利であり、したがってナショナリズムや国民文化の担い手として均質な国民的アイデンティティに根拠をもつものとみなされた。社会の成員は性・人種・言語・宗教・文化などにおいて多様な規定を帯びた存在であるにもかかわらず、そのような異質な諸個人が均質な国民に還元され、国民としての権利が付与されたのである。その結果、市民権は近代社会のひとびとを結びつけるきずなであると同時に、性・人種・言語・宗教・文化におけるマイノリティを排除し差別する根拠にもなった。

「近代世界は社会的単位として国民国家を生み出し、市民的・政治的・社会的な市民権にもとづく市民的なきずなによってひとびとを結びつけた。そうすることによって、国民国家は人種・文化・宗教・地域・階級にもとづく差異を均質化してきた。最良の場合、この均質化の過程は市民権を共有する平等を生み出したが、最悪の場合は、この過程は諸種の差異を均一化して国内の植民地化を生み出すことになる。」(Münch R.〔2001〕p.1.)

だがグローバリゼーションの進展とともに、国民国家を越えた次元で個人の市民権に関する法的な規定が誕生する。また国民国家によって枠づけられていた市民社会が多元化するとともに、国民国家の均質性に亀裂が入れられ、民族、エスニシティ、ジェンダー、セクシュアリティなどの多様な規定を有する諸個人のアイデンティティが浮上し、それらのアイデンティティを承認する市民権が求められるようになる。

近代社会における市民権は、かつては異質で多様な諸個人を国民として組織することによってひとびとを国民国家へと動員する回路となった。だがグローバリゼーションにともなう市民権の変容によって、市民権はそのような国民国家的な統合の機能をしだいに失っていく。

「二一世紀の初頭において、国民国家による社会統合の能力が衰え始めている。われわれは『ポストナショナルな成員権』へと移りつつある。グローバル経済は国民国家の内部における連帯のきずなをうち砕き、近代化の勝者と敗者の格差を押し拡げつつある。」(Münch R.〔2001〕p.1.)

その結果、市民権は国民という抽象的・均質的な個人の権利ではなく、状況に依存した多様な集団的権利においてとらえられるようになる。

「ひとびとはみずからを国民国家の成員であるよりもむしろ、特定の人種・言語・宗教・性の集団の成員とみなすようになっている。」(Ishin E. F./Wood P.K.〔1999〕p.3.)

こうして、市民権は国家を越える超国家的な次元と多様な集団の次元へと分極化し、多元的に規定されるようになる。ポストナショナルな市民権の多様な規定について、以下に逐一検討してみたい。

国際人権レジームの成立と国民国家の自己矛盾

国家主権と一体化していた市民権は、グローバリゼーションの進展を契機として、国民国家を越えた超国家的主権によって保証される市民権概念へと発展を遂げ、国際人権レジームをはぐくんでいく。すでに一九四八年に、国連でフランス人権宣言に倣って『世界人権宣言』が採択されたが、グローバリゼーションの進展とともに、国境を越えて移動するひとびとの市民権を保証する条約がうちたてられるようになる。一九八〇年には難民法が制定され、世界の二〇〇〇万人の難民の保護が謳われる。また世界で一億二〇〇〇万人いると言われる移民とその家族の権利を保護するための「移住労働者の権利条約」が一九九〇年に国連総会で採択された。

さらに一九九二年に調印された欧州連合条約では、条約の構成国のすべての国籍保有者に連合市民権があたえられる。連合市民は、構成諸国の領域内において自由に移動し居住する権利をもつ。連合市民は自己が居住する領域内のどの地域においても、自治体の選挙権・立候補権をもつ。要するに、この連合条約において市民は、国民国家を越える超国家的主権によって保証された法的権利主体=連合市民となる。

そのために、国民国家は条約加盟国の外国人の出入国を管理する権限を失う。また国民国家は、国籍をもたない外国人がみずからの居住する自治体で参政権を行使することを、国籍をもたないからという理由で拒むことはもはや許されなくなる。

こうして人権と市民権は、国民国家を越えた超国家的主権によって保証されるようになる。そしてこの人権が国家主権と対立し、国家主権を侵害することすらでてくる。

「排他的な領土にもとづく国民国家という枠のなかにいる成員であることは、諸権利の実現のための唯一の根拠ではなくなった。市民であろうとなかろうと、すべての居住者は人権を主張できる。人権は、国家を基盤とする市民権の原理と国家の境界とを侵食しはじめている。」(Sassen S.［1996］邦訳一六二頁)

こうして主権国家は、みずからが主権の保有者であると同時に、自己を越える超国家的主権を仲介する機関になる、という二重の規定を受けることとなる。主権国家は一方で、個人の人権を国民としての規定性に押し込め、外国の移民に対する管理権を強化しようとする。つまり、国家は市場のグローバリゼーションを推進する担い手としてグローバル資本の活動の制度的な整備を図るにもかかわらず、労働力移動に関しては国家的な制約を強化しようとする。だが他方で、主権国家は、超国家的な人権レジームが整備されるとともに、この国際人権レジームを仲介する機関としての任務を果たすように強いられることになる。

「国籍の概念は、国家主権と自決を強化するという原理から、国家には国際的な人権法にもとづいて、すべての居住者に対する責任があるということを強調する概念へと、部分的に移行してきている。……国家は、これまでのすべての機能に加えて、人権にもとづいた超国家的秩序の制度的装置にもなってきている。」(Sassen S.［1996］邦訳一七〇頁)

こうして国民国家は、国民の管理者であると同時に国際人権レジームの仲介者であるという矛盾した機能をみずからのうちに抱えこむことになる。あるいは、「人道的」軍事介入のように、国際人権レジームを国家の軍事戦略のテコとして活用するようになる。

市民権とアイデンティティ

だが人権と市民権の概念の変容は、国際人権レジームの発展にともなう国民国家の変容と結びつくだけでなく、グローバリゼーションとポストモダンの歴史的状況下における資本蓄積過程の変容とも密接に結びついている。

近代的市民権の揺らぎは、資本主義のダイナミックな進展から生じている。情報化の進展、フレキシブルな生産、リフレキシブ（＝内省的）な経済、グローバリゼーションとともに、文化と経済の境界が不明瞭になり、映像・音・経験・知識の生産が物的な生産と分かちがたくなる。このような境界の融合によって、ひとびとの社会生活の固定した仕切りが取り払われ、多様な文化や生活様式が入り組み合い、複合化するようになる。さらに商品・サービス・資本・労働力はもとより、情報・記号・音声・映像が国境を越えて移動し、地球的な規模でのフローの空間を組織するようになると、文化や生活様式の相互作用はグローバルな次元で進展する。

このような国民国家を越えたダイナミックな資本蓄積の進展とともに、多様な差別を再審し多様な市民権の承認を求める社会闘争が浮上してくる。資本の蓄積過程は資本と労働の階級関係だけでなく、セクシュアリティ、ジェンダー、エスニシティなどの規定にもとづく分節化された労働市場を組み入れ、そのような多層的な差別構造の上に推進されてきた。だがグローバリゼーションと流動的でフレキシブルな生産組織が発展するとともに、既存の固定した差別構造が多元的なレベルで再審されるようになる。そのために、資本と労働の階級闘争は、性・人種・文化・環境をめぐる社会闘争と複雑に絡み合う。これらの多元的な社会闘争は、国民や階級という主体にかかわる市民権に代わって、複合的な集団的主体の市民権を要求するようになる。つまり生産物の分配をめぐる階級闘争だけでなく、複合的な集団のアイデンティティの承認をめぐる市民権の闘争が激化する。しかもそれらの闘争は、たんなる個別の権利要求だけでなく、グローバルな消費文化や環境・社会資本の保全という共通の権利要求をも掲げるようになる。そのような市民権をめぐる社会闘争によって、国民国家による社会統合は弱体化していく。

「国民国家は市民権の市民的・政治的・社会的・文化的な諸権利を通して社会統合を保証してきた。だが、もはや国民国家はそのような社会統合の唯一の単位ではなくなる。ひとびとは内部のさまざまな境界や差異を越えてたがいに結びつく。あらゆる民族に由来するひとびとが、グローバルな消費文化を、人間生活に必要な資源を保全する責任を、人権のグローバルな拡張を、共有する。」(Münch R.［2001］p.187.)

近代の市民権は、国民という均質な市民の権利にもとづき、平等、市民の政治参加、法を理念としてきたが、それは同時に階級・ジェンダー・エスニシティ・年齢などにもとづく差別・抑圧・排除を包み隠していた。近代の市民権においては、個人は公的な市民として社会的に承認されるものとみなされていた。だが個人が個人になるのは、抽象的な公人としてではなく、むしろジェンダーやエスニシティなどの特定の集団的な帰属を通してである。しかも、これらの多様な集団に帰属するひとびとが、国境を越えて共通の消費文化、自然環境、市民権を共有するようになっている。超国家的な空間の広がりの中で、特定の集団的帰属を通して個人のアイデンティティを保証するような新しい市民権が問われているのである。

こうして近代的市民権において軽視されてきた《集団権》が、市民権の新たな課題として浮上するようになる。一九七〇年代以降の女性、ゲイ、エスニック・マイノリティらによる新しい社会運動は、普遍的市民権や法の下での平等の背後に隠されている支配と抑圧を暴き出し、固有な集団の権利の承認を求める運動であった。この運動は、社会の支配的な表象や承認関係を再審理する闘争であるという意味で、《文化政治（cultural politics)》と呼ばれている。

また個人の主体位置も、市民あるいは国民に還元されるものではなく、階級・性・人種・文化など多様な規定を受けているということが認識されるようになる。近代的市民権においては、個人が法の主権の担い手となる。つまり個人は、社会に先立つ社会契約の主体として前提とされた。だが、そのような均質で自律した個人の存在が、じつは不均質で多元的な主体位置の産物であることがわかっていくる。このような個人のとらえかたには、文化の断片化と多元化という今日の時代的背景が大きく影を落としている。

「今日の時代を特徴づけるのは、文化の断片化と差異化の増大である。それはライフスタイルが多様化し社会的分化が進んだためである。差異と異質性が称賛され、通信ネットワークにより文化がグローバル化し、ライフスタイルにおけるフレキシビリティと内省力が強調され、人格の統合的理念が衰退し、産業社会が衰退する。」（Isin E. F./Wood P. K.［1999］p.6.）

そのために、近代の抽象的な市民権は再審理されるようになり、市民権を担う個人も均質な個人ではなく、多元性と流動性の下でとらえかえされ、したがってジェンダー、エスニシティ、マイノリティなどの多様な規定を帯びた存在になる。

個人をアプリオリに統一的な主体としてみなすのではなく、主体位置の総和の節合としてとらえるラディカル・デモクラシーの政治理論が登場するのも、このような時代背景に立脚している。

このような集団権としての市民権の承認の問題は、資本の蓄積過程そのものの変容を迫ることになる。グローバリゼーションは性差別、マイノリティの抑圧、移民労働者の搾取をグローバルな資本蓄積の契機として推進されてきた。したがって、承認の政治をめぐる社会闘争は、このような資本蓄積過程を差異の承認と平等主義のヘゲモニーによって再編する可能性を切り開く。つまり、文化政治は、生産関係を変革し、富の分配関係を是正するための階級闘争と密接に結びついているのである。

したがって市民権とは、主体としての個人を自明の前提とした上でそのような個人が保有する権利なのではなく、集団的主体を築き上げる権利であり、集団的主体形成を通して個人が個人になる権利である。E・F・アイシン／P・K・ウッドは、このような多元的なアイデンティティ形成を通して集団的主体を形成する権利を《ラディカル市民権》と呼ぶ。

「ラディカルな民主主義的市民権は、たんなる法的な規定ではなく、アイデンティティ化の形式である。……市民権は社会的当事者の諸種の主体位置に影響を及ぼす節合的原理である。社会的当事者は統一的な主体ではなく、多面的な主体位置の節合である。……この市民権はこれらの多面的な主体位置の共通の政治的アイデンティティとなる。」(Isin E. F./Wood P.K.［1999］p.12.)

このようにして、市民権を論ずることは、断片化されたアイデンティティから発する諸要求を課題としてとりあげることとなる。かつて市民権は普遍性の領域に属しており、アイデンティティは私的・個別的な領域に属していた。だがポストモダンとグローバリゼーションの時代状況が、市民権とアイデンティティを結びつけるようになる。

集団的成員権と個人のアイデンティティ形成

集団的成員権の承認は、自然法思想にもとづく近代的な人権概念を否定するものなのであろうか。

近代の市民権は、法の下に平等な個人の権利であり、その意味で近代以前の諸社会のように特定の地位や身分に帰属することによって得られる権利とは対照的なものであった。つまり、近代の市民権はひとびとが所属する宗教集団、エスニック集団、階級の区別なくすべての個人に授けられる権利であった。ところが、市民権の多元化が進展するとともに、エスニック集団や民族的マイノリティが自己の集団に帰属することによって得られる集団別の市民権が求められるようになる。たとえば、民族的マイノリティの自治権、エスニックな文化権・教育権、特別代表権がそれである。

だが、このような集団別の市民権の承認は、国民国家に代わって諸種のカテゴリー集団を実体的に承認することを意味するわけではない。つまり集団的成員権の承認は、近代以前の中間諸集団の世界への復帰を意味するわけではない。そこでは集団的市民権が、なによりも個人の人権を深化し拡張する論理として提唱されるのである。

自由主義の思想は、基本的諸自由の価値を個人の人権とみなし、個人がみずからの人生を自己決定する権利をもつものとみなす。だがほかならぬ個人の自己決定にとって、民族・宗教・エスニシティの集団は阻害要因であるどころか、不可欠の条件である。たとえば、民族的マイノリティに所属する個人の生活は、その集団生活を通してはじめて充実したものになるからである。マイノリティの集団的権利は、個人の自由と矛盾しない。それどころか、前者の権利は後者の自由を保証し高めてくれる。というのも、民族的マイノリティに属する個人の人生は、そのマイノリティ集団に固有な文化の中で育まれるからである。W・キムリッカはこのような個人の生き方をはぐくむ文化を《社会構成的文化》と呼ぶ。

「社会構成的文化（societal culture）とは、公的領域と私的領域の双方を包含する人間の活動のすべての範囲

――そこには、社会生活、教育、余暇、経済生活が含まれる――にわたって、諸種の有意味な生き方をその成員に提供する文化である。」(Kymlicka W. [1995] 邦訳一一三頁)

社会構成的文化には「伝統と約束事という共有された語彙」(R・ドゥオーキン)がふくまれており、個人はこの共有された語彙の習得を通して慣習についての価値を理解し、自分の信念を築き上げていく。その意味で、社会構成的文化は個人の生き方についての選択肢を提供し、さらには自分の信念や善についての考え方を変える能力をはぐくむ。

したがって、集団別市民権の承認は、集団の既存の価値を無条件で承認することを意味しない。集団の価値(伝統、習俗、慣習など)が個人の人権と対立する場合には、後者が優先される。たとえば宗教集団に所属する個人には、改宗権、異端権、背教権が認められなければならない。

このような集団別の市民権は、すべての個人が同じ共同体に帰属するという共通感覚を失わせてしまうから、多様で異質な社会を統合するという近代の市民権が果たしていた役割を喪失させてしまう、という批判がある。集団別市民権の承認によって、諸個人の公民としての連帯や公共精神がますます衰退するのではないか、という批判がそれである。

この批判に対して、多文化市民権を提唱するW・キムリッカはつぎのように反論する。社会の統合はかならずしも諸価値の共有を前提とはしない。多民族国家の統合は、むしろ異質で多様な民族諸集団の民族的アイデンティティを承認しそれを涵養することによって育まれる。多民族国家はそれぞれの自己統治権をもった諸民族の連合体として考えるべきである。米国に住むプエルトルコ人は、まず自分がプエルトルコ人であり、そのような存在として承認されることによってはじめてアメリカ人であるという自覚が生まれる。その意味で、民族的マイノリティを包容することこそが社会統合の道である、と。

ここでは、個人と、個人が帰属する集団と、その集団を包みこむさらに広い社会の、三者についての新しい関係が問われている。個人はたんに受動的に集団に帰属するだけでなく、集団から距離を置き、集団の中で自己形成をなし遂げ、さらには集団から離脱して、集団への帰属をみずから選び直す主体である。社会統合は、そのような異質で多様な個人と集団の多面的ネットワークを通して築き上げられる。多文化主義は、マイノリティ集団の透明なエスニック・アイデンティティをそのまま承認することではなく、個人の自己形成を通してエスニック・アイデンティティ自身がたえず問い直されるものでなければならない。

このような個人の自己形成をさらにつきつめたのが、次節で見る承認の政治である。

ディアスポラ・アイデンティティと市民権

承認の政治は、個人の自我形成のプロセスにまで立ち入って市民権を考える必要性を提起した。だがそのとき、個人の自我が安定した中核をもつものではなく、きわめて不確定で複合的であることが明らかとなる。S・ホールは、ポスト・フォーディズム時代における主体の不確定性について、つぎのように述べる。

「一つの全体と中心をもち、安定し完結した自我、もしくは自律した合理的な『自己』として個人をとらえることは、もはや不可能である。『自己』とは、もっと断片的で不完全なものとして概念化されるものであり、わたしたちが生きるさまざまな社会的世界との関係における複合的な『複数からなる自己』もしくは複数からなるアイデンティティとして構成されるものであり、ある歴史とともにあるなにものかであり、『生産される』ものであり、過程のなかにあるものである。さまざまな言説や実践によって、『主体』はさまざまに場所を定められ、位置付けられるのである。」(Hall S.［1989］邦訳六九頁)

このような自己の不確定性と複合性を考える上で重要な手がかりとなるのが、ディアスポラ・アイデンティティである[(10)]。

ディアスポラ(diaspora)とは、ギリシャ語で多くの方向に種を撒き散らすという意味で、歴史的に離散状態におかれたユダヤ人を指す。ユダヤ人は固定したホームランドをもたずに、たえず移動しながら多様性・異質性・変化を通して自己を形成してきた。このディアスポラのひとびとにとってのアイデンティティとは、みずからの出身地である聖なる故郷に自己をつなぎとめ、その故郷への帰属を遠隔の地で保持し続けることではない。むしろその起源の地から距離を置き、未知の土地で経験する異質なものとの混交や変化するものの受容を通して不断に自己を形成し続けることがアイデンティティにほかならない。

「ディアスポラ的経験は、本質や純粋性によってではなく、ある必然的な異質性と多様性の認識によって、つまり差異と矛盾することなく、差異とともに、差異を通じて生きる『アイデンティティ』という概念によって、雑種混交性によって定義されるものである。ディアスポラ・アイデンティティとは、常に自己を新たなものとして、変換と差異を通じて生産／再生産する。」(Hall S.［1990］邦訳一〇一-二頁)

それゆえディアスポラのひとびとは、はじめから透明で一元的なアイデンティティをもたずに、異質なものの混合というハイブリッドな性格を有している。

「ハイブリッドなアイデンティティは、本質的なものを探求することはせず、アイデンティティのプロセスの中にある異質性を照らし出し、新たな差異を生み出し、そのプロセスを閉鎖することなく、逆に、絶えず開いていくものなのである。」(戴エリカ［1999］一〇七頁)

だがこのようなアイデンティティのありかたは、今日では離散状態に置かれたひとびとだけに特徴的なものではなくなりつつある。S・ホールが述べたように、ポスト・フォーディズム時代の個人は、安定した集団への帰属を失い、不確定で浮遊する自己形成を余儀なくされている。個人のアイデンティティは、かつて社会階級・人種・ジェンダーなどの安定した集団への帰属によって支えられ、ひとびとはこの帰属を通して自分が何者であるかを理解した。アイデンティティとは、安定した集団に位置づけられた、変化することのない安定した自己を意味した。だが今日、集団への帰属はしだいに流動的・一時的なものになり、また集団の定義そのものが不確定なものになっている。

「社会生活の『複合化』は、日々の労働、社会的生活、家族生活、性生活において、一般人（少なくとも工業化された世界において）がとりうる複数のアイデンティティの可能性を拡張する。」（Hall S.［1989］邦訳七六頁）

このような自己の不断の再定義を通して、今度は安定しているはずの集団的アイデンティティそのものが再審に付されるようになる。たとえば国民というナショナル・アイデンティティは、諸種の制度的装置を通して歴史的に築き上げられた《想像の共同体》であることが暴き出され、その透明な同一性に亀裂が入れられる。男と女といった自然にもとづくと思われていたセクシュアル・アイデンティティすら、言説によって構成されるものであることが指摘され、《男らしさ》、《女らしさ》が自明なものではなく問い直されるようになる。

アイデンティティとは、主体の置かれた社会的位置や言説的実践を通してたえず解体され再構築されるものである。たがいに対立し交差しあう多様な言説のせめぎあいを通してアイデンティティは形成される。

「アイデンティティとは、言説や言説実践によって構築された主体の位置に、私たちが一時的につなぎとめられるときの、その位置である。」（戴エリカ［1999］一一二頁）

言説的実践を通して自己の中に異質なもの、過剰なものをとりこんだり排除したりしながら、ひとびとは自己のアイデンティティを築き上げていく。その意味でアイデンティティとはそもそもディアスポラ的であり、ハイブリッド的なものであると言うことができる。

このハイブリッドなアイデンティティ形成を諸個人の基本的な権利として承認すること。それは近代の市民権概念の根本的な刷新を意味する。近代の市民権は、主権国家との関係において定義されたため、個人はナショナル・アイデンティティという集団的均質性を前提としていた。この均質性は国家の支配的な言説によって構築された共通の神話・歴史・言語に支えられていた。

ディアスポラ・アイデンティティは、個人の市民権を国家や民族といった集団的枠組みに封じこめない。むしろ個人が集団的枠組みそのものを再定義する権利を市民権として承認する。それは、国家や民族の集団的ヘゲモニーに対する対抗的ヘゲモニーである。自己を定義し、自己の集団への帰属を決定する権利は個人にある。近代社会は主権国家の産物として個人を生み出した。だがもはや個人はそのような集団的基盤をもたない底無しの深遠で自己を再構築する必要に迫られる。国家はこのような浮遊する個人をふたたび集団的枠組みへと回収しようとする。だが個人はたえずその枠組みから離脱しようと図る。市民権をめぐるこのような社会闘争は、これからの社会形成の主戦場をなすといえよう。

市民権の断片化から多元化へ――コスモポリタン市民憲章とラディカル市民権に向かって

市民権とは単一の自我の問題ではなく、自己と他者の関係の問題であり、他者の承認の問題である。国民国家の市民権においては、国民としての均質な個人の承認が問われた。だが今日では、多様な集団的主体の相互承認が問われるようになっている。たがいに異質な諸個人や諸集団の差異を平等主義的に結びつけながら相互承認をおこなう。この承認が国境を越えた立憲主義の理念とならなければならない。グローバリゼーションは、国民国家の主権を揺り動かし、均質な国民の権利としての市民権をうち砕いてそれを断片化した。だがこの断片化は多元的な統合の契機となる。市民権の断片化が、自己と他者の新しい関係を築き上げる土壌を用意するのである。

それゆえ、ジェラール・ドゥランティは地球的な規模における均質な個人の市民権を承認する「グローバル市民権」よりもむしろ、サブナショナル、ナショナル、トランスナショナルといった多次元的レベルでの「市民的コスモポリタニズム」と「コスモポリタン公共圏」の構築を提唱する。コスモポリタン公共圏とは、地球的な規模の単一の法的・政治的市民社会を建設することではなく、価値の文化的な変容に支えられ、価値の多元性にもとづく公共圏である。それゆえトランスナショナルな立憲主義は、均質な個人の権利にもとづく西洋民主主義の市民権概念をも再審理することになる。

かくして、ラディカル市民権においては、断片化する市民権をどのように再組織して多元化するかが問われることになる。資本主義のフレキシブルな蓄積体制の進展とともに、その言説的な効果によって意味の断片化、浮遊化、分散化が生ずる。この断片化は、集団間や階層間の格差を生み出すようにして進められる。つまり断片化は偶発的なものではなく、ジェンダー、エスニシティ、階級などの社会諸集団の断層に沿っておこなわれる。したがって社会の集団編成や階層編成には権力の秩序が作用する。

ラディカル市民権は、このような権力の作用によって不断に断片化される意味を多元主義の原理に沿って再組織し、多様な集団の権利を相互承認する節合の原理である。

アイデンティティの断片化は、そのような多元主義を創造するための契機であり、新しい社会運動は、集団の権利と価値をめぐる言説的・思想的な闘争を通して多元主義的なアイデンティティを構築しようとする試みである。

このような多元主義的な集団的アイデンティティを承認するラディカル市民権こそ、ポストナショナルな立憲主義の理念を提示するものにほかならない[11]。

ラディカル市民権はつぎのような多様な市民権を提起する。

第一に、グローバルな移民の波は、エスニック・マイノリティの民族・文化・言語の承認を要求する市民権の闘争を促す。近代的市民権は国民国家の領土や出生地に根ざしており、それは農村から都市へと流入するひとびとを工業労働力として動員する回路でもあった。だがいまや、先進諸国の都市には、諸外国からの難民や移民や亡命者が押し寄せ、定住するようになる。米国では一九九三年に難民がピークに達して、一八二〇万人にのぼる。このような国境を越えて移動するグローバル・ディアスポラの民が要求する市民権、それがディアスポラ市民権である。

第二に、異性愛を正常な性愛とみなすセクシュアリティの理念が見直され、多様な性愛のありようを社会的に認めるべきだという要求が高まる。ゲイ、レズビアン、バイセクシュアル、トランスセクシュアルなどの多様なセクシュアリティを承認する性的な市民権が問われるようになる。

第三に、国境を越えたトランスナショナルな空間が形成されるとともに、このような空間に居住するひとびとの市民権が要求されるようになる。たとえば、資本と労働のグローバルなフローによって組織される世界都市に居住する都市住民の市民権、コンピュータ・ネットワークによって組織される空間において情報技術を利用し情報にアクセスする権利を要求する技術的市民権、さらには地球環境の保全を求める地球市民のエコロジー市民権、などがそれである。

第四に、文化の多元主義を承認する文化的市民権。文化は日常生活と生産過程に深くかかわるようになっている。文化資本の出現とともに、生産と消費と日常生活のあらゆる領域において文化的市民権を求める声が高まる。

第五に、消費社会における消費過程を通してアイデンティティ形成を遂げるひとびとの消費者市民権が発展する。

これらの市民権はいずれもかつてのような国民の均質な市民権に回収することのできない超国家的市民権の性格を帯びつつある。グローバリゼーションとポストモダンの歴史的状況下でダイナミックに変容する資本蓄積過程が、このような多元的な市民権を生み出したのである。これらの市民権は資本蓄積過程を担う集団的主体をたちあげ、グローバリゼーションを促す推進力となる。だが同時に、このような多元的市民権の確立を通して、グローバリゼーションと資本蓄積を再審し、平等主義と差異に基づくオルタナティブな多元主義的社会構想を導く集団的主体が形成される可能性もはぐくまれるのである。

注

(1) 二〇〇一年二月二四日に東京でピープルズ・プラン主催のシンポジウム《憲法の論じ方を変え、改憲論を切る》が開催された。憲法を論じることは民衆の側からのオルタナティブな社会像を提示することであるという視点から、社会運動に取り組むさまざまなパネラーの発言がなされた。筆者もそのパネラーのひとりとして参加した。本稿はそのときの筆者の報告に加筆して作成したものである。なお、シンポジウムの記録は『季刊ピープルズ・プラン』四号に掲載されている。

(2) グローバリゼーションが主権国家の一面的な衰退をもたらすわけではないということ、また市場と国家は協調と敵対の関係をはらみながら複合的に発展するという点については、Sassen S.［1996］を参照されたい。

(3) NATOの空爆をめぐる報道記事について本稿の主題にかかわるものとして次のようなものが目についた。『日本経済新聞』一九九九年四月一六日号では、欧州総局の実哲也が欧州でNATOの空爆を契機に「市場対国家」から「人権対国家」へと論壇の議論が移っていることを伝えている。また『朝日新聞』同年五月一八日号では、宮本信生が論壇でユーゴの空爆が国連憲章の内政不干渉の原則を無視するものであり、二一世紀に向けてこの原則を再構築する必要性を強調している。これに対して『朝日新聞』同年六月二日号の論壇で吉田康彦がこれに反論し、民族浄化作戦などの大規模な人権侵害に対して国際主権による人道的介入もありうるし、それは内政不干渉の原則よりも優先される時代であることを強調している。また『世界』（一九九九年六月号）でも、NATOの「人道的介入」をめぐって座談会がおこなわれている（「ユーゴ空爆は正しかったのか」）

　国家による民族浄化戦争も、人権を建前とする国際的な軍事介入も、少数民族と市民の生存権を脅かす人権侵害をもたらしている。人権を国家の内政不干渉に従属させず、しかも同時に国際的な軍事介入の口実にさせないために、国家主権を越えた次元での人権レジームの確立が求められている。

(4) 人権と市民権を同一視する人権宣言のラディカル性については、E. Balibar［1992］および水嶋一憲［1999］を参照されたい。

(5) ラディカル・デモクラシーは人権宣言のこのラディカル性に着目して、社会主義を民主主義革命を深化させるプロセスの一環として位置づける。これについては、Laclau E./Mouffe C.［1985］を参照されたい。

(6) 人権の市民権への囲いこみ、あるいは市民権の国民化については、岩永真治［1998］を参照されたい。

(7) 欧州連合における超国家的主権の創出の意味については、斉藤日出治［1999c］第1部「二　西の統合——ポスト・ナショナルな時代」を参照されたい。

(8) ヨーロッパの地域紛争については、梶田孝道［1993］を参照されたい。梶田は欧州連合、国民国家、地域の三つの主権がせめぎあう現代を《三空間併存時代》と呼んでいる。

(9) アイルランドのガヴァナンスについては、島袋純「自治と分権の視点から」［2001］を参照されたい。

(10) ディアスポラ・アイデンティティについては、上野俊哉［1999］、戴エリカ［1999］、Hall S.［1990］、を参照されたい。なお、上野俊哉［1999］は、ディアスポラ現象を対象として見つめるのではなく、「われわれ自身がむしろディアスポラの主体として入っている次元に目を向ける必要がある。」（七四頁）と述べているが、この点で筆者と問題関心を共有している。

（11）ラディカル市民権は二一世紀の社会主義像を考える場合にも重要な概念である。ラディカル市民権と社会主義との関連については、本書第Ⅲ部第二章、および斉藤日出治［2001d］を参照されたい。

四　グローバルな情報資本主義と都市文明の危機

グローバル都市文明のパラドクス

情報科学技術の発展とグローバル経済の出現は、都市の巨大な変容をもたらしつつある。都市は長距離通信と電子ネットワークに媒介されることによって、国境を越えたグローバルなネットワークの結節点として機能するようになる。グローバルな金融市場におけるマネー・フローの管理、労働力の国際移動の管理、巨大多国籍企業による複数の諸国にまたがる産業部門内回路の管理、長距離国際輸送網の管理、そして地球を電子村落に変える情報通信システムの管理、都市はこれらの管理業務を担う空間として世界都市へと変容する。先進諸国の都市だけではない。いまや南の開発途上国の都市が肥大化し、世界都市と化している。

このようなグローバルな情報都市の出現は、人類の都市文明における巨大な転換を画している。古代・中世都市を経て近代の産業都市へといたる過程で、人類は農村から都市へと社会生活の基本的な場を移してきた。とりわけ産業革命以降、農村から都市への労働力の移動にともなう都市化の流れを経験し、さらに二〇世紀になって都市資本主義が確立されるとともに、企業の生産過程のみならず賃金生活者大衆の消費様式までもが資本蓄積の過程に統合されるようになり、都市空間は社会的分業の空間立地であると同時に、労働者・市民の集団的な消費の空間として組織されるようになる。都市は消費とスペクタクルの空間として、文化・余暇・学問・芸術の空間として発展を遂げる。アメリカニゼーションと呼ばれる都市型生活様式が二〇世紀初頭の米国で誕生し、第二次大戦後にはこの生活様式が先進諸国に波及し、やがてグローバル化の流れに乗って、旧社会主義諸国や途上国にまで及んで、全地球的な規模で都市型生活様式が定着する。

都市と農村の対立関係はいまや意味を失い、都市が農村をすっかり飲み尽くそうとしている。先進諸国だけでなく、南の諸国でも二一世紀の第一四半期のうちに都市人口が農村人口を上回るものと予測されている。しかも都市の規模が急速に肥大化しつつある。すでに一九九二年に人口一〇〇〇万人を越える巨大都市は一三を数え、二〇〇〇万人を越える都市が四都市に達した。

このような都市化の流れは、グローバル化と情報化の進展とともにその勢いを加速させている。だが他方で、都市の規模が肥大化し、都市型生活様式が普及すればするほど、社会生活を組織する都市の自律能力はますます衰退している。世界都市はそのようなパラドクスに直面している。

これまでの都市文明の歴史は、都市社会における自治能力の発展の歴史であった。たとえばヨーロッパの中世都市では、商工業者のイニシアティブによって組織された市民の誓約団体があり、この団体精神に支えられて選挙制や任期制の合議機関が組織され、裁判権や立法権を保持した都市法が整備され、都市住民による自治の組織化がおこなわれていた。

だが逆説的なことに、住民が生活を自己管理し、社会諸関係を空間的に配置する自律した組織単位としての都市は、都市の規模が肥大化しグローバル化すればするほど衰弱していく。情報通信ネットワークによって組織された世界都市では、情報を処理し加工する技術者や情報を発信する政治的エリートが都市を管理する。これに対して都市住民は情報通信ネットワークによって管理される対象となり、たがいに孤立化し分断されて、閉鎖的な地域集団へと後退する。

それゆえ、グローバルな情報都市の発展は、都市の肥大化と都市の自治能力の衰退というパラドクスをますます深めつつある。それは、過去一〇〇〇年にわたって人類が築き上げてきた都市文明の危機を意味している。だが、情報通信技術を媒介にした都市空間の編成は、このパラドクスをのりこえて新しい都市文明を築き上げる可能性をも内包している。本章では、グローバルな情報資本主義がもたらした世界都市における新しい都市文明の可能性について論じてみたい。

情報経済の出現とグローバリゼーション

二〇世紀後半の世界経済は、情報経済という新しい経済体制を切り開いた。この経済体制の源泉となっているのは、いうまでもなく情報科学技術の革新である。かつての産業革命は、人間労働のエネルギー支出を機械に代替するものであったが、情報科学技術の革新は、人間の頭脳による情報の処理・伝達・貯蔵を技術に置き換えるもので、この技術革新はマイクロエレクトロニクス、情報科学、電気通信から、バイオテクノロジー、新素材、環境技術にいたるまで、広範な分野に及んでいる。

この技術革新によって、情報科学技術は生産構造と生産力の中核的な担い手となる。NC工作機械や産業用ロボットの活用によって生産工程の自動化が進み、生産性が飛躍的に向上する。また情報科学技術は、製造業の生産工程だけでなく、サービス業、金融業、オフィスワークなどにも浸透する。その結果、一連の経済活動は情報科学技術への依存度を一段と高める。経済活動は物質の生産から情報の加工・処理へと重心を移すようになり、産業部門も製造業・重化学工業部門から情報産業・サービス産業部門へと比重が移る。情報経済は、情報の加工・処理を直接に扱う情報産業だけでなく、デザインや企画などの生産者サービス、福祉などの社会サービス、卸・小売や通信・輸送などの流通サービス、飲食・娯楽などの個人サービスなど、多種多様なサービス産業を発展させる。

このような経済過程の全般的な変容が、生産様式や企業の組織化様式にも巨大な転換を迫る。規格化された大量生産に代わって、消費者需要に即応する柔軟な生産体制が導入され、大企業の垂直的な統合様式に代わって、中小企業の分散的で水平的なネットワークが出現するようになる。M・J・ピオリとC・F・セーブル［1984］は、ここに産業の組織化方法の分水嶺を読み取る。

だが情報科学技術は、生産と管理の脱中心化と分散化をもたらす一方で、脱中心化され分散化された諸単位を情報ネットワークを介して強力に再統合する。そのために、脱中心化と分散化が進めば進むほど、その逆に集権化が強められるという逆説的な事態が生まれる。ピオリ／セーブルが予測したような産業の分水嶺はかならずしも支配的な傾向にならずに、大企業の集権体制が強化され、その支配圏が国境を越えてグローバルに拡張することになった。

情報科学技術が生産と管理の組織化におよぼすこのような変容によって、つまり情報経済が空間的に展開を遂げることによって、グローバル経済が出現する。情報科学技術の発展によって、大規模集積回路による情報の大量伝達と大量処理が可能となる。そして不断の電子結合を介して、地球上の遠隔地でおこなわれる諸活動がリアルタイムで直結される。そのために、企業をはじめとする経済諸単位の活動は、全地球的な規模で脱中心化され分散化されると同時に、一点に集中し集権化されるようになる。こうして「空間的なへだたりや政治的境界をものともせずに、世界中のあらゆる経済過程が相互に浸透しあい、その過程が一個の相互依存的な単位として機能」（Castells M.［1999］二四九頁）するようになる。

技術的なインフラを基盤にして通信と経済をグローバルに結合する過程は、生産様式、消費様式、管理様式、ひとびとのコミュニケーション様式や思考様式の全般に深い影響を及ぼす。そのためにあらゆる地域経済や国民経済が世界的なレベルにおける情報ネットワークの結び目として機能するようになる。こうして地球上の各地で行われる主要な活動のほとんどが、グローバルな戦略の意志決定とコミュニケーション・ネットワークを介して組織されるようになる。

情報経済とともに成立するグローバル経済は、つぎのような特徴を有している。

第一は、グローバル化が包括的であると同時に排他的な性格を備えている、ということである。グローバル化は市場価値を創造するものは何であれ評価し包括する。だがその逆に市場価値を創造しないものは排除する。情報通信のグローバルなネットワークは、そのような包括と排除のふるいわけをおこなう網目である。このネットワークは、もはや国民国家のような政治的境界をもたずに、その触手を地球全体に伸ばしてあらゆるものを包みこもうとする。だがそれは同時に、ネットワークにとって無意味なもの、つまり商品価値を生まないとみなされるものをすべて排除する。したがって情報経済が生み出すグローバル化は、国民国家や地域の境界を越えて、人・物・記号・映像の流動化や移動をかきたてると同時に、地域間・社会階層間の不平等を激化し、排外主義・人種主義を強化する可能性をはらんでいる。

第二は、このネットワークが、ネットワークを管理する権力者とその管理から排除されるひとびととの不平等をますます深化させていく。かつてM・マクルーハンは電気メディアによる地球的な規模のひとびとの結合を《グローバル・ヴィレッジ》にたとえたが、今日の情報ネットワークによるグローバル化は、地球上のすべてのひとびとが農村の住民のようにたがいに対等な形で直接にコミュニケートしあうことを意味するわけではない。情報のフローを管理するのは、先進諸国の巨大国家であり巨大企業である。残りのほとんどのひとびとはこの情報のネットワークによって監視され、管理され、受動的な存在におとしめられる。ひとびとはたがいに孤立化し、操作される。「人類は、資本の貪欲さと国家の専制によって育まれた一種独特のモンスターの奴隷となっている」(Castells M.［1999］六一頁)。

情報都市とフローの空間

情報科学技術の発展は社会空間に変容をもたらす。そして社会空間のこの変容が都市の新しい形式をもたらす。情報経済とグローバル経済の進展とともに、情報都市という新しい都市形式が誕生する。情報都市は、情報社会の都市的な表現であると言ってもよい。情報都市の特徴はつぎのようなものである。

第一に、情報都市は、情報化の能力を通して都市間ネットワークを編成し、そのような共同の連結能力によって発展する。都市は情報科学技術の革新にともなう経済のダイナミックな構造転換をこうむる。都市の産業構造は、先端科学技術産業とそれにかかわる先進サービス部門を中心に成長を遂げ、それらの部門に雇用を引き付ける。他方で自動車・鉄鋼などの伝統的な製造業は衰退する。また労働集約的なサービス部門やインフォーマル・エコノミーも底辺で成長を遂げる。

このような産業構造の変容とともに、衰退する伝統的な工業都市と急成長を遂げる新興都市との間の都市間格差がいちじるしく拡大する。たとえば米国では、「フロストベルト」と呼ばれる東北部の旧来の工業都市が伝統的な製造業の後退とともに衰退し、南西部の「サンベルト」と呼ばれるハイテク産業地帯が興隆する。

第二に、情報都市は同時に世界都市になる。情報都市では、情報処理や政策決定のネットワークが地球的な規模ではりめぐらされ、都市がそのネットワークを介して情報を発信し指令をおこなうからである。というよりもむしろ、グローバル経済の編成は、諸都市のネットワーク化を基盤としている。したがって都市の管理能力は、都市間ネットワークの中に自己の都市をどのように組み入れるかにかかっている。

J・ボルジャ／M・カステル［1997］は、情報都市の成長を支える基本的な要因として、《結合力》、《イノベーション》、《制度的フレキシビリティ》の三点を挙げている。《結合力》とは、諸都市をコミュニケーション、電気通信、情報システムの循環に結びつける能力である。《イノベーション》とは、都市が有益な人的資源、高水準の教育、生活の質、研究調査機関など新しい知識を生み出す能力である。そして《制度的フレキシビリティ》とは、技術的なインフラ、人的資源の管理、地域管理制度を整備することによってグローバルな権力や全国政府から自律した管理能力を育成することである。情報都市は、この三要因を整えることによって、情報・通信のグローバルなネットワークを担い、生産・流通・消費のグローバルな経済取引を中継する世界都市となる。

情報都市を編成する空間的な論理とは、諸種の地域の場所的な制約を越えて、それらの地域を情報・権力・資本のコミュニケーション・フローのシステムに組み入れる論理である。この論理にしたがって編成される空間は《フローの空間》と呼ばれる。フローの空間では、あらゆる社会諸実践の基盤がコミュニケーション・ネットワークのフローからなり、このフローを通して富と権力が組織される。金融のフローしかり、科学技術のフローしかり、映像のフロー、情報のフローしかりである。

情報科学技術は、フローの空間を編成する物質的な支えとなる。マイクロエレクトロニクス、電気通信、コンピュータ、高速輸送網がフローの空間の物質的な支えとなる。これらの物質的な支えによって、特定の場所に拘束されずに、社会の諸実践の同時的な共有が可能となる。それゆえ情報科学技術の物質的な支えは、都市や地域に匹敵する空間編成の形式となる。それはフローの空間を編成する形式となる。この空間形式においては、生産や消費の経済過程が特定の場所的な制約性を脱する。空間的な場所は、情報のフローや通信経路へと変容する。

都市も同様に、フローの空間において組織されるようになる。かつてメガロポリスは政治的・経済的機能が空間的に集中し近接するといった立地的制約において、あるいは地理学的な硬直性において論じられてきた。だが都市はいまや場所に拘束されることのないフローのネットワークを形成し、きわめて可変的・流動的に空間を編成するようになる。個々の場所は交換のネットワークの位置と機能によって意味を有するようになる。

カステルはこのフローの空間によって組織される社会を《ネットワーク社会》と呼ぶ。ネットワークとは、諸種のフローが織り成す網状組織の結び目の総体である。

グローバル化とローカル化

(1) フォーディズムからポスト・フォーディズムへ

情報化とグローバル化の進展は、同時にローカル化の進展でもある。つまり地域や都市は、国民国家や巨大企業の集権的な管理に一方的に身をゆだねるだけではなく、独自な自律性を備えるようになる。

その背後には、フォーディズムからポスト・フォーディズムへの資本の蓄積体制の転換にともなう産業空間編成の構造転換がある。フォーディズムの大量生産体制は、工業地帯である大都市圏に生産を集中し、地方諸都市の間の階層的・機能的な分業編成によって特徴づけられていた。これに対して、ポスト・フォーディズムは、フレキシブルな生産体制を配備し、分業の垂直的な分散化と意志決定の分権化を特徴とする。しかもこの分散化と分権化は、国境を越えたグローバルな広がりをもつ。輸送技術や情報通信網の発展によって、企業は生産立地を海外にまで押し拡げ、単純作業の組み立て工程を開発途上国に移転して、労働コストの削減を図るようになる。それゆえ生産のグローバルな統合は、強力な分権化の傾向を解き放ち、分業の地理的な埋め込みを可能にする。生産のフレキシビリティと経営・生産の分権化は、地域内部の中小企業間の結びつきや地域・都市の相互の結びつきの可能性をも高めた。都市と地域は、企業のグローバルなネットワークにとりこまれると同時に、企業の生産活動を都市や地域に埋めこむ可能性をも手に入れる。

したがって、フォーディズムにおけるような少数のメガロポリスと巨大企業が大多数の地域や都市の発展を統御する、といったものとはかなり異なった地理学的編成が生ずることになる。つまりポスト・フォーディズム的生産の地理学は、グローバルで、かつローカルなものとなるのである。

こうしてポスト・フォーディズムの時代に、都市や地域はグローバルなネットワークの中に自己を位置づけ、その結び目としての機能を担うようになる。情報技術にもとづくグローバル経済は、企業の諸活動を連結し調整する管理センターを基盤にしている。このセンターとしての活動は、金融・保険・不動産・各種のコンサルタント・法律サービス・広告・デザイン・マーケティング・コンピュータ管理・研究開発などの多岐にわたっている。これらの先進サービスは、情報と通信のフローにもとづく活動であるために、その空間的な立地は集中化と分散化という特徴をともに備えている。つまりそれらのサービス活動は、世界の各国・各地に分散すると同時に、サービス・ネットワークを通して世界の主要なメトロポリタン地域に集中される。

(2) グローバル・ネットワークと世界都市

都市がそのような先進サービスの管理センターになるとき、都市はグローバルなサービス・ネットワークに組みこまれ、その結び目として機能するようになる。たとえばJ・ボルジャ／M・カステル［1997］が典型的な事例としてとりあげているように、ロシアの太平洋岸地帯が一九九〇年代に太平洋経済圏のネットワークに組みこまれるようになったとき、ロシアの太平洋地域の首都であったハバロフスクは、グローバル・ネットワークの地域的な管理の結節点となる。つまりハバロフスクの都市は、諸種の先進サービス活動――たとえば、国際空港、衛星通信、国際ホテル、国際語による秘書業務、金融とコンサルタント、国際金融や国際的投資の情報提供のためのデータバンク、先進サービスの高度熟練技能労働者を調達する地方労働市場など――を軸にして組織されるようになる。同様に、メキシコ経済が北米自由貿易協定を通して北米経済に組みこまれたとき、メキシコシティの都市空間は、外資系企業の指令本部、高級商店街、国際ホテル、高級住宅街、電気通信網、衛星通信などを通して組織されるようになる。

このような先進サービスのグローバル・ネットワークとして機能する都市が、世界都市である。世界都市は、先進サービスの立地点として、イノベーションと生産の立地点として、さらには生産物や技術の取引市場として、世界経済を組織する拠点としての機能を求められる。

しかし他方で、世界都市がグローバル・ネットワークの結び目として組織されるようになると、都市はきわめて不安定な状況におかれるようになる。都市は巨大企業の開発プロジェクト、金融や不動産の投資競争の波に洗われる。開発プロジェクトが進み投機的な投資活動が活発化するとき、都市は急成長するが、その逆に金融不安を契機として資本がいっせいに引き上げられるようなときには、都市は急激な没落の憂き目に遭う。つまり都市の発展は、グローバルな投資活動の制御しがたいフローによって大きく左右されるようになる。

(3) グローバル化とローカル化の複合的なクロス

ポスト・フォーディズム時代の産業空間編成は、一見するとたがいに対立する二つのベクトルによって方向づけられるものとして論じられてきた。

ひとつのベクトルは、巨大多国籍企業の生産工程が国境を越えて分散化する傾向である。その結果、先進工業諸国では先端科学技術部門と先進サービス部門が中心に配備され、開発途上国では単純組み立て工程と低熟練労働の製造業が立地されるという、南北間の新しい分業が生まれる。

もうひとつのベクトルは、消費者ニーズが多様化し製品のサイクルが短縮化されるとともに、デザインや企画開発などの専門的な部分工程に専従する中小企業の国際競争力が高まり、それらの中小企業群がネットワークを形成して結合する地域の産業集積の誕生である。この産業集積によって、取引コストを節約し、《規模の利益》ならぬ《範囲の利益》(空間の集積効果)が追求される。ピオリ/セーブルやA・J・スコットらはそのような中小企業の産業集積地帯をポスト・フォーディズム時代の新しい産業空間として注目した。

だがその後、この両極の傾向はさらに複合化しクロスするようになる。大企業による生産の分散化傾向は、情報科学技術の発展による労働工程のオートメ化によって減速するようになる。大企業は本国の国内における農村地帯に工場を移すようになり、政情が不安定で賃金の高騰化がしだいに進む開発途上国を避けるようになる。だがその逆に、大企業は高度熟練技能労働を開発途上国に移転して、そこでの比較的安価な技能労働者を利用しようとするようになる。

他方で、産業集積群も、特定の地域で閉鎖的に編成されているわけではけっしてない。産業集積地帯は、それ自体がグローバルなネットワークの結び目となっている。そのような産業空間を編成しないかぎり、産業集積地帯も衰退を免れない。たとえば米国の新興産業地域であるシリコンバレー、南カルフォルニア、オースチン-テクサス、ノースカロライナなどの技術的産業複合体は、科学技術的知識、科学者や技術者のたえざる供給に頼っており、そのためにそこでは高等教育機関、研究所、情報通信網などのグローバルな空間的ネットワークが張りめぐらされているのである。

したがってポスト・フォーディズムの産業空間は、巨大企業の新国際分業か、中小企業の産業集積か、という二者択一ではなく、地域の産業集積とグローバル・ネットワークとの動態的な相互作用を通して編成されるようになる。つまり新しい産業空間はグローバルであるだけでも、ローカルであるだけでもなく、グローバルでローカルな動態的節合を特徴としている。

つまり「イノベーションの立地は、産業地区としてあらわれるよりもむしろ、生産とイノベーションのグローバルなネットワークにおける中心的な結び目の形式をとる。」要するに「地域とネットワークは、グローバル・イノベーションの新しい空間的モザイクにおける相互に依存しあう両極をなしているのである。」(Castells M. [1999] 邦訳二六頁)

情報都市の根源的矛盾——フローの空間(ネット)と場所の空間(自我)との対抗

グローバル化とローカル化が複合的にクロスしネットワークを形成する情報都市の空間は、新しい根源的な矛盾を抱えこむことになる。情報都市のネットワークは、エレクトロニクスの回路によって編み上げられ、企業や権力のグローバルな戦略に規定されている。だが情報都市に居住するひとびとは、そのようなフローの空間によってみずからの生活を律しているわけではない。住民の日常生活は、情報通信のフローではなく、固有な場所によって組織されている。場所とは人間が経験する意味であり、経験の形式である。場所とは、物理的な近接性の境界によって仕切られており、経験の形式や意味や機能はこの境界の内部で生ずる。

これに対して、フローの空間は、物理的な近接性に拘束されずに社会的諸実践の物質的な担い手が同時的に共有される空間である。「フローの空間とは、フローを通して作動する、時間分有的な社会的諸実践の物質的組織化である。」(Castells M.［1999］二五六頁)

フローの空間とは、時間を分有する社会的諸実践が物理的な意味の拘束を解かれた空間状態である。したがってこの空間においては、社会的諸実践がローカルな境界を飛び越えてたがいに結びつく。フローの空間はグローバルなネットワークを組織して、グローバルな統合を推進する。グローバル・エコノミーはこのフローの空間において初めて成立する。「グローバル・エコノミーという言葉で表されるのは、地球的規模でリアルタイムに、一個の単位として作動する経済である。それは資本のフロー、労働市場、商品市場、情報、原材料、経営管理、そして組織が、地球大的規模において国際化し完全に相互依存している経済である。」(Castells M.［1999］一三〇頁)

これに対して、場所の空間は地域的に断片化され、統合能力を失っていく。つまり情報都市の空間を特徴づけているのは、場所の空間に対するフローの空間の優位であり支配である。

このようなフローの空間は、情報化とグローバル化とともにはじめて誕生してのではなく、市場経済と国民国家によって組織された近代の抽象空間の発展がもたらした帰結であり、その極限的な空間状態であると言うことができる。したがって、フローの空間と場所の空間との対抗関係は、すでに近代社会において内包されていた。だがこの対抗関係が歴然として意識されるようになるのは、情報都市空間の成立においてである。

さらにフローの空間と場所の空間との対抗関係の発展は、資本と労働の階級闘争をも変容させるようになる。マニュエル・カステルは『ネットワーク社会の興隆』［1996］で、グローバル化する資本とローカル化する労働との対抗関係を通してこの変容を語っている。

つまり情報化とグローバル化は、資本と労働の関係を大きく変容させつつある。資本は情報処理の電子操作によって非人格的な社会関係の自律化を極限まで推し進め、さらに社会関係の統合能力をグローバルな規模で展開する。アウトソーシングやネットワークの発展とともに、資本の利益は主としてグローバルなネットワークを源泉とするようになる。資本の剰余価値の源泉は、グローバルなネットワークが組織するフローの空間の集合力となる。これに対して、労働者は世界の各地に分散する工場や事業所において、その能力においても、労働条件においても、たがいに個別化され、分断化されてしまい、そのために労働者としての集団的・階級的なアイデンティティをしだいに失っていく。したがって資本と労働は、もはや同じ時間軸と空間軸という共通の土俵をもたずに、土俵そのものがたがいに乖離するようになる。「資本と労働は、しだいに異なった空間と時間において存在するようになる。つまり資本はフローの空間、およびコンピュータ化されたネットワークの瞬時的な時間に属し、労働は場所の空間、および日常生活の時計の時間に属するようになる。この両者は共存してはいるが、たがいに結びついてはいない。」(Castells M.［1996］p.475.)

資本は流通のグローバルなネットワークを通してハイパー空間を形成し、労働は集団的な実体を失って個別的な存在へと分解され、無限の多様性の中に溶解する。

「ネットワーク社会の条件下では、資本がグローバルに調整され、労働は個別化される。多様な資本家と種々雑多な労働者階級との闘争は、資本のフローの剝き出しのロジックと人間的経験の文化的な価値との間のより根本的な対立に包含される。」(ibid., p.476.)

資本と労働の階級対立は厳然として存在する。だが階級闘争は、もはや労働者の集合労働力を私的に領有する資本の権力と、それに対する労働者階級の闘争という形をとらない。資本は集合労働力の成果を私的に領有する以上に、より根源的な次元で搾取と抑圧と支配を遂行している。それは日常生活という場所の空間においてつちかわれたひとびとの経験を裁断し、その文化的な価値を私的に領有するという企てである。

だから、情報都市において展開される労働運動や社会運動は、フローの空間と場所の空間との対抗関係という形をとってくりひろげられる。一九七〇年代以降に高揚する女性運動、ゲイ・レズビアンの運動、マイノリティの運動、市民権運動は、この対抗関係を運動のエネルギー源にしている。新しい情報技術が道具的な関係にもとづくグローバルなネットワークを築き上げる中で、社会の成員はそれぞれが自己自身の場所の空間に依拠しながら、その空間と結びついた文化的・人種的・性的なアイデンティティをテコにして、グローバルなネットワークに闘いを挑む。それは、フローの空間を編み上げるグローバルなネットワークから排除され抹殺されたアイデンティティを公共の善として承認するよう求める運動にほかならない。アラン・トゥレーヌは新しい社会運動を、《市場に抗する人格》と《文化における主体の防衛》の運動として定義したが、カステルはこれを《ネットと自我の対抗関係》として描き出す。そしてこの対抗関係の背後にフローの空間と場所の空間との対抗的矛盾を読みとるのである。

情報都市における矛盾の空間的発現

グローバル化とローカル化がクロスする中で都市を考察するとき、その根底にフローの空間と場所の空間との対抗的矛盾が潜んでいることが浮き彫りになる。そのとき、今日の情報都市が抱える危機は、この対抗的矛盾の空間的な発現であることが了解できる。

情報都市における対抗的矛盾の空間的な発現は、つぎのような事例において見ることができる。

(1) 情報格差の拡大とデュアル・シティの出現

第一の事例は、世界各地における都市間の格差が累積的に拡大していくという事態である。情報ネットワークの中核的な結び目をなす都市は、世界都市として急成長を遂げ、情報科学技術の関連産業や先進サービスを発展させる。この都市は、高度技能労働者、専門家、管理者だけでなく、労働集約的なサービス産業に従事する移民労働者をひきつける。これに対して、情報ネットワークの循環から排除された都市は、衰亡の憂き目に遭う。サハラアフリカの地域はその典型例である。

第二の事例は、このような都市間格差が情報都市の内部における二重構造としてもあらわれる、ということである。カステルが洞察するデュアル・シティがそれである。情報都市では、まず雇用構造に二極分解が生ずる。先端科学技術の製造業部門や先進サービス部門で、技術者・専門職・熟練技能者の雇用が増加し、それらの階層がその社会的な地位を向上させる一方で、労働集約的なサービス部門や製造業において単純作業に従事する低賃金の雇用が増加する。苦汁工場における単純作業、ビルの管理人、レジ係、秘書、ウエイターなどのサービス労働がそれであり、これらの仕事は、主として女性や移民労働者によって担われる。

産業部門においても、この二極分解が進展する。ハイテク企業や先進サービス産業が発展する一方で、伝統的なサービス産業や伝統的な製造業は衰退する。だから情報都市は、一方でハイテク産業や先進サービス産業と補助サービス産業を発展させ、他方ではインフォーマル・エコノミーや底辺部門の成長を促す。そして伝統的な産業部門は衰退する。

またこのような産業発展の仕組みが、都市の居住空間の編成にも反映する。経営者、管理者、専門職、技能労働者の高額所得層の居住区、中産階級の郊外地区、移民やマイノリティや黒人などの隔離地区が空間的に分離され、たがいにモザイク状態で集積するようになる。さらに、ポスト・フォーディズムの蓄積体制の移行にともなう福祉政策の後退や市場原理の貫徹によって、都市のコミュニティ・サービスが後退し、貧困やスラム地区が増大する。

このような都市内部の不均衡な発展は、分極化する成長がもたらす結果であり、いわば「都市的分裂症」（Castells M.［1999］一八五頁）のあらわれである。都市がこのようなダイナミズムにもとづいて膨張するとき、都市全体を統御することはしだいに不可能となり、都市はそのダイナミックな発展に身をゆだねるほかなくなる。そのために、都市の不均等発展はますます押し広げられることになる。

こうして都市住民は都市政治への参加を妨げられ、都市政治への関心を失って、私生活に閉じこもる。都市の管理は行政官僚にゆだねられるようになり、不法居住区やスラム街はそのままに放置され、犯罪や暴力の温床となり、荒廃するがままにまかされる。富裕階層は居住地区を隔離して外部から自己を防衛しようとする。そのために都市は要塞化する。都市は要塞で固められた富裕層の地区と、犯罪と無秩序が蔓延するスラム街区とに分断される。

(2) 多文化都市

第三の事例は、情報都市が同時に多文化都市になり、多人種都市になるということである。情報化とグローバル化の進展は、世界的な規模の不均等発展、国境を越えた市場取引、通信輸送システムの発展、異文化交流を促し、国境を越えた激しい人口移動を引き起こす。労働者の移民だけでなく、国際紛争や飢えや迫害から逃れる難民が増加する。これらの移民や難民は、ラテンアメリカから米国に、中東・アフリカから西欧に、アジア地域から日本へと移動して、これらの先進諸国のメガロポリスに流入する。

先進諸国のメガロポリスへの移民の流入は、情報通信技術が築き上げるフローの空間がもたらしたグローバルな内包の産物である。フローの空間は、国民国家間・地域間のあらゆる仕切りを取り払い、市場経済のロジックを浸透させる。

多国籍企業の経営戦略は、生産立地を海外に移転させただけでなく、開発途上国に消費文化を浸透させ、農村経済を解体する。伊豫谷登士翁［1993］が指摘するように、開発途上国の農村では生活の再生産を保証していた基礎食料部門までもが解体され、農村での生活が不可能になる。その結果、農村のひとびとは開発途上国の首座都市に流入し、スラム街に定住して、インフォーマル・セクターに従事する。これらのひとびとは、また同時に先進諸国のメガロポリスに移民を試みる膨大な労働力予備軍となる。先進諸国のメガロポリスでは、先端技術や先進サービスと並んで労働集約型の作業やサービス労働に対する労働力需要が高まる。そしてこれが開発途上国の移民をメガロポリスに引き寄せる誘因となる。

だがメガロポリスに流入した移民は、都市の内部で隔離と排除を経験する。フローの空間は、市場価値として評価されるものをすべて内包すると同時に、評価されないものを隔離し排除するからである。先進諸国の入国管理の強化、雇用危機、排外主義の蔓延によって、メガロポリスに流入した移民労働者は、雇用差別と生活不安と居住差別を経験することになる。

それゆえ、情報都市における人種マイノリティの空間的な集中、人種的・文化的特徴にもとづく都市の空間的な隔離は偶然の現象ではない。それは情報化とグローバル化の下での都市に必然的な現象である。それはフローの空間が生み出す内包と排除の構造なのである。つまり、情報化とグローバル化の時代はまた、空間的な凝集・隔離の時代でもある。

米国では一九六五年の移民法の改正以降、移民が増加傾向をたどってきた。米国への移民の出身地を見ると、ヨーロッパとカナダが減少して、代わりにメキシコ、カリブ、その他のラテンアメリカ、アジアの移民が増加している。そして移民の大都市への流入にともなって、都市の居住構造に巨大な変容が生じている。

たとえばロサンジェルスでは、六〇年代以降ラテンアメリカとアジアの移民が流入し、都心部や郊外に人種コミュニティを建設する。逆に非ヒスパニック系白人は市外に流出する。古い都心部の居住区にも、郊外の新興の居住区にも、多様なコミュニティが出現して、黒人が白人から隔離されるだけでなく、移民も白人から隔離される。「ロサンジェルスは、居住のメルティング・ポットというよりはむしろ、地理学的に分離された人種的コミュニティのモザイクとなっている。」(Roseman C. C. et al. "Ethni-city" [1996] p.26.)

(3) 巨大都市

第四の事例は巨大都市の登場である。情報化とグローバル化は、都市圏の管理を広域化し、生産・行政の権力を集中し、メディア・流行・デザイン・文化などの活動を巨大都市圏に集中した。その結果、人口が一〇〇〇万人を越える巨大都市が誕生する。東京、サンパウロ、ニューヨーク、メキシコシティ、上海、ボンベイ、ロサンジェルス、ブエノスアイレス、ソウル、北京、リオデジャネイロ、カルカッタ、大阪といった都市がそれである。この巨大都市こそ、冒頭に述べた都市の肥大化と都市社会の衰退とのパラドクスを体現する典型的な都市である。巨大都市は、グローバルなネットワークの中核的な結び目であり、都市ネットワークの管理においても、企業のグローバルな経営戦略の展開においても、重要な拠点となっている。

だが他方で巨大都市は、都市に住む住民の生活から乖離し住民を分断し断片化するような土地利用や空間利用を推進する。そこには最先端の技術やビジネスセンターが集積し、洗練された高度な消費文化が根づく一方で、都市犯罪が増加し、暴力が蔓延し、流行病の波及の恐れが高まり、都市環境が悪化する。巨大都市は、世界経済の発展の原動力であり、文化を刷新し、豊かな象徴的表現を創造し、科学研究を推進する宝庫でありながら、都市住民のコミュニケーションは衰退し、住民による都市の制御能力は弱まる。

要するに情報都市は、エレクトロニクスのグローバル・ネットワークによってフローの空間を築き上げ、その結び目としての機能をもった都市を形成するが、都市の自治能力の源泉である固有な場所性を抑圧して肥大化していく。このフローの空間の優位が、都市間の格差、都市内部の二極分解、移民労働者の都市への流入と居住区の隔離、そして巨大都市という都市現象を引き起こしている。フローの空間と場所の空間との対抗関係こそ、冒頭に指摘した世界の都市の肥大化と都市社会の衰退というパラドクスの根本原因にほかならないのである。

矛盾の制御調整としてのガヴァナンス

前節で述べたような情報都市におけるフローの空間と場所の空間との対抗的矛盾は、その矛盾が運動する形態を不可避的に呼び起こす。情報都市はグローバル化とローカル化の同時進行を制御調整する方向づけを求められている。フローの権力は、場所の意味を無視して、グローバル・ネットワークの機能を重視する。これに対して、地方のコミュニティは部族化し、局地的なアイデンティティに閉塞する。このようなフローの権力と場所の意味との切断をのりこえて、フローの機能的な空間に場所の意味を節合しなければならない。この節合をなしとげることができずに、フローの権力がグローバルなネットワークを自在に管理し、場所の意味が部族主義や原理主義に閉塞するとき、都市空間は自治能力を喪失する。

マニュエル・カステルは、フローの空間の機能的な論理を場所のローカルな意味によって制御するために、地方自治体が果たす役割を重視する。地方自治体は市民社会の代表として、都市住民が閉鎖的な部族主義に陥るのを避けながら、地方の市民社会を動員して、地域現場の意味を再構築しなければならない。

「地方自治体は場所の空間という基礎のうえで、フローの空間のオルタナティブを再構築しなければならない。」(Castells M.［1999］二七八頁)

情報科学技術は、フローの権力のための道具としてではなく、地方自治体によるフローの空間の制御のための道具として役に立つ可能性をはらんでいる。

情報科学技術を駆使した地方自治体によるフローの空間への介入に加えて、わたしたちが重視しなければならないのは、ローカル・ガヴァナンスと呼ばれる都市形成の回路である。中央政府や巨大企業の開発プロジェクトに対抗しながら、都市や地方の自律性を保持しうる能力をはぐくむのは、公式に制度化された地方自治体だけでなく、地域住民の公的・私的な諸団体、NPO、NGOの諸組織でもある。このような地域住民の相互契約、ローカルなネットワーク、戦略的な同盟によって社会諸関係を制御調整する様式がローカル・ガヴァナンスである。

ローカル・ガヴァナンスへの注目は、フォーディズムからポスト・フォーディズムへの蓄積体制の転換と密接に結びついている。この蓄積体制の転換は、中央政府と地方との関係をも大きく変容させた。イギリスの政治学者ボブ・ジェソップはこの変容をつぎのように説き明かす。

かつてのフォーディズムの大量生産体制は、地方自治体に中央政府のいわば下請けの任務を割り振った。フォーディズムの蓄積体制は、ケインズ・ベヴァレッジ型の財政金融国家と福祉国家を不可欠の要因としていたが、地方自治体も、この中央政府の任務を地方レベルで引き受けるよう求められた。つまり企業の生産活動に適した地方の産業基盤整備をおこなうこと、教育・医療・交通・余暇など労働者の集団的サービスを提供すること、年金・雇用保険などの福祉手当を支給すること、これがフォーディズム時代の地方自治体の主要な任務であった。つまり地方自治体は中央の政治を地方に浸透させ、国民経済のフォーディズム型経済成長を地方で担う媒体として機能したのである。

これに対して、フォーディズムの危機以降、地方自治体には新しい任務があたえられる。大量生産体制に代わってフレキシブルな生産を推進する、《範囲の利益》をテコにした地域の産業集積を整備する、イノベーションを推進しベンチャー企業を設立するための投資政策を講ずる、といった任務がそれである。したがって地方自治体は、フォーディズムの時代のように福祉政策を軸にした需要管理だけではなく、供給サイドにも積極的な介入をおこない、企業の生産性の向上と国際競争力の強化に寄与する地域政策が求められるようになる。たとえば、地方レベルで熟練技能者を育成する地方労働市場の整備、技術移転の推進、地方のベンチャー企業の設立、ハイテク工業団地の創設、輸出市場の拡大、といった政策がそれである。したがって、地方自治体は企業や民間の諸団体やNGO、NPOと連携してこのような地方空間を制御調整する任務を求められるようになる。つまり、ポスト・フォーディズムの経済空間は、フォーディズムの経済組織形態よりも複雑な調整とガヴァナンスの形態を必要とするようになる。

だが重要なことは、このような地方自治体をふくめたローカル・ガヴァナンスが、フローの権力によるグローバルな戦略の一翼を担い都市や地域をグローバル・ネットワークに統合する任務を果たすのか、それともフローの空間を場所の意味によって制御調整するヘゲモニーを行使することができるのか、という問題である。グローバル化は、ローカル化をたんに抑圧するのではなく、グローバル化の発展にとって必要なモメントとして地域開発を推進する。かつてのフォーディズム型発展のように地域を巨大開発プロジェクトの投資対象として位置づけ植民地化するのではなく、地域における場所の意味を重視し、それをフローの空間の発展に役立てようとする。それゆえ、中央政府や巨大企業は、ローカル・ガヴァナンスによる地域の自主的な開発を積極的に支援する。だがそれはグローバルなフローの権力のヘゲモニーによる地域開発の構想にほかならない。これに対して、地域がグローバルなフローの権力を制御し、フローの空間を場所の意味に包みこむようなローカル・ガヴァナンスが求められている。

都市のガヴァナンスが後者のヘゲモニーを行使するためには、都市はとりわけつぎの二つの課題を担わなければならない。

第一は、都市のガヴァナンスは、社会と経済を、技術と文化をつなぎ合わせて、社会的・経済的エネルギーを創出する原動力にならなければならない。都市は新しい技術開発システムおよび経済システムの管理センターであり、企業の生産諸条件を整備する場である。したがって、技能のインフラや通信システムを配備し、ハイテク技術を駆使しうる労働者の技能を育成し、住宅・医療・交通などの都市サービスを提供することが求められる。そして地域住民がこのような生産力を地域の富として領有することができなければならない。

第二は、都市がしだいに多様化する人種と文化を統合して、そこに新しい文化的アイデンティティを築き上げなければならない。情報都市は、国民国家のように長い時間をかけて歴史的に形成された民族的・領域的な文化に根を下ろしてはいない。そのために情報都市は、フローの空間を通して目まぐるしい人口移動と異文化交流が進む中で、多様な住民集団の文化を統合し、それらの文化の差異を共有する新しい統合文化を築き上げる必要に迫られる。つまり、異なる歴史的起源と異なる地域的発祥の文化がたがいに交差する中で、それぞれの文化の独自性を否定することなしに、同一の場所を共有する住民がそれを享受することができる空間を構築しなければならない。

「相互依存のグローバル経済と社会経済的な不均衡は、多文化主義と多人種主義を避けがたいものにしている。……この両者は都市社会にとって経済的・文化的な富の源泉である、と考える者もいる。われわれの社会は多文化的であり、今後ますますそうなるであろう。……それゆえ人種的な差異にもとづいて文化的な交流を手際よく管理すること、差異から生ずる不平等を是正すること、それは新しいグローバルな相互依存から生じてくる状況下における新しい地方自治の本質的な側面である。」（Borja J./Catells M.〔1997〕p.89.）
そのために、すべての都市住民に平等な市民権をあたえ、国籍や人種の区別なしに都市の自治への参加権を承認しなければならない。
グローバル化とローカル化の中の都市は、グローバルなフローの権力と部族主義的で原理主義的な地域主義との間で引き裂かれる脅威にさらされている。だが都市住民がローカル・ガヴァナンスを介して都市に集積した文化・情報・知識を内省し、場所の意味によってフローの空間を制御する可能性が生ずるとき、それは第三千年紀の新しい都市文明の誕生を告げるときとなるであろう。

付論　グローバリゼーションに関する断章――書評から

グローバル時代の主権と人権
サスキア・サッセン『グローバリゼーションの時代』（伊豫谷登士翁訳、平凡社）

本書の主題は、英文の原題『グローバリゼーション時代の主権』が端的に語り出している。近代社会は主権を国家に集中し国民国家を単位とする社会を築き上げた。この国家主権がグローバリゼーションの荒波にさらされている。国境を越えた企業の生産活動、金融取引、情報発信の発展は経済をボーダレス化し、国際企業や国際機関の強大化は国家主権をしだいに衰退させつつある。

だが著者は、グローバリゼーションと国家主権を対立させるこのような診断に疑義を呈する。著者は国境の内外を単純に二分して、国境の外部でグローバリゼーションが進展し、国境の内部では国家主権が支配するという発想をしりぞける。むしろ国家は国家領土の内部でも外部でも、グローバルな経済システムの空間編成に積極的に関与している。国際会計基準のような国際取引のための基準づくり、金融報告と会計報告の国際ルールづくり、企業間の紛争処理のための国際商事仲裁、信用格付け機関の設置など、国家はグローバルな経済取引に必要な制度を整えるための主要な担い手である。グローバリゼーションは国家主権の行使を抜きにしては進展しないのである。

今日進展するグローバリゼーションは、金融の自由化を原動力として金融機関が支配する金融市場型資本主義の到来を意味している。このような特殊な型のグローバリゼーションを推進している主体こそ、主権国家なのである。

かつてA・グラムシは自由貿易体制のような純粋経済領域においてすら国家のヘゲモニーが貫かれるということを洞察したが、サッセンは新自由主義のグローバリゼーションという経済過程に作用するこの政治のヘゲモニーを鋭く指摘する。

だが国家はグローバリゼーションの担い手になることによって、国家領土の脱国家化を推し進める。このために、超国家的機関や超国家的法レジームや国際規約といった新しい主権が不可避的に生み出される。したがって、グローバリゼーションの時代とは、国家主権が一方的に衰退する時代ではなく、国家主権と国際企業や超国家的機関の主権とが複合的に交差し、両者の主権が協調と敵対の関係を築き上げる時代であるといえよう。

この複合的主権の矛盾を体現しているのが、人権概念である。近代の人権は国家主権の確立とともに誕生した。中世社会のように身分の規定に拠らずに人が生まれながらにしてもつ基本的な権利はほかならぬ国家によって保証されたのである。近代の人権概念は、国家に先立つはずの自然権としての人権が国家主権によって生み出されるという矛盾をはじめから内包していた。主権国家は普遍的人権概念を普及させると同時に、この人権の対象領域を国籍の保有者=国民に限定する傾向をつねにはらんでいた。

だがグローバリゼーションの進展は、この近代的人権概念をのりこえつつある。グローバリゼーションは、一方で国家による移民管理の強化を招き人権概念の国家的制約を強めると同時に、他方では国際的な人権レジーム（世界人権宣言、欧州連合市民権など）の樹立によって国家主権を越えた次元における個人の人権概念を提起する。ユーゴのコソヴォ自治州の民族紛争に対するNATOの軍事介入やイギリスでのピノチェト元チリ大統領の逮捕をめぐって、国際的人権と内政不干渉という二つの原則の対立が問われるようになっている。サッセンが指摘するように、今日の国際法や国際制度においては、国家だけでなく個人の人権が直接の対象として登場しており、国家の内政不干渉の原則に対抗する理念となりつつある。それどころか、国家が個人の人権にもとづく超国家的な法秩序の制度的装置になる可能性すらはらんでいる。

ここにグローバリゼーションの方向づけをめぐるヘゲモニー闘争を読み取ることができる。金融取引を主導とする市場本位のグローバリゼーションか、それとも国際人権レジームの確立によるグローバリゼーションの民主主義的制御か。国民国家はみずからのうちにこのヘゲモニー闘争を抱え込んだ存在となっている。サッセンはこの国家が抱えこむ矛盾を鋭く洞察している。

訳者が解題で手際よく整理しているように、サッセンの研究は、直接投資と国際労働力移動との関連を問うことによって多国籍企業研究と移民研究とを結びつけた第一段階から、多国籍企業の本拠となるグローバル・シティの研究段階を経て、《グローバルな統治と説明責任》をテーマとする研究の第三段階へと移行している。本書に代表されるこの第三段階の研究においてサッセンが展開しているのは、グローバリゼーションという経済過程に貫かれる政治のヘゲモニー作用であり、このヘゲモニー作用がもたらす主権の変容過程（主権の多元化）であり、さらに主権の変容にともなう人権概念の解体=再構築の過程なのである。

（『図書新聞』一九九九年六月二六日号）

ポストモダニズムの空間理論

デヴィッド・ハーヴェイ『ポストモダニティの条件』（吉原直樹監訳、青木書店）

ポストモダニズムとは何か。モダニズムが直線的な進化、絶対的な真理、社会秩序の合理的な計画化、全体の支配を唱えるのに対して、ポストモダニズムは非連続を、異質性と差異を、無秩序とカオスを、断片を強調する。モダニズムに対する絶対的な信頼が揺らぐようになるとともに、とりわけ一九七〇年代以降、ポストモダニズム的な文化の諸形態が台頭する。それはモダニズムとの質的な断絶（モダニズムの超克）を意味するのか、それともたんなるモダニズムの商業化にすぎないのか。

著者はこの問いに対して、まずレギュラシオン理論を援用して、ポストモダニズムをフォーディズムからフレキシブルな蓄積体制の転換の中に位置づける。つまり著者は、フォーディズムの硬直性のゆきづまりにともなう労働編成、労働市場、消費様式、産業組織、経済政策のフレキシビリティの追求という新しい蓄積体制の出現をポストモダニズムの文化状況と連動させてとらえようとする。今日の資本蓄積が文化や美学や芸術をその不可欠のモメントとしていることを考えると、この視点はすでにそれ自体で著者の卓見である。

だがこのアプローチが思想と文化を経済へと還元する平板な経済主義に陥っていないのは、著者がポストモダニズムの思想の台頭と蓄積体制の転換との関連を、時間と空間についての特殊な表象の介在によって理解しようとする方法視角のゆえである。それが《時間―空間の圧縮》という表象である。近代の生産諸力は、通信・交通・運輸・科学技術のダイナミックな革新を通して時間と空間の世界を急速に圧縮してきた。マルクスがすでに「時間による空間の絶滅」として洞察したこの時間・空間感覚が、二〇世紀にはさらに加速された。この時間・空間感覚によって遠近法の均質で絶対的な空間の感覚は崩れさる。この時間・空間感覚の崩壊が、それに対応しようとするキュビズムの絵画やシュールレアリスムの小説やボードレールの詩や『ブレードランナー』の映画となってあらわれるのである。

だからハーヴェイによれば、ポストモダニズムとは今日における《歴史的・地理的な状況》であり、時間による空間の絶滅の追求という資本主義の合理性がもたらした歴史的・地理的な状況に対して時間を空間化しようとするリアクションのあらわれなのである。時間と空間に関する表象の危機は、一方で均質な統一性を追求しようとする動きと、他方で断片化された場所と独特な質に対する執着を生み出す。H・ルフェーヴルは『空間の生産』（一九七四年）において近代の抽象空間が統一化と断片化という矛盾する二傾向を生み出すことを指摘したが、ハーヴェイはこのルフェーヴルの論点をモダニズムとポストモダニズムとの対抗関係を通してさらに展開しようとする。

資本の回転時間がすさまじいスピードアップを遂げる経済過程のダイナミックな動きと、統一したコンセンサスが崩壊する中で差異と多様性が増殖する思想状況の動向とを、時間・空間の表象の危機を媒介にしてとらえようとする著者の認識は、混迷する世紀転換期の新しい実践感覚を呼び起こす可能性をはらんでいる。ポストモダニズムを資本主義が生産する幻想の極限的な形態として認識することによって、われわれははじめて差異と多様性における新しい統合の形式を発見するための実践的な土俵を発見することができる。《史的・地理的唯物論》の再生を説く著者の空間理論は、個別科学の射程を越えて知の総合的な台座を切り開く駆動力をはらんでいると言えよう。

（『週刊読書人』二〇〇〇年三月一〇日）

グローバル時代の日常生活批判

ジョン・トムリンソン『グローバリゼーション』（片岡信訳、青土社）

グローバリゼーションとは国境を越えた商品・資本・知識・映像・人の移動と取引のことである。この活動は単一のグローバルな自由市場をつくりだし、この自由市場を基盤にして普遍的な文明が築き上げられるという予測が生まれる。このような予測はアングロサクソン型の自由市場モデルに根ざしたイデオロギーであるが、このイデオロギーが幻想であることは今日では多くのひとびとにとって明白なものとなりつつある。

だが本書の著者はそのようなグローバリゼーションの定義とその批判に満足しない。著者はグローバリゼーションを文化的次元で理解しようとする。それはグローバリゼーションがもたらすマクロ社会的な構造変容とそこに生きるひとびとの日常的経験のミクロ的変容との関係を説き明かそうとするためである。

著者にとって、グローバリゼーションとはなによりもまず複合的な相互依存と近接性の深化を意味する。マルクスが「時間による空間の絶滅」と呼び、デヴィッド・ハーヴェイが「時間-空間の圧縮」と呼んだものがそれである。この相互依存と近接性は、たしかにグローバルな単一性をもたらす。とりわけそれは商品とメディア・テクノロジーを媒介にした単一市場をつくりだす。だが重要なことは、このグローバルな単一性がごく身近な日常的経験に再帰的（内省的）な作用を及ぼすということである。この複合的に結合した世界の中で、ひとびとは無数の日常的行動を遠方の見知らぬひとびとの運命と結びつけて考えるようになる。

著者はこの再帰性（自己内省力）をアンソニー・ギデンズの「脱埋め込み」の概念と結びつけてとらえる。脱埋め込みとは、ローカルな相互行為のコンテキストから社会関係を引き抜き、社会関係を時間と空間の無限の広がりにおいて組み立て直すことである。

それゆえグローバリゼーションの文化的状況とは、「脱領土化」として定義される。脱領土化とは、ひとびとの親密な相互関係が解体され、それが時間的・空間的に押し広げられることであり、それはひとびとの関係とアイデンティティを築き上げていた場所性が喪失することを、つまり「非場所」の生成を意味する。ひとびとがこのような非場所の状況の中に投げ出されることこそ、グローバリゼーションの真の意味にほかならない。したがってグローバリゼーションは均質化と統合を生み出すだけでなく、その正反対の傾向を、つまり人種的・民族的対立を、経済保護主義を、宗教的原理主義を、そして断片化を生み出す。B・バーバーが言うように、グローバリゼーションはマックワールドとジハッドが共存する世界をもたらすのである。

だが同時に、脱領土化は再領土化の可能性をもはらむ。つまり時間と空間の拡がりの中で文化と場所の結びつきをふたたびとりもどし、その結びつきの中で自己の多元的で・複合的なアイデンティティをつくりあげようとする動きをはぐくむ。この動きを担う人格こそコスモポリタンにほかならない。コスモポリタンとは、グローバルな近代における社会の再帰性を感じとる能力をもった人のことであり、したがってローカルな空間を越え出て世界的な視野に立つというよりもむしろ、グローバルな拡がりの中でローカルな環境に対する自治と管理を最大限に追求する人のことにほかならない。

このようにしてグローバリゼーションの文化的次元に着目することによって、グローバリゼーションの弁証法的な性格が暴き出される。文化帝国主義論に対する著者の批判も、この弁証法的性格から引き出される。文化帝国主義論は、文化的経験が商品化する傾向とともに均質化された単一の資本主義文化が世界を支配するようになると理解する。だが文化的商品が普遍的に存在するようになるということと、それらの文化的商品が及ぼすイデオロギー的な影響力とは区別して考えなければならない。文化的商品のグローバリゼーションは、世界の空間をショッピング・モールとテーマパークの中に包みこむ傾向と同時に、この傾向を多様な形で受けとめ、ローカル化しようとする運動を生み出す。WTOによる商品とサービスのグローバル・スタンダード化の動きと同時に、生産者と消費者との目に見える関係を築き上げようとする倫理的な消費者の運動が、あるいはフェアトレードの対抗的な運動が浮上する。あるいは貨幣を地域生活の中に埋め込もうとする地域通貨の制度が生み出される。あるいはまた、ジンバブエの農場で働く労働者が先進諸国との取引関係や見えざる消費者の要求を敏感に感じとる想像力が醸成されるのである。

《グローバリゼーション時代の日常生活批判》とも言うべき本書は、マクロな社会経済構造の変容に焦点を当てていたこれまでのグローバリゼーションの議論に対して、グローバリゼーションが生きられる経験に及ぼす作用を問うことによってグローバリゼーションがもたらす弁証法的な対抗運動のダイナミズムを説き明かし、グローバリゼーションを制御する主体の生成の可能性を探っている。近代社会の再帰性の概念をグローバリゼーションの解明のための方法概念として援用した著者の視点は注目に値しよう。訳文はこなれていて読みやすい。

（『図書新聞』二〇〇〇年六月一〇日号）

ポストナショナルな市民権

E・バリバール著『市民権の哲学』（松葉祥一訳、青土社）

バリバールは市民権の問題を移民の排斥の動きから論じようとする。なぜか。移民はひとつの階級を構成せず、したがって代表不可能な存在であるが、それゆえにかえって代表性を有する。移民は現在の代表の中に位置づけられていないがゆえに、現在の代表の枠組みそのものを照らし出す存在なのである。

現行の市民権は、移民を排除する枠組みから成り立っている。この枠組みを支えているのは、国籍と等置される市民権である。個人の国民国家への帰属を条件とする市民権こそ、移民を排除し人種差別を生み出す言説であり、新しいファシズムの源泉である。

欧州統合の進展は、国民国家を越えてEUの加盟国の国民に共通する超国家的市民権を樹立した。だがこの超国家的市民権という普遍主義は、そこに居住する住民の一部を「非市民ヨーロッパ居住者」として排除するアパルトヘイトの制定をともなっている。このアパルトヘイトを支えているのが国籍市民権にほかならない。

国籍と市民権を結びつける地位型の市民権の定義は、近代の国民国家の成立とともに生じたが、二〇世紀に入ってこの市民権をさらに確固たるものにしたのが、《国民社会国家》の成立であった。つまり共和主義的な近代の市民権に加えて、福祉国家の成立にともなう国民の社会的市民権がうちたてられる。バリバールは、この国民社会国家が階級闘争の歴史的な妥協の産物であることを強調する。それは資本と労働との社会民主主義的な合意が生み出した国家形態である。だがこの国家形態は、諸階級を初めとして異質な社会の諸集団を国民という等質の存在へと還元し、すべてのひとびとを国民国家へと動員する回路となった。この回路こそ、《国民的選好》とナショナリズム志向を強化し、生物学的な根拠ではなく、差異を根拠として移民を排除する新しい人種主義（「差異論的人種主義」）の土壌となったものである。

長期にわたる経済不況とそれにともなう失業の増大や社会保障の崩壊は、かつて国民にあたえられていた社会権を危機に陥れている。この国民の危機意識が移民に対する攻撃的な言説として今日発現している。

このようにして、バリバールは社会民主主義の妥協がファシズムと同一の根をもつことを洞察する。T・H・マーシャルが市民権の歴史的進歩として描いたプロセス（市民的市民権→政治的市民権→社会的市民権）は、ファシズムを強化していくプロセスでもあったのである。

このようなファシズムを内包した市民権を克服するためには何が必要か。バリバールは、《フランス人権宣言》

を読み直すことによって、地位型の市民権に代わって契約型の市民権の重要性を再認識する。それは圧政への抵抗と民衆の憲法制定権を承認する市民権である。圧政への抵抗とは、自己の圧政に対する抵抗権だけでなく、他者の圧政に抵抗する権利でもなければならない。

このような人権宣言の理念を今日において復権させるために、バリバールは《国民的選好》に代わる新しい政治の発明を提言する。それは市民が権力を多元的な次元でコントロールすることである。地域レベル、国家レベル、超国家レベルでトランスナショナルな市民権を行使すること。ナショナリズムに吸収されていくアイデンティティ、あるいはしだいに空虚になっていくアイデンティティに代わって、アイデンティティをたえず移動させながら差異と平等の権利を求める共通感覚をはぐくむこと。バリバールはこのような共通感覚を《開明性［シヴィリテ］》と呼ぶ。

わたしたちがバリバールから学ぶべきことは、市民権が市民社会を再生産するヘゲモニーの言説だということである。グローバリゼーションの進展が国民国家と一義的に結びつけられた市民権を大きく揺るがし、その危機が人種排外主義となって発現している今日、わたしたちに求められているのは市民権を国家の呪縛から解き放ち、多元的なレベルへと開いていく言説を築き上げることである。

（『図書新聞』二〇〇一年一月一三日）

労働力移動とグローバル時代の社会形成
伊豫谷登士翁著『グローバリゼーションと移民』（有信堂）

本書は移民研究を通してグローバル時代の社会認識＝世界認識を提起した書である。移民のカテゴリーには、国境を越えた労働力の移動だけでなく、国境の中の農村から都市への移動、あるいは開発途上国の都市間移動をも含めて考える必要がある。また移民とは移動の日常的な形式であり、それは現代の労働力が再生産される一般的な様式である。このような移民へのアプローチが、本書をたんに狭義の移民研究ではなくグローバル時代の社会形成を問う書たらしめている。

グローバル時代における移民の独自性はどこにあるのか。著者は一九世紀末から二〇世紀初頭にかけての地球的な規模の移民の流れと今日における移民の流れを対比して、前者が国民国家の幕開けを告げる時代の移民であるのに対して、後者が国民国家の解体を予兆する移民であることを強調している。前者において移民は国民国家の境界を越えて移動する民であった。そこでは国境の内部に存在するひとびと（国民）と国境の外から流入するひとびととが区別された。だがグローバル時代になると、国民国家による内部と外部の仕切りがとりはらわれ、すべてが内部化される。

しかしそこには、内部化された排除と選別が不可避的にともなう。グローバリゼーションは市場価値があるとみなされるものをすべて評価し内包するが、市場価値がないとみなされるものをすべて排除する。グローバル時代の移民は、そのような全面的な内包の対象であると同時に全面的な排除の対象とされているのである。

移民は多国籍企業に代表される先進諸国の資本にとって必要な労働力とみなされるときに内包され、不必要とみなされるときには排除される。しかも人種や性による選別を受ける。著者は資本のグローバルな蓄積=循環運動とそれに対応するグローバルな労働市場の成立過程の考察を通して、今日における移民労働力の需給構造を説き明かそうとする。

著者はさらに国境を越えて移動する特定の人々だけでなく、現代の地球上のすべてのひとびとが資本のグローバリズムによる内包と排除の対象にされつつあることを指摘する。国民国家、農村、都市、地域といった安定した空間領域の枠組みを失って、ひとびとはデラシネ化し、移動を余儀なくされる。著者が指摘するように、グローバリゼーションとはなによりもまず「領域性の溶解」なのである。

だがこの内包と排除は特定の制度によって構造化されている。先進諸国の労働市場は、労働組合の合法化、労使間交渉の制度化、福祉国家の整備によって硬直化する。さらに新しい社会運動は女性やマイノリティの社会的地位を向上させた。これらの制度的条件によって、先進諸国の底辺労働市場に空隙ができる。低賃金で劣悪な労働条件の職種に労働力不足が生ずる。加えて農村人口の減少によって農村からの労働力の供給が限界に達する。このような構造的条件が、移民を先進諸国に引き付ける。

さらに開発途上国への多国籍企業の進出は、開発途上国の農村の全面的な解体をもたらし、労働力の無制限な供給の構造をつくりだした。開発途上国の農村社会は市場向けの換金作物栽培と生存維持基礎食糧生産とが併存していた局面から、農村への消費文明の浸透による基礎食糧生産の解体と農村経済の自律した再生産のゆきづまりという局面へと移行する。そのために農村の住民が開発途上国の首座都市に流入し、スラム街に定住し、インフォーマル・セクターの労働に従事するようになる。そしてこれらのひとびとが先進諸国への移民の膨大な労働力予備軍となる。すでに前作『変貌する世界都市』で提起されたこの論点が、本書ではグローバルな労働市場論として再展開される。筆者はアメリカへのメキシコ人移民が一九七〇年代以降アメリカの大都市の労働力市場に参入していく経緯をこの視点から説き明かす。

本書では、日本経済のグローバル化と外国人労働者問題についても言及がなされ、著者の奥深い問題視野がうかがえる。外国人労働者の受け入れの是非を問う議論の視野狭搾がまず批判された上で、移民の流入が二〇世紀末に突如出現した新しい現象ではなく、日本が近代国民国家を形成する過程で諸種の局面を経ていることが指摘される。国境内部のひとびとを国民として囲いこみつつ、外国人を国民から排除する第一局面、排除した外国人を低賃金労働力として国民経済に組み込む第二局面、そして外国人労働者が大量に流入する現在の第三局面が区分される。

この把握は、たとえばアジア太平洋戦争中の国民の総動員体制と朝鮮人・中国人の強制徴用とがどのように関連していたのか、戦後の日本経済における大企業と中小企業に分節された日本的労使関係や階層的な労働市場に底辺労働力として移民がどのように節合されているか、といった研究テーマに本格的な道を開く貴重な提言である。

「移民は問題でもなく、問題の解決策でもない。一つの現実だ」といった一欧州委員の認識のレベルにすら至っていない日本の移民問題の議論において、本書はグローバル時代の社会科学のあり方を問う学問的な議論にとっても、移民政策の議論にとっても、まちがいなく必読文献である。

著者の考察は、資本のグローバルな循環運動にともなって成立するグローバルな労働市場を放置するのではなく、それをどのように制御調整すべきなのかという課題を不可避的に提起することになろう。それはグローバルな労働市場をグローバルな労働力の再生産構造としてとらえかえし、その公共的な制度化を図ることを意味する。この視点を欠くとき、移民政策は富める者が貧者を利用するか排除するための政策になるほかない。この試みは多面的で広範なレベルに及ぶ。先進諸国における市民権を再審し、福祉国家のありかたを見直し、越境者の集合空間としての大都市における公共圏の構築を展望する。開発途上国の農村と都市の自律と自治の道を問う。その意味で本書の研究は、超国家的空間の時代における社会形成という問題領域を切り開きそれを深化させるための重要な回路となっている。

イギリスの社会学者ジョン・アーリは、近著『諸社会を越境する社会学』で二〇世紀の社会学が国民国家という枠組みにもとづく社会のイメージに拘束されていたと批判した上で、移動の概念にもとづく社会認識の必要性を提起しているが、本書はそれに匹敵するグローバル時代の社会科学の新地平を切り開く力作である。

（『図書新聞』二〇〇一年一〇月六日号）

グローバル時代のユートピア・博愛

ジャック・アタリ著『反グローバリズム』（近藤健彦・瀬藤澄彦訳、彩流社）

博愛とは、グローバル時代のユートピアの理念である。このユートピア論は遠い未来社会を論ずる空想的な提言ではなく、きわめて現実的な緊急の要請である。なぜか。グローバル時代は、人類の存続そのものを危機に陥れる博愛とは正反対のユートピアを実現しつつあるからである。ピエール・ブルデューやマリア・ミースが指摘するように、金融主導型の新自由主義にもとづくグローバル化は、《資本によるかぎりなき搾取のユートピア》を現実のものとしつつある。地球上のあらゆる空間をおもいのままに投資の対象とする市場のユートピアがそれである。この市場のユートピアが、戦争とテロリズム、地球環境の破壊、極度の不平等という逆ユートピアを生み出した。二〇〇一年の九・一一事件とそれにつづくアフガニスタンに対する米国の国家テロリズムは、この「現実界の砂漠」(S・ジジェク)を全世界のひとびとに見せつけた。

それゆえ博愛は、資本のグローバリズムのユートピアに対する対抗構想である。この対抗構想を提示するために、アタリは人類のこれまでのユートピア思想の概念整理をおこなう。そして不滅・自由・平等・博愛というユートピアの四つの基本概念のうちで最初の三つのユートピア思想がゆきづまり、博愛のユートピアが避けがたくなったと訴える。不滅のユートピアは、生命科学、遺伝子工学、クローン生物の開発によって、金持ち階級にだけ許された特権的商品となりつつある。自由のユートピアは、他者を手段視するエゴイズムと自己中心主義を蔓延させた。平等のユートピアは、二〇世紀において東の指令型計画経済と西の社会民主主義において開花したが、多様性を抑圧し、自由の理念と衝突することによってゆきづまった。

これに対して、博愛は他の三つのユートピア思想を両立させ、市場を制御し民主主義を復権させる根源的な理念である。博愛とは、見知らぬ他者の幸せを自己の幸せとみなす態度のことである。グローバル時代は諸個人の固定した伝統的きずなをつき崩して、見知らぬ他者との出会いを日常化している。この時代は孤独な個人の放浪を促し、個人が放浪の旅を通して他者との新しい関係を築き上げる可能性をいちじるしく高めている。流浪の民(ノマド)が築き上げる新しい人間関係の基本理念、これが博愛なのである。アタリは見知らぬ他者をもてなすカント、ミシュレ、ルイ・ブランらの歓待の思想をグローバル時代によみがえらせようとする。この普遍的な歓待の思想を通して、近代に開花した個人主義は排他的な利己主義から脱却し、他者とのかかわりの中で自己を発見する社会的な個体性を獲得することができる。

市場と戦争のグローバリゼーションは、社会の流動化と断片化を生み出し、社会の混乱と危機を増幅させるが、博愛のユートピアを通して、この流動化と断片化は新しい社会秩序を再編する契機となる。つまりユートピア論の意義は、社会形成のありかたを組み替えるための根源的な位相を設定することにある。すでにアタリは旧著『言葉と道具』(一九七五年)において、情報社会を考察する際にこのような手法を用いた。そこでアタリは、通信工学やサイバネティックな自動制御の情報が蔓延する情報過多社会の中で《相互交通》という最も豊かな情報の水準が抑圧されていることを指摘し、この根源的な情報の水準から今日の情報を再定位し、コミュニケーションと言葉の解放に向けて情報社会を回路づけようとした。ユートピアの理念を提示することは、現行の社会をたえず自己解体し再組織する方向を指し示そうとする努力なのである。

グローバリゼーションは博愛にもとづくノマドのユートピアを実現する条件をさまざまな形で生み出している。情報通信技術や交通輸送手段の発展は、定住にもとづく安定したネットワークに代わって、グローバルでかつローカルな無数の流動的なネットワークをはぐくんだ。金融のグローバリゼーションは、地球レベルにおける資金調達の流れを博愛にもとづいて制御する可能性を切り開いている。市場と国家から自律して、貧困を撲滅したり教育や医療にたずさわる市民の博愛の組織が生み出されている。家族は血縁にもとづかない多様なパートナーの結合形態になりつつある。

だがこのような博愛の価値理念にもとづく組織化の自覚的な努力を放棄するとき、博愛は市場と国家によって操作されるイデオロギーとなる。アタリは博愛の理念がイデオロギー的に利用される危険性に対しても警告を発している。博愛は人種排外主義的なナショナリズムの理念にもなりうるし、人権を旗頭とした国際的な軍事的介入の口実にもなる。博愛はまた、旅行産業や文化産業のような他者をもてなすサービス産業において商品化されている。さらに博愛は原理主義的な新興宗教の理念にもなる。

博愛の理念は、市場主義、独裁主義、ナショナリズムがそれぞれにこの言説を利用して発展を遂げようとするという意味において、グローバル時代におけるヘゲモニー闘争の主要な場になるであろう。二一世紀の言説領域における社会闘争の磁場がどこにあるのかを明示したこと、ここに本書の意義がある。暴力と紛争を抑制し、新しいグローバルな社会秩序の理念として博愛を確立する以外に人類の生存の可能性はない。アタリのこの訴えはかぎりなく重い。

（『図書新聞』二〇〇二年四月二七日号）

II

空間の政治

社会・人文科学における空間論の台頭

かつて社会・人文科学において、空間は認識にとっての所与の枠組みとみなされていた。そこでは社会諸関係と空間の枠組みが切り離され、もっぱら社会諸関係だけが考察の対象とされたのである。だが近年、この両者を不可分のものとみなして、社会諸関係の空間的な編成を重視する研究が登場するようになる。

経済学を例にとってみよう。多国籍企業のグローバルな経営戦略の展開にともない、社会的分業の国際空間的な編成を問う《新国際分業論》が登場する。企業の内部諸機能が空間的に分散して、周辺部の海外に移転され、そこで製造された製品が中心部に再輸出されるといったように、国境を越えた産業部門内回路の空間的な編成がおこなわれ、そのような空間的な編成を論ずる研究が活発となる。(1)

あるいはそのようなグローバル化の動きと逆行するかのように、先進諸国における特定地域がハイテク産業を軸にした産業集積地帯を編成し、企業間の緊密なローカル・ネットワークを編成する。そして産業の地域的集中から得られる利益が、《範囲の経済》として注目されるようになる。経済当事者が空間を共有し相互作用する中で得られる利益、これが範囲の利益である。(2)

さらに都市の空間編成を生産の空間構造と消費の空間構造との相互作用の中で探究し、社会的分業や労働力の再生産の空間的編成を論ずる経済地理学が登場する。企業の生産活動においても、消費者・市民の消費活動においても、生産と消費の立地空間をどのように編成するかが決定的な重要性を帯びている。こうして都市は生産と社会生活の空間編成において定義されるようになる。

「メトロポリスとは、生産空間(工業的・商業的土地利用)と社会空間(居住のコミュニティの寄せ集め)からなる地理的複合体である。」(Scott A. J. [1988] 邦訳二五〇頁)

そしてこのような地理的な空間編成が、階級関係や支配・被支配の社会諸関係の編成を左右する決定的な条件であることが力説される。「一国の空間経済にみられる地理的差異が、階級関係の再生産をもたらすさらなる重要な要因となり、そして、社会的・空間的不平等一般を進行させるさらなる要因となっている」。(Scott A. J. [1988] 邦訳二六五頁)

社会的分業論を空間的分業論として展開する経済地理学者ドリーン＝マッシーは、社会的なものと空間的なものを切り離して考える二元論的発想を批判して、経済空間を複合的な社会諸関係の産物としてとらえる。生産諸関係は空間的な構造をとっており、社会的分業も空間的に編成されている。生産の空間構造と空間的な分業を問うことこそ経済学の課題にほかならない、と。

空間を問う経済学の登場は、経済学という学問を、地理学、社会学、政治学、都市論、国際関係論などに開かれたものにする。空間への問いは経済学という学問の枠組みそのものを脱構築する作業を不可避的にともなっているのである。

以上のように空間への問いを通して個別科学の枠組みを問い直そうとする試みは、経済学にとどまらず、他のさまざまな社会諸科学においても進められている。

社会諸関係と空間との密接な結びつきについて近年の社会・人文科学における上記のようなプロブレマティークの旋回にとって草分けとなる作品が、フランスの思想家アンリ・ルフェーヴルの主著『空間の生産』である。ルフェーヴルは、近代の社会諸科学が社会の実体を不問にして純粋の社会関係のみを扱う学問になっていることを批判して、社会諸関係が支持基盤なしに、つまり実体なしに存在しえないことを強調する。関係の支持基盤とは、ほかならぬ空間である。この視点に立つことによって、空間は生産物として、つまり社会諸関係の空間的な編成の産物としてとらえられるようになる。

「具体的な抽象である社会諸関係が現実の存在をもつのは、空間においてのみであり、空間を通してのみである。社会関係の支持基盤は空間的なものなのである。支持基盤とそれによって支えられる関係との結びつきは、個々の

事例において分析を必要とする。」（Lefebvre H.［1974］邦訳三七七頁）

空間とは社会諸関係の空間的秩序にほかならず、したがって空間は社会諸関係とともに生成するものである。こうして社会・人文の諸科学にとって空間が認識の対象に据えられるようになる。

だがルフェーヴルの空間論の意義は、空間を社会諸関係の秩序形成としてとらえる点だけにとどまらない。かれは学的知による空間への理論的なアプローチをもたらした現実的な根拠を問う。つまり、空間の理論的な認識と現実の空間的実践との関連を問う。そのことによって、空間の生産の広大な問題圏が切り開かれることになる。それは近代の社会形成の根源的な批判とポストモダンの歴史的状況の認識を提示するものであった。本論では、この問題圏を解明するために、ルフェーヴルの生涯の思索の道程をたどり、かれの思想の全体像の中で『空間の生産』を位置づける作業から始めることにしたい。

注

（1）新国際分業論の先駆的な業績としては、Fröbel F. I, Heinrchs. and O. Kreye［1980］がある。

（2）産業集積における《範囲の経済》については、伊丹・松島・橘川［1998］を参照されたい。

一　日常生活批判から空間論へ

日常生活批判と空間論

ルフェーヴルの空間論の問題圏を理解するためには、かれが終生のテーマとした日常生活批判が重要な鍵となる。一九四七年に最初の『日常生活批判序説』（第一巻）が世に出る。続いて六一年には『日常生活批判』の第二巻が「日常性の社会学の基礎」という副題を付して刊行される。さらに六八年には『現代世界における日常生活』が出される（この書は、ルフェーヴルによれば『日常生活批判』第三巻ではなく、将来出される予定の第三巻の要約であった）。そして最後に八一年に『日常生活批判』の第三巻が「近代世界からモダニズムへ（日常性のメタ哲学のために）」という副題を付して刊行される。じつに四〇年近くにわたって同じテーマで四冊の著書が執筆されたのである。

ルフェーヴルにとって、日常生活は近代世界を論ずる原点であった。社会科学はマクロな社会構造を考察の対象としたが、ひとびとの日常生活をその外部に放置してきた。だがこの日常生活にこそ近代世界を生み出す源泉があることをいちはやく察知したのが、ルフェーヴルだったのである。

ルフェーヴルの生誕の地はフランスの南西部にあるランデス州アグモーであるが、この故郷の社会的・歴史的な風土は、かれが日常生活批判を通して近代世界にアプローチする研究に取り組むに至った背景を理解する上できわめて重要な意味をもっている。かれは最初に著した『日常生活批判序説』で、フランス南部の農村の祭りについてつぎのような覚え書を記している。鎮守祭りや氏神祭りなどの農村の祝祭では、舞踏や仮装行列や乱痴気騒ぎによって日常の抑圧された快楽やエネルギーが解き放たれる。このような祭りの行動は、ひとびとの共同のきずなを確かめる行為であると同時に、自然の神秘的な力を統御し自然との共存を祈る行為でもあった。ルフェーヴルは、農村の祭りの中に象徴的な秩序を介した自然との共存という生活のリズムを読みとることによって、近代の工業生産の機械的なリズムとそれに規定された都市の日常生活に対する批判的な意識をはぐくんでいったのである。故郷におけるこのような生きられる経験が、日常生活批判から都市論を経て空間論へといたるルフェーヴルの学問遍歴に大きな影響を及ぼしていることは疑いない。

日常生活は、近代世界が切り開いた最先端の領域であるというよりも、むしろ近代世界の後発セクターであった。近代化が始まったのは、なによりも生産の領域から、つまり工場からであった。そのために、都市と農村の日常生活は近代化の残滓として放置された。近代的な工場施設が精巧な技術と清潔で明るい空間と厳格な規律に支配されているのに対して、庶民の日常生活は貧弱で非機能的で不衛生で混乱した空間であった。この両者の対比が近代世界における日常生活の位置を端的に物語っている。

そしてこの対比が近代世界の本性を明るみに出す。日常生活に対する関心が高まるのは一九二〇年代のことである。この時期に先立ってすでに近代的工場ではテイラー主義的労働が支配するようになり、生産工程において自動化と機械的な反復作業が推進された。労働者の身体は自動化された生産工程の付属品となり、細分化された作業に還元される。そしてこのような身体の機械的なリズムがしだいに日常生活の中にも浸透するようになる。一日三回の祈りという宗教のリズムによって規律づけられていたそれまでの日常生活が、機械的な反復のリズムによって管理されるようになる。

さらに第二次大戦後の一九六〇年代になると、日常生活はもうひとつの転換を被る。近代世界の後発セクターであった日常生活が、たんに見捨てられた領域や奪い去られた領域ではなく、資本による主要な投資対象になり、国家による積極的な開発の対象になる。レジャー産業や不動産開発が進められ、国土総合開発が推進される。私生活の空間や余暇の時間が資本の価値増殖の手段となり、国家の政治戦略の場となる。ルフェーヴルはここに新資本主義の蓄積戦略を読みとる。かつて帝国主義が植民地を侵略し、その主権を奪って空間と時間を管理したように、いまや都市の日常生活が植民地化される。日常生活の空間と時間が資本の戦略や政治戦略に従って切り分けられ、機能的に割り振られる。ひとびとの日々の行動が信号表示によって導かれ、ひとびとの夢想や想像力が視覚的なスペクタクルとして組織され消費される。日常生活はこのようにしてしだいにサイバネティックな装置へと変容していく。

ルフェーヴルは『現代への序説』で自己の生活体験を踏まえて、このような日常生活の変容を描き出している(「第七のプレリュード――新しい町についての覚え書」)。ルフェーヴルが住む町ナヴァランは、数世紀もかけて町の秩序がゆっくりと分泌された。それは「貝殻の映像」であり、「ある生き物が一つの組織をゆっくりと分泌」(Lefebvre H. [1962] 邦訳(上)一四九頁)するようなものである。歴史と文化の厚みを濃縮したこの町は、どの部分もたがいに調和のとれた関係を保っている。教会の鐘の音や街路の景観が見事に溶け合って、シンボリックな調和を築き上げている。「どの村も傑作であり、……どの家も芸術作品なのである。」(同書、邦訳(上)一五〇頁)

これに対してすぐ隣にある工業化された町ムランはかれをぎょっとさせる。それはこの町が秩序づけられていないからではない。むしろその逆である。町の空間は水平線と直線によって仕切られ、機械のような統一性をつくりだしている。アパートは《住む機械》であり、技術品のようなものである。あらゆる物が機能に還元され、多義性と象徴的な意味をはらんだ物が一義的な物に変容する。建物、町の区画、道路、工場のすべてが、行動を指令したり禁じたりする信号表示の体系に組みこまれている。かつては象徴的な網の目に組みこまれていた諸種の物が象徴的な統一性を失い、たがいに切り離された上で機能的に結びつけられる。諸種の社会的実践は細分化され、機能的に分断され、外的に自立した上で、物的な媒介手段によって統一される。つまり社会的諸実践の機能的な分離と強力な統合作用が同時進行する。

「すべてが分離する。しかもすべては全体化する。すべては物化する。」（同書、邦訳（上）一五五頁）

このような近代世界における日常生活の変容が、日常生活批判のテーマを呼び起こす。二〇世紀初頭にこのように陳腐化された日常生活に着目して、日常生活からの脱出を試みた芸術家集団がいた。シュルレアリストがそれである。アンドレ・ブルトン、アントナン・アルトー、ボードレール、アルチュール・ランボウたちは、日常生活における無限の創造力の噴出を詩や演劇で表現した。かれらは文学作品を通して、言語表現を用いて、日常的なるものに侵入する。象徴法を駆使して日常的なるものを一大叙事詩として歌い上げようとする。こうしてシュルレアリストは、機械の反復的なリズムにいまだ慣れていないひとびとの不適応や機械の反復的なリズムに対する不快感を詩や演劇で表現しようとした。

これに対して、シュルレアリストとは別の形で日常生活批判を展開する哲学者がいた。マルチン・ハイデガーがそのひとである。ハイデガーの形而上学は日常生活からの脱却を過去への回帰によって図ろうとする。かれは農村の住居へのノスタルジアを歌い上げる。

これに対してルフェーヴルの日常生活批判は、シュルレアリストやハイデガーとは異なる道をたどる。かれは批判の根拠を芸術活動にも、哲学による過去へのノスタルジアにも求めることなく、現実の日常生活の実践的な批判に着手する。

ルフェーヴルの日常生活批判は深い歴史認識に裏打ちされている。近代の日常生活が生まれたのは、一九世紀になって競争的資本主義と商品経済がうちたてられて以降のことであった。それ以前にも日常生活は存在したが、決定的なちがいは、それまでの日常生活には《様式》が存在したということである。いかに悲惨で抑圧に満ちた生活であっても、そこには様式が存在し、ひとつひとつの行為や物にそれぞれの象徴的な意味がこめられていた。そのためにそれらの時代の日常生活は生産物ではなく、作品であった。一九世紀以降、日常生活から様式が消え去る。様式は日常生活から切り離された芸術作品や文化の領域へと移行する。日常生活から神話や象徴や記念建造物や祭りのような集団的作品が消え去る。そのために日常的なるものと非日常的なるもの（芸術・文化・哲学）との間に深い溝ができあがる。

「『日常生活批判』は、『祭り』の農民的起源や、日常的なるものが樹立された社会における『様式』と『祭り』との同時的な退化を明らかにしていた。『様式』は文化へと低落し、文化は、日常的（大衆的）文化と高度の文化とに切断されるのである。」（Lefebvre H.［1968b］邦訳六五頁）

日常生活には悲惨が、苦難が、窮乏が、そして退屈な反復が、抑圧と支配が充満する。ひとびとはこの日常生活を生きるかぎり古い社会諸関係を再生産するほかない。だがそのような日常生活に耐えきれなくなるとき、つまり日常生活の反復の中に新しい差異を発見するとき、日常生活の実践的な変革が始まる。それは身体や時間や空間をわがものとして領有する試みであり、日常生活のうちに様式をとりもどそうとする試みである。それは日常的なるものの破壊行為であり、日常生活における祭りの再建である。ルフェーヴルは哲学者のように、退屈で疎外された日常生活を、疎外されざる観念の高みに立って超越的な真理の名において批判するのではなく、日常生活の内部に日常生活の実践的な変革の契機を探り出そうとする。

要するに日常生活の批判とは、単調で退屈な生活に対する不満から出発し、その不満を契機にして新たな様式を創造することである。単調で反復的な日常生活の過去の拘束から脱して、詩的で転覆的な理念を日常生活の内部に生産すること。これがルフェーヴルの日常生活批判のテーマである。それは新しい快楽と愛情を求めることであり、新しい差異を構想することである。

この日常生活の実践的変革は、したがって日常生活から乖離した文化や芸術を日常生活のうちにとりもどす行為である。哲学と思想はこのような日常生活の実践的変革にとっての媒介とならなければならない。

ルフェーヴルは「芸術の破壊と自己破壊の過程とみなされた現代の文学と芸術について」(『構造主義を越えて』[1971] 所収)と題する論文において、思想家を《肯定の思想家》と《否定の思想家》の二つのタイプに振り分ける。否定の思想家とは、存在するものをつかの間のものとして把握し、新しいものを創造し生成する契機としてとらえようとする者である。否定の思想家は、否定性を契機として日常生活と芸術との分離を乗り越える仲介となるべき存在である。

日常生活はかつては芸術や聖なるものをみずからのうちに統合していたが、商品経済の進展とともに芸術や聖なるものが日常生活から切り離され、しだいに商品化していく。それと同時に日常生活は能動性・創造性を失い、しだいに単調で受動的なものになっていく。シュルレアリスムは日常生活の批判から出発しながら、みずからの芸術を商品化する結果に終わってしまった。否定の思想は日常生活のうちに否定の契機を探り当てることによって、日常生活の内部に芸術を再建する可能性を探り出す。この否定の思想こそ、『空間の生産』においてルフェーヴルが《メタ哲学》と呼ぶものにほかならない。

否定の哲学を介した日常生活の実践的変革という展望が、《空間の生産》という問題圏を切り開く。それは日常生活批判が空間の批判をもって完成するからにほかならない。資本と国家による日常生活の支配の究極の形態は、空間の支配である。反復的で単調な日常生活は、空間の支配において完成される。官僚主義による日常生活への介入と支配は、空間においてその頂点に達する。「各々の官僚制は、その空間を整備する。それは空間に標柱を立て、印をつける。財政の空間とか、管理の空間とか、司法の空間とかがある。」(Lefebvre H. [1968b] 邦訳二六五頁)

同じようにして資本による日常生活の細分化と商品化も、空間の細分化と商品化においてその頂点に達する。そのために日常生活の実践的な批判というルフェーヴルのパースペクティブは、不可避的に社会空間の生産に対する批判的な認識を呼び起こすことになるのである。

都市論から空間論へ

このような日常生活批判の問題圏が、ルフェーヴルの一連の都市論の展開をもたらす。ルフェーヴルは農村社会学の研究から出発し、一九五〇年代末に農村の調査活動を行う最中に都市の新しい現象に気づいて、都市論への関心を高めていく。したがってルフェーヴルが都市について執筆するのは、かれがナンテール大学の社会学教授に就任した六五年からそこを退職する七三年までの時期にほぼ限定される。このわずか八年ほどの間に、かれは都市に関する七冊の著書を執筆する。『都市への権利』[1968]、『農村から都市へ』[1970]、『都市革命』[1970]、『マルクス主義思想と都市』[1972]、『空間と政治』[1973]、『都市への権利』第二版[1973]、そして『空間の生産』[1974]がそれである。わが国でも、この時期は大学闘争と都市反乱の時期と重なり、ルフェーヴルの都市論関係の著書の多くが邦訳されて、読者の共感を呼んだ。

ルフェーヴルが都市論を精力的に執筆するこの時期は、ヨーロッパの主要都市で郊外開発が急進展する時期であり、都市の中心部への求心化と郊外への遠心化が同時進行する時期であった。ルフェーヴルは眼前で進行するこの都市開発を、日常生活批判の歴史認識にもとづいてとらえかえすことにより、都市の壮大な歴史理論を構築する。

ルフェーヴルの都市論の問題圏は、近代の工業化の進展が都市の新しい諸現象を誘発し、《都市領域 l'urbain》を生み出すというところにある。工業化は近代以前の都市の諸形式(東洋的・古代的・中世的な形式)を解体し、貨幣と商業を中心とする産業都市をもたらす。都市は交換価値のネットワークによって組織され、都市の空間は工業生産活動の対象としてだけでなく、土地や不動産に対する投機的な投資活動や観光開発の対象となる。だがこのような工業化の進展を通して、都市住民の集中と分散、あるいは隔離と統合のダイナミックな運動がくりひろげられる。そしてこのダイナミズムを通して、都市住民の空間における出会いと集結とコミュニケーションが生まれてくる。そこから、都市住民が都市生活における労働・居住・教育・健康・余暇の諸実践を自己管理しようとする願望と要求がたちあらわれる。工業化が誘発する都市領域を自己管理し、都市の空間と時間をわがものとして領有する権利を、ルフェーヴルは「都市への権利」と呼ぶ。

『空間の生産』はこの問題設定を発展させた書であり、このような一連の都市論研究がゆきついた最終的な到達地点である。

だが同時に、『空間の生産』は、その意味でまちがいなくルフェーヴルの都市論研究の集大成である。

だが同時に、『空間の生産』は都市論の問題圏を空間論の問題圏において定位し直すものでもあった。では空間論に固有な問題圏とは何か。都市論の一連の著作は、主として歴史的な時間軸において近代都市を位置づけようとする試みであった。古代・中世都市を芸術作品にたとえて、技術品と化した近代の産業都市が批判される。使用価値を原理とする前者の都市に立脚して、交換価値を原理とする後者の都市が批判される。

これに対して『空間の生産』では、この都市の歴史認識が社会空間の生産というより広い問題圏の中におき直される。社会空間は自然の絶対空間を原点として、しだいに歴史化され、古代と中世の歴史的な空間を形成する。記号と象徴を媒介にして組織される歴史的空間の中に、やがて市場と商品経済によって組織される世俗の空間が生まれ、それがしだいに社会空間の支配的な地位を占めるようになる。このような空間の歴史的生産過程の中に都市の歴史的諸類型が再定位される。古代ギリシャ・ローマの都市は、絶対空間をとりこんだ歴史的空間の組織形態であり、中世都市は封建社会と資本蓄積の過程を媒介する空間形式であり、そして近代都市は資本と国家が組織する抽象空間の形式である。

だがそれだけでなく、『空間の生産』では、都市論において提起された近代都市の歴史的傾向性のテーゼが、空間の弁証法において組み直される。つまり工業化が誘発する《都市領域》と《都市への権利》という問題構成は、社会空間における中枢化と周辺化の弁証法が生み出す空間の矛盾においてとらえかえされる。都市論で展開された《都市領域》と《都市への権利》は、『空間の生産』においては近代の社会空間の内部矛盾の展開から生成するものとしてとらえられる。それは空間の生産をめぐるヘゲモニー闘争の産物である。つまり、《都市領域》と《都市への権利》は、一方における国家官僚の都市計画や科学者の空間の科学による空間の《支配》と、他方における都市住民の生きられる経験にもとづく空間の《領有》との対抗関係を通して生まれてくるものとしてとらえられるようになる。

ロブ・シールズはこの『空間の生産』の問題構成をつぎのように的確に要約している。

「ルフェーヴルが立証しようとしたのは、空間の「論理的・認識論的な」諸理論のヘゲモニーが作用するその内部に「生きられる経験にもとづく」空間形成が存在するということであった。空間の「論理的・認識論的な」諸理論を押し広めているのは、哲学であり、地理学であり、都市計画であり、そして空間的なものを無視する日常的な態度である。このことを立証するために、『空間の生産』の大部分が人間主義的な基盤としての空間のラディカルな現象学の展開に捧げられるのである。この現象学から出発して、資本主義および国家官僚による知識構造がはらむ抽象空間の形成の下で個人と共同体の『空間への権利』が否定されることに対する批判がくりひろげられるのである。」(Shields R.［1999］p.146.)

《空間の論理的・認識論的な諸理論》と《生きられる経験にもとづく空間形成》との対抗関係は、後述するように《空間の表象》と《表象の空間》との対抗関係として展開される。それは近代の都市空間がはらむ矛盾の弁証法的な展開である。ルフェーヴルの都市論と空間論における問題構成の連続性とその転回をこのように読みとることが、『空間の生産』のプロブレマティークを理解する核心であるといえよう。

二《空間の生産》の問題圏

社会秩序の空間形成

(1) 空間の言説と現実の空間的実践

『空間の生産』が取り組んだ最初の課題は、空間に関する既存の言説を現実の空間的実践とのかかわりにおいて批判的にとらえかえすことであった。

空間を伝統的に論じてきた学問は、哲学であり、数学であった。これらの学的知においては、空間が社会的現実から切り離され、現実の利害関係から中立的なものとして扱われ、純粋に心的な空間としてとらえられた。数学言語によって空間が表象され、分類され、識別された。だが現実の社会空間は、ひとびとの身体的な所作や社会的実践と不可分であり、多様な社会諸関係を包みこんでいる。このような現実の身体的・社会的な空間が哲学的・認識論的な起源をもった知の対象としての心的な空間のうちに解消されていく。哲学者は身体的・社会的な空間と心的な空間との間に溝をうがち、その溝を越えようとする冒険にあえて挑もうとはしなかった。

だが心的な空間は社会的現実にとってイデオロギー的な機能を果たす。それは社会空間の抽象化傾向と密接に連動しており、この抽象化傾向の一翼を担っているのである。心的な空間は社会空間の抽象化傾向と論理的な整合性を保っている。

このような哲学者と数学者による伝統的な空間概念に加えて、現代では社会空間を知の対象とする新しい空間の科学が登場している。記号学、サイバネティクス、情報理論といった諸科学がそれである。これらの諸科学による空間認識も、やはり伝統的な空間概念と同様に、現実の身体的・社会的な空間の認識にはゆきつかない。それらは空間を抽象化し裁断して記述するだけである。

空間の科学の専門家たちは、建築空間、造形空間、文学空間からレジャー空間、労働空間、輸送空間、公共施設の空間にいたるまで、多種多様な空間についておしゃべりをする。かれらは科学性の名の下に空間を裁断し、空間の断片を解読しようとする。

だがこのような新しい空間の科学の解読方法も、やはり現実の空間的実践と無縁な知的営みではなく、現実の生産様式の傾向と連動し、その一翼を担っているのである。空間の科学は、現実の生産諸力を構成する諸要因であり、資本や国家の戦略の媒体であると同時に、その戦略を包み隠して中立性を装うイデオロギーでもある。ルフェーヴルは空間の科学の社会的な役割をつぎの三点に要約している。

第一に、空間の科学は、生産諸力と生産諸関係に組みこまれ、政治的に利用された知である。

第二に、空間の科学は、そのような知の政治的な利用を包み隠す機能を果たす。

第三に、空間の科学は、科学技術のユートピアをふりまくことによって未来の空間形成のヘゲモニーを掌握する。建築計画、都市計画、国土計画にはそのような科学技術のユートピアがちりばめられている。

このような空間の科学を支配的な地位に押し上げた原動力は、すでに述べたような近代の日常生活におけるサイバネティック化の進展であった。だが空間の科学は、そのようなみずからの存立根拠に無自覚なまま、空間を裁断し断片化して、それを記述する作業に没頭する。

(2) 社会諸関係の実体としての空間

この空間の科学に欠落しているのは、空間が社会諸関係の存在様態であり、社会的実体であるという視点である。空間はたんに社会的実践がおこなわれる外的な枠組みでもなければ、純粋な思考によって操作しうる対象でもない。社会の実体を空間においてとらえるこの視点が、空間の科学を越える空間論の新たな認識地平を切り開く。

ルフェーヴルは『空間の生産』の末尾で、社会科学における関係概念と実体概念との関連に言及し、社会科学がもっぱら関係を考察して実体を忘却したと批判しながら、空間化された社会関係こそ社会的実体にほかならないことを強調する。社会的実体は関係に還元されるものでもないし、関係から切り離された空間的枠組みに還元されるものでもない。社会諸関係の空間的な存在様態こそ社会的実体にほかならない、と。

ルフェーヴルのこの指摘は、マルクスによる商品価値の実体概念に関する議論を想起させる。マルクスは『剰余価値学説史』において、D・リカードウとS・ベイリーの価値論争を手がかりにして、価値の実体を洞察しようとする。そこで引き合いに出されるのが空間と距離との比喩である。ベイリーは商品の価値を二つのものの間の距離になぞらえて、ある物の距離とはつねに他の物との関係において規定しうるものであり、したがって商品の価値も他の商品との関係においてのみ規定しうるとして、価値の実体を否定する。

これに対してマルクスはこう反論する。距離とは二つの物の間の関係とはちがったあるものであり、それは空間の広がりである。距離とは比較される二つの物以外の距離をも表現しうるのであって、距離が存在するためには物が空間に属しているということが必要である。「空間に属しているということが、それらの物に共通の単位なのである。」（K. Marx [1967] 邦訳一八四-五頁）

ベイリーは距離を二物の関係に解消することによって、この関係を可能にする空間を見過ごした。これに対してリカードウは空間という共通の単位を発見した。それが社会的労働である。たしかに社会的労働は、たんなる商品の関係に還元されない商品価値の実体である。だがリカードウの難点は、空間を、つまり社会的労働を、絶対的な枠組みとして関係の外に前提したところにある。実際のところは、商品の価値は商品相互の価値関係を媒介にして商品が社会的労働と結ぶ関係にほかならない。商品の関係を離れて社会的労働はありえないのである。このようにして、マルクスはベイリーのように価値の実体を物の距離に還元する考えも、リカードウのように価値の実体を関係に先立って自存する空間の枠組みに求めることも、ともに拒否するのである。価値の実体とは、商品の価値関係を通して編成される私的諸労働の社会的関係にほかならず、それこそが社会的実体なのである。

このマルクスの価値の実体認識がルフェーヴルの空間認識にも貫かれている。社会空間とは、社会諸関係に先立って自存する絶対的な枠組みでもなければ、純粋に心的な対象でもない。社会空間は社会諸関係が具体的に実現される様態であり、空間において秩序形成を遂げた社会諸関係こそ、社会的実体にほかならない。哲学や数学の伝統的な空間認識も、空間の科学による空間認識も、ともにそのような社会諸関係の空間的な秩序形成の担い手なのである。

このようにして社会空間を社会諸関係の存在様態としてとらえるとき、空間の生産という問題圏が浮上することになる。この視点に立つとき、空間はもはや受動的で空虚な器ではなく、社会的に生産されるもの、つまり社会的な生産物としてとらえられることになる。空間は透明で純粋な思惟の対象でも、自然的・物質的な基体でもなく、原料とエネルギーのフローであり、生産・分配・流通・消費のネットワークである。また空間はさまざまな幻想や不透明性をも生産するものとなる。空間の生産とは、空間が労働生産物のように生産されることだけを意味するわけではない。そこには、芸術作品の創造やさまざまな意識や表象や文化の生産もふくまれている。そしてこれらの生産を通して社会諸関係が生産され再生産されること、これが空間の生産の意味にほかならない。つまり空間の生産とは「社会秩序の空間形成［spatialisation］」(Shields R.［1999］p.154.) のことなのである。

この空間の生産者はだれなのか。空間を生産するのは複合的で多元的な主体である。それは心的空間を生産する哲学者・数学者であり、空間を抽象化し数量化して処理する空間の科学者であり、都市開発を推進する都市計画家・建築家・政治官僚であり、空間の諸矛盾をカンバスに描き出す画家であり、空間の表象を詩や小説で表現する文学者であり、そして最後に生活空間をわがものとして領有しようとする生活者・ユーザーである。これらの複合的で多元的な空間の生産者の間で、空間の生産をめぐる激しい紛争がくりひろげられる。

これまでの社会闘争は、空間において生産された生産物の分配をめぐる紛争を軸にくりひろげられたが、空間の生産の問題圏が浮上して以降は、社会闘争が社会秩序の空間形成をめぐって、つまり空間の生産をめぐって、くりひろげられることになる。

マルクスの物神性批判と空間の科学批判

空間の生産の問題圏をうちたてることは、マルクスが発見した《生産》の概念を空間の次元で再発見することを意味する。マルクスは商品の価値の背後に、物の社会的関係を媒介にした人と人との社会諸関係の生産を洞察した。したがってマルクスの生産概念は物象化の概念と不可分の関係にある。これに対してルフェーヴルは、社会空間の背後に空間の生産を媒介にした人と人との社会諸関係の生産を、つまり社会諸関係の空間形成を読み取ることによって、空間の生産の問題圏を切り開くのである。

したがってルフェーヴルの試みは、マルクスの物神性批判のテーマを社会空間の次元で発展させようとするものであった。マルクスは、経済科学が生産物を列挙し記述していた時代に、生産物の生産活動のレベルにまで考察を掘り下げ、社会的労働、生産関係、生産様式といった概念を定式化した。こうして生産物の生産が同時に社会関係の生産であることを洞察する。だが都市化が進展して、都市空間そのものが投資の対象になるとともに、社会関係の生産の場は生産物から空間へと移るようになった。ルフェーヴルがマルクスの物神性批判の論点を空間の生産にまで押し拡げようとする理由はそこにある。

空間の科学は、裁断され断片化された空間を記述する仕事に携わるが、この記述は空間にはらまれた社会関係を看過する。これに対して、空間の生産という視点に立つことによって、空間に包みこまれている社会関係が暴き出される。空間の科学は、空間を《空間それ自体》として扱う。この思考態度は、マルクス以外の経済科学が生産物にはらまれた社会関係を見逃して、生産物を物それ自体、あるいは自然的事物としてとり扱う思考態度とまったく同様である。ルフェーヴルは、そのような空間の科学の思考を「空間の物神崇拝の罠」(Lefebvre H.［1974］邦訳一五一頁)と呼ぶ。

空間の科学のこのような思考態度は、すでに述べたように、科学者の主観にではなく、現実の社会空間の傾向に根拠を置いている。それは商品の物神崇拝が、たんなる人びとの主観ではなく現実の生産様式に根ざしているのと同様である。今日の日常生活における空間は、このうえなく多様な空間に――たとえば労働の空間、居住の空間、余暇の空間、スポーツの空間、観光旅行の空間に――細分化されると同時に、それらの個別的空間が均質化された全体空間の中で厳しく管理されている。この空間の部分的な表象に目を奪われるとき、「全体的な視野がつねに放棄され、断片のみが受け入れられ、認識の破片だけがかき集められる。」(Lefebvre H.［1974］邦訳一五三頁)

これに対して空間の生産の認識は、空間の科学が陥っている空間の物神崇拝の罠をうち破る。それは空間における社会諸関係の生産を読みとる。空間を社会諸関係の生産活動においてとらえるということは、空間のうちに時間を発見するということを意味する。空間は無時間の平板な枠組みではなく、社会諸関係が展開されるプロセスにおいて把握されるからである。「空間の生産の認識は、ひとりよがりの空間科学による空間の裁断や解釈や表象ではなく、空間の中で、また空間を通して、時間を(なによりもまず生産の時間を)再発見するであろう。」(Lefebvre H.［1974］邦訳一五三頁)

空間の物神性批判はなぜ必要なのか。それは社会空間が純粋な透明性のイメージにもとづきながらも、その実多くの意味をはらんでおり、そのために空間の内容が包み隠されてしまうからである。空間が直接にさしだすイメージは、虚偽である。空間は嘘をつく。空間が虚偽性をまったくもたないという外観を暴き出すために、空間の物神性批判が必要なのである。

ルフェーヴルはこの批判の一例として家屋をとりあげる。家屋は頑強で厳格な外観を備えている。だが家屋の批判的解読によって、この固定的という外観はうち砕かれる。家屋は水道、ガス、電気、電話線、電波が走るエネルギーのフローとしてあらわれる。つまり「家屋の固定性のイメージは、可動性の複合体というイメージに、つまり行動の出入りの結節点というイメージにとって代えられる。」(Lefebvre H.［1974］邦訳一五五頁)

マルクスは商品の価値を物に内在する自然的属性として表象する日常意識の虚偽性を批判し、商品のうちに私的所有にもとづく私的労働の社会関係を読みこんだ。それと同様にルフェーヴルは、空間の固定したイメージの虚偽性をうち破り、空間のうちに社会的活動とフローの関係を洞察する。それは空間を《直接に生きられる経験》として批判的に認識することを意味する。この生きられる経験を奪われ自己の身体を抽象化されて日常空間を生きるユーザーにとって、空間は固定したイメージでとらえられる。ユーザーの目にとって、空間は諸種の物を収めておく抽象的な容器としてとらえられる。そのために「ユーザーは自分自身が空間の中にいることを自覚できず、思考は空間に対して批判的な姿勢をとることができない。」(Lefebvre H.［1974］邦訳一五六頁)

近代の空間では、視覚化の論理が支配し、映像が断片化する。映像によってものが裁断され、組立て直される。光と視覚の世界が空間を支配することによって、空間から生きられた経験が排除され、抽象だけが残る。「光と視覚の世界は抽象を物神化し、抽象を規範として強いる。この世界は不純な内容から、つまり生きられる時間から、日常的時間から、不透明で充実した身体から、身体の温もりから、身体の生と死から、純粋な形式だけを引き離す。このようにして映像はひとを殺害する。」(Lefebvre H.［1974］邦訳一六一頁)

こうして社会空間は生きられる身体を追放し、抹殺する。そのために社会空間は「事物の（つまり商品と貨幣の）物神化され自立した性格を帯びるのである。」(Lefebvre H.［1974］邦訳一六七頁)

これに対して生きられる経験にとって、空間は「社会形態学 la morphologie sociale」として、つまり「生命有機体にとっての形式それ自身」(Lefebvre H.［1974］邦訳一五六頁)として感じとられる。

またこの視点に立つことは、物神化された空間において失われた時間をとりもどすことを意味する。たとえば建築［architectures］はそれが置かれた環境や人が住む地域のネットワークの活動の層においてとらえるべき「原-織物［archi-texture］」(Lefebvre H.［1974］邦訳一八九頁)であるが、「この織物の中では、時間と空間はたがいに切り離すことができない。空間は時間をふくみ、時間は空間をふくんでいる。」(Lefebvre H.［1974］邦訳一八九頁)

マルクスとニーチェとの出会い――ロゴスとエロスの弁証法

すでに冒頭で述べたように、空間を生きられる経験という根源的な位相においてとらえかえし空間の物神性を批判するという視点は、かれの日常生活批判以来のテーマである。そしてこの空間の物神性批判を理解する上で、日常生活批判におけるシュルレアリスムとニーチェへの言及が重要な意義をもっている。ロブ・シールズはこの意義をとりわけ強調している。

「ルフェーヴルの作品を完全に理解するためには、かれのニーチェとシュルレアリスムのルーツを想起する必要がある。」(Shields R.［1999］p.29.)

ルフェーヴルは日常生活に対する批判的な論拠をニーチェに求める。日常生活において永遠にくりかえされる動作のうちに、ニーチェのディオニュソスの永遠回帰を夢想する。また記念建造物のうちに国家や指導者の強力な《権力への意志》を読みとるが、これもニーチェの権力論を根拠にしている。さらにルフェーヴルは日常生活者を全体的な人間として、つまり現在の日常生活の条件と将来の可能性を関連づけてとらえる全体的な人間として位置づけているが、それはニーチェの《超人》の概念と結びつく。日常生活は、自我と身体と他者とがかかわる真なる経験の場であり、それは疎外された場であると同時に、その疎外をのりこえていく可能性をはらんだ場でもある。ルフェーヴルは日常生活者を社会的に形成された個人と自然的身体としての個人の統一としてとらえるが、このような個人こそニーチェが《超人》のうちに求めたものである。それは、疎外をのりこえる《全体的人間》というマルクスの概念とも結びつく。

とはいえ、当初ルフェーヴルのニーチェ評価はさほど高いものではなかった。かれが一九三九年に刊行した研究書『ニーチェ』では、ニーチェがマルクスとヘーゲルの弁証法哲学の視点から批判される。また一九四八年の『マルクス主義』においても、人間を地上の身体的な存在としてとらえたマルクスに対して、ニーチェよりも高い評価があたえられる。「ニーチェよりもはるか以前に、マルクスはニーチェよりもいっそう具体的に『大地の感覚』をもっていた。というのは、彼はニーチェよりもいっそう社会的にその感覚をもっていたからである。」(Lefebvre H.［1948］邦訳一二三頁)

だが日常生活における可逆性と不安定性を重視するようになったルフェーヴルは、しだいにニーチェ評価を高めていく。ニーチェは人生をヘラクレイトス的な万物流転においてとらえ、欲望の比喩的な形象と永続的な生成を意味するディオニュソスを重視する。そして『空間の生産』になると、ニーチェがマルクスを補完する決定的な位置を占めるようになる。

まず生命体と空間との関連においてニーチェの視点が浮き彫りにされる。生命体と空間との関係は、合理的・機能主義的な経済原則によって支配されるだけではない。この関係は浪費・過剰・剰余・破壊といったエロス的側面をも有している。そして生命体と空間との関係におけるエロス的側面に着目した思想家としてニーチェが高く評価される。

「過剰なエネルギーが蓄積されそして支出されるという事実は、『生きた身体』およびその身体と空間との関係――つまり自己自身との、その近隣との、その周囲との、そして世界との、関係――の概念を定義する。」(H.

Lefebvre［1974］邦訳二七〇頁）

周知のように、ニーチェはギリシャ悲劇をアポロン神（光明と理知）とディオニュソス神（陶酔と混沌）という二つの対立する衝動においてとらえた。ニーチェの『悲劇の誕生』［1872］は、ギリシャ悲劇が秩序を重んずるアポロン的要素と本能にかりたてられた暗黒のディオニュソス的要素が溶け合うことから生じた、と論じている。このニーチェの視点がルフェーヴルの古代ギリシャの空間認識にも影響を及ぼしている。ルフェーヴルはギリシャ都市が地下の世界を厄払いしなかったことを強調する。ギリシャ都市は、暗黒と闇の地下世界を儀礼と象徴によって限定し、地上の世界にしたがえる。これに対して古代ローマの都市空間は、法と所有の抽象的原理によって支配され、地下の空間は完全に厄払いされた。近代西欧におけるロゴスが支配する視覚優位の抽象空間は、ギリシャ都市よりもむしろローマ都市の空間を起点にしている。

だがルフェーヴルは、近代の抽象空間においても闇の部分が日常生活者や芸術家の活動の中に存続していると指摘する。空間の科学が分析する《空間の表象》の領域では、社会空間の計算合理的な側面に光が当てられるが、これに対して、日常生活者や芸術家による《表象の空間》には、闇と地下の空間的実践がはらまれている。それゆえギリシャ悲劇におけるディオニュソスの側面は、ロマン主義の精神として現代にまで受け継がれ、革命的な潜在力をはらんだユートピアの形式を生み出す。こうしてルフェーヴルはニーチェに依拠して、近代世界の闇の部分に焦点を当てる。それはニーチェとヘーゲル・マルクスを対立させる図式を越える地平を切り開くことを意味している。

「ニーチェ、マルクス、ヘーゲルを総合することによって、かれは『影の領域』と呼ぶものをつかみとる一連の道具を創造しようとしたのである。」(Shields R.［1999］p.74.)

ニーチェとマルクスが最終的に出会うのは、差異の生産の領域である。差異は弁証法の生成において不可欠なモメントをなしている。というのも、弁証法の論理とは、たがいに対立しあうものがたえず変化を遂げ、矛盾した力によってまったく新しいものに変容し、総合される論理だからである。差異こそ物を存在せしめる創造力であり、主体を創出する根源的な力である。この弁証法の論理における差異のモメントによって、ルフェーヴルはヘーゲルの「止揚［Aufhebung］」とニーチェの「超克［berwinden］」を総合しようとする。

近代社会の抽象空間における差異の論理は、《ロゴス》と《反ロゴス》との闘争のうちに見いだされる。《ロゴス》は権力による目録の作成と分類の意思を表現している。それは空間を支配しようとする権力への意志を示す。これに対して《反ロゴス》とは反復性から差異を切り離し、空間を支配するのではなく領有しようとする生きられる経験に根差している。それはエロス的な欲望の領域であり、権力への意志に対抗するディオニュソス的欲望の領域である。

「《ロゴス》と《エロス》の大規模な弁証法的運動に潜んでいるのは、『支配―領有』の対立であり、一方における技術および専門性と、他方における詩および音楽との間の矛盾である。」（H. Lefebvre, [1974] 邦訳五六一頁）

ディオニュソス的欲望こそ、社会変革の酵母であり、生命の活力の形式である。それは、五月革命期に商品化されたスペクタクルによって構成される近代都市を批判し《革命的祝祭》の概念を提起したシチュアシオニスト集団の発想とも共鳴する。

このようにして、ルフェーヴルはニーチェの概念を駆使して、近代の抽象空間がはらむ根源的なテロル性を洞察すると同時に、この抽象空間を炸裂させるエネルギーを読みとろうとしたのである。

「ツァラトゥストラは、たんに凍りついた文章を蘇生させるためだけでなく、書かれた物とか、西欧世界の曙以来のその蓄積とかに反抗して、『語り［話し言葉］』や『現存』や、時間や欲望に呼びかける。」（Lefebvre H. [1968b] 邦訳二九七頁）

近代の抽象空間における支配と領有との対抗関係を、ロゴスとエロスの対抗関係において、ロゴスからの感覚の解放においてとらえるルフェーヴルの視座において、ニーチェとマルクスは出会う。ニーチェは真理への意志を、人間の感覚の極限的な探究によって説き明かそうとする。マルクスは私的所有の批判を、身体の感覚を権利根拠として展開する。かくして「人類の革命的な道［マルクス］と超人の英雄的な道［ニーチェ］は空間の交差点において出会う。」Lefebvre H.［1974］邦訳五七二頁）

空間認識の方法概念

ルフェーヴルは『空間の生産』において、物象化された近代空間を批判的に解読するための方法概念を提示している。《空間的実践》、《空間の表象》、《表象の空間》、がそれである。この方法概念をどのように理解するかが、《空間の生産》の問題圏を認識する上で決定的な意味をもっている。

第一の方法概念は《空間的実践》である。これはそれぞれの社会に固有な生産と再生産の場所を創出し編成する実践である。空間的実践は、現実の生産と再生産の諸関係を場所や空間に映し出し、それらの諸関係を創出する。たとえば建築様式の生産、都市の形態学、地域の創造がそれである。また都市の交通網、郊外の空間、都市間のネットワーク、国土空間、記念建造物、墓地の空間などの創出がそれである。空間的実践は「知覚された空間」と呼ばれるが、それはこの空間が実践感覚によって組織される空間であり、自明の、反省されざる実践によって組織される空間だからである。近代の抽象空間を編成する実践感覚は、視覚優位を特徴としている。それは商業化され産業化された空間的実践である。

第二の方法概念は《空間の表象》である。これは空間に関する言説と結びついており、知・記号・規範にしたがって空間に課せられた特定の秩序である。空間を構想する知識の専門家が扱う領域がこれである。都市計画の科学、地理学、地図作製において構想される空間は、まさしくこの領域に属している。《空間の表象》の領域は、記号や規範を用いて意識的・自覚的に構築される空間の領域であるが、それは空間的実践における無意識的な実践感覚と密接に連動している。

第三の方法概念は《表象の空間》である。それは《空間の表象》のように思考される空間の領域ではなく、映像や象徴を介して直接に生きられる経験の空間領域である。それは芸術家や文学者が芸術作品や文学作品を通して自己を表現する空間であり、ユーザーや居住者が生活を営む空間である。

この空間認識の三つの方法概念を理解するに当たって、ルフェーヴルの社会認識の特徴をあらかじめ確認しておく必要がある。それは《回顧的-前進的方法》と呼ばれる認識方法である。かれはまず現存するものから出発する。たとえば資本主義の現実から出発して、この現実を可能にした諸条件にさかのぼり、現在に先行するものを引き出す。そして今度は逆の過程をたどって、現在の状況を発生論的に認識する。この方法はマルクスが『経済学批判要綱』で《経済学の方法》として提示したものと類似している。経済学の方法は、現実の具体的で複雑なもの（たとえば人口、物価など）から出発し、抽象的で単純なもの（たとえば労働、価値など）を探り当てる作業から始まる。そして抽象的で単純な規定を発見した後に、この規定から始めて現実の具体的で複雑な規定を思惟により再構成する。

この回顧的-前進的な方法は、いわゆる疎外論的な思考の枠組みで理解されてはならない。疎外論の思考とは、始源に疎外されざる純粋な実体=主体を設定して、歴史をその実体=主体の展開としてとらえ、その実体=主体の高みから疎外された現実を批判するという発想である。

空間認識の三つの方法概念を理解する際に注意すべきことは、このような疎外論の図式を当てはめるのを避けるということである。ルフェーヴルは『マルクス主義』において、空間認識の方法概念に類似した諸要因を用いて人間の歴史を整理しているが、そこにはいまだ疎外論の図式が色濃く残っていた。そこでかれは、人間の歴史を構成する三つの側面ないしは要素をとりあげている（Lefebvre H.［1948］邦訳五四―五頁）。第一は自生的な要素（生物学的・生理学的・自然的要素）であり、第二は反省的要素であり、第三は仮象的・幻想的な要素である。人間の歴史は人間の発達の自然的過程から出発し、この自然的過程に対する意識的・能動的な介入を通して進展する。ただしこの介入には合理的な介入だけではなく、幻想を媒介にしたフェティッシュな介入もふくまれる。ルフェーヴルは人間的な現実の生成を、これらの三つの要素の弁証法的な相互作用と相互浸透の過程としてとらえる。

「決定的瞬間にはいつでも意識的な要素がやって来て、自生的要素を支配し、幻想的要素を批判するという――三重の局面をもった複雑な過程は、民族、民主主義、科学、個性等々といったすべての社会的・歴史的な実践的、現実的事物においても見ることができよう。」(Lefebvre H.［1948］邦訳五六頁)

第三の仮象的・幻想的な要素は、物神化され疎外された非人間的な意識状態であり、共産主義はこの意識状態を最終的に克服する社会状態として提示される。共産主義は、自生的・幻想的な過程に対する人間の意識的・能動的な介入によって自然を合理的に制御する社会状態を意味する。そこでは、人間の理性がイデオロギー的幻想に勝利し、自然と和解しつつ自然に勝利する（つまり自然を支配する）。当時のルフェーヴルは、このような人間の歴史過程を確信していたのである。

だがこのような疎外論的図式は、『空間の生産』においては根底からくつがえされる。疎外論そのものは今日では完全に立証されてしまったがゆえに、かえって取るに足らないものになってしまった。ルフェーヴルは『空間の生産』でこう語っている。

疎外論の図式に代わって全面に登場するのが差異の理論である。それは人間理性の高みに立って疎外された現実を批判するのではなく、現実の生きられる経験に立脚し、現実のシステムの裂け目から生じてくる差異を批判の契機とする。差異はシステムにとって異質なものとして排除されながら、システムに抵抗しシステムをむしばんでいく。空間認識の三つの方法概念は、現実の空間の裂け目から生じてくるこの差異を認識するための方法概念なのである。

空間認識の三つの方法概念は、社会空間を生産する三つの次元である。この三つの次元がたがいに対抗し矛盾しあいながら、現実の社会空間が生産される。

《空間的実践》による社会諸関係の空間的編成は、《空間の表象》と《表象の空間》という二つの意識的・自覚的な空間編成の次元を契機として成立し、しかもこの二つの次元から反作用を被る。《空間の表象》の領域を担うのは、近代テクノクラートのように都市計画や国土計画によって社会空間を概念的・数学的に処理しようとする潮流である。これに対して《表象の空間》の担い手は、シュルレアリスムのように生きられる経験を空間の象徴的な意味と結びつけようとする潮流である。

無意識的な《空間的実践》は、反省された意識的な二つの空間の次元を経由し、この二つの次元を契機として社会空間の編成を遂行する。

一方で、《空間的実践》は《空間の表象》の次元における科学者・政治家・官僚の空間戦略を活用する。哲学者・数学者・物理学者が探求する《空間の表象》は、二〇世紀に入って産業の実践と結びつき、建築や都市計画の研究と節合するようになる（バウハウスのひとびとはこの節合を推進した典型的な仲介者にほかならない）。たとえば都市計画の実践は、都市空間を測量し設計し配置する都市工学、測量設計、交通学などの学的な認識を媒介にして遂行される。また建築活動は建築家の思考を経由しておこなわれる。建築家は日常生活の総体的な実践である《住まう》という行為を機能・形式・構造という意味によって解釈する。

「彼ら［建築家］は、居住するひとびとによって知覚され体験される諸々の意味からではなくて、彼らによって解釈される居住するという事実から出発して、その意味の総体を練り上げるのである。」（H. Lefebvre［1973］邦訳一六三頁）

建築家は図記法や視覚化によって居住を解釈する。都市空間はそのような建築家集団による空間の解釈によって編み上げられるのである。

だが他方で、《空間的実践》は《表象の空間》における想像的・象徴的な要因をも積極的に活用するようになる。生きられる経験にもとづく表象の空間領域は、産業的実践と結びつき、空間をスペクタクル化された商品として消費者や観光客に差し出す。リゾート開発や観光開発事業は、自然・太陽・海洋・河川・歴史的遺産などの表象をスペクタクルとして差し出すことによって推進される。

《空間的実践》が《空間の表象》および《表象の空間》の次元と結びつくことによって、新しい産業部門が創出され、資本蓄積の土俵が築き上げられる。だからこの二つの次元は資本の巨大な生産力として機能する。《空間の表象》は土地の計画的な利用と開発を推進し、不動産業や開発業を発展させる。《表象の空間》は空間のスペクタクルを提示することによって、レジャー産業や観光業を発展させる。

このようにして、空間における物の生産を軸とした産業資本主義は、空間を生産し空間を投資の対象とする新資本主義へと移行する。新資本主義では、物の生産方法よりもむしろ建造物や景観を一定の空間に集積し編成する方法が投資の重要な課題となり、生産の建造環境（工場・設備・道路・港湾・倉庫など）や消費の建造環境（家屋・学校・病院・文化施設・スポーツ施設・レジャーセンターなど）に関する投資の循環が産業の中核となる。このような産業資本主義から新資本主義への移行を可能にしたものこそ、《空間の表象》と《表象の空間》を産業的実践と節合させるプロセスだったのである。

このようにして、《空間的実践》は《空間の表象》と《表象の空間》という二つの次元においてひとびとに感じとられ、合理化され、正当化される。

だがこの二つの次元はたがいに矛盾し対抗する。医学や解剖学によって表象される心臓と、身体において直接に生きられる心臓とが異なるように、空間の科学者が表象する空間と、芸術家や居住者が感じとる空間とは異なっている。

資本主義の空間的実践は、この二つの対抗し矛盾する空間の次元を不可避的に生み出す。資本主義の生産諸関係を空間的に編成する《空間的実践》は、一方で空間の科学者や空間の戦略家による認識・戦略・計画を介して空間を意識的に操作し、支配する傾向を生む。資本主義の《空間的実践》は、社会空間を断片化し商品化するが、このように裁断された空間を統合しようとする知的・政治的な戦略が要請されるようになるのである。

だが他方で、空間的実践がもたらす空間の断片化と商品化は、ひとびとの日常的・直接的な経験によって受けとめられ、また芸術家の作品によって表現される。日常生活の生きられる経験は、断片化され商品化された空間をスペクタクルとして、つまり映像化された商品として享受すると同時に、その矛盾を内省し、その苦悩を表現しようとする。シュルレアリスムは反復され機械化された日常生活の不快感を表現し、ピカソやブラックのキュビズムは抽象化され断片化された空間を前にした近代人の苦悩を表現する。

それゆえ、とりわけ《表象の空間》は、資本主義の空間的実践や《空間の表象》における戦略に対抗しつつ、近代の抽象空間に対する対抗空間の構想を提起する可能性をもはらんでいる。社会空間の矛盾は、その意味でこの三つの空間次元の対抗関係のうちに表現され、社会空間の弁証法的運動はこの対抗関係を通して展開するのである。《空間の表象》と《表象の空間》という二つの次元は、すでにルフェーヴルの日常生活批判の構想にうちにはらまれていたものである。それは日常生活と哲学および芸術との分離に対するルフェーヴルの批判意識に根ざしている。哲学は非哲学的な現実世界を嫌って、純粋に抽象的な思弁の世界に逃避する。だがルフェーヴルによれば、哲学が対象としなければならないのは、ほかならぬ日常生活なのである。日常生活こそ、哲学者を驚かす不可思議なもの、驚嘆すべきものがはらまれている。日常生活は陳腐な関係を永遠にくりかえしているかのようにみえるが、この反復の中に想像的なものが、新しい差異がはぐくまれる。哲学が日常生活を遠ざけて放置したのに対して、科学（経済学、心理学、社会学、歴史学など）は日常生活を考察の対象とする。だが科学は日常生活を裁断し、その断片を考察するだけである。いずれにせよ、哲学にしても、科学にしても、日常生活の経験にはらまれる全体性を否定し、生きられる経験を裁断し断片化し、あるいは抽象化してしまったのである。

これに対してルフェーヴルが日常生活批判で試みたのは、哲学・科学・芸術を媒介にして日常生活の想像力を解き放ち、日常生活の自己認識と自己解放を推進することであった。それは日常生活をわがものとして領有する権利をうちたてることであった。この日常生活批判の認識視角が、『空間の生産』において、《空間の表象》と《表象の空間》との対立図式として再現することになる。

表象の空間はイデオロギーに近い次元だということができるが、注意しなければならないのは、イデオロギーという用語には仮象性・虚偽性というニュアンスが強いという点である。先に見た人間疎外論の図式では、表象やイデオロギーがまさしく仮象性・虚偽性としてとらえられ、合理的認識によって払拭されるべき次元とされた。だが『空間の生産』においては、《表象の空間》という次元が想像的なものであると同時に現実的なものであり、社会と空間を生産する本質的な契機とみなされている。象徴や象徴主義や想像力や映像は、社会空間を生産する核心的な次元である。それはまさしく生きられる経験の次元であり、社会空間が存立する根源に位置するものであって、真実の空間がゆがめられた幻想や仮象の領域ではない。それはほかならぬ空間の真理が根ざす領域なのである。それは社会の想像力がはぐくまれる場であり、ひとびとを全体的な人格として形成する土俵である。この《表象の空間》の次元に踏みこむことによって、ルフェーヴルは精神分析や民族誌学の学問分野に介入し、さらには「カルチュラル・スタディーズを先取りすることになった」(Shields R.［1999］p.166.)のである。

空間と身体――リズム分析

社会空間を生きられる経験の全体性においてとらえるということは、空間を身体との結びつきにおいてとらえるということを意味する。

空間と身体との結びつきに関しても、ルフェーヴルがすでに先行の著作で提起していた論点であった。たとえば『形式論理学と弁証法論理学』では、「はじめにトポス［場所、世界］ありき」ことが指摘された上で、ロゴスや言葉を意味するトポスが生命体の身体的行動と不可分なものであることが強調された。動物が足跡を残した印(小石、折れた枝、足跡など)は最初のトポスである。

「空間すなわち場所の総体は、まず印づけられる、すなわち標尺を付され方向づけられる」(Lefebvre　H.

[1947] 邦訳六一頁)。始源にあるトポスとは、なによりもまず行動の空間である。したがって空間は、思考されるよりもずっと早いうちに、つまり知性によって分析されるよりもずっと早いうちに、生命体の生きられる経験によって生産されていたのである。

空間と身体はたがいに別物として外的に結びつくわけではない。空間は身体を入れる容器ではないし、身体は空間に先立って自存する中身ではない。身体は空間において自己を展開し、空間は身体によって占拠されることで空間として生成する。左右対称、反射、回転といった身体の位置や方向づけによって空間が空間として生成するのである。その意味で、身体と空間は不可分一体の関係にある。「身体とそのエネルギーの展開が空間を生産するのであり、身体は身体の動きとともに、空間の法則にしたがって、みずからを生産するのである」(Lefebvre H. [1974] 邦訳一四九頁)

身体は空間においてしか存在しえない。つまり身体は「空間的身体」(Lefebvre H. [1974] 邦訳一六七頁) なのである。空間に存在する事物は、いずれもそのような空間的身体の実践の成果である。貝殻も、蜘蛛の巣も、村落も、大聖堂も、自然を領有し空間を占拠する生命体の能動的な実践の産物である。こうして空間と身体は生きられる経験によって一体化されたものとしてとらえられる。

「空間的身体にとって社会的になるということは、あらかじめ存在する『世界』に組み入れられるということではない。空間的身体は生産し、再生産する。この身体はみずからが生産し再生産するものを感じとる。この身体は自己の空間的属性とその規定要因をみずからのうちに宿している。」(Lefebvre H. [1974] 邦訳二九四-五頁)

このような空間と身体との一体性は、ハイデガーや現象学の哲学者によって強調されてきた。たとえばイー・フー・トゥアン『空間の経験』は、人間の身体組織と大地の地形とのアナロジーを次のように語る。

「[西アフリカの] ドゴン族は、岩を骨、土を骨の内壁、赤土を血液、川の白い小石を踵とみる。北米インディアンのなかには、大地を骨と肉と髪からなる知覚力をもつ存在と考えている種族がいる。中国には大地を一つの大きな生き物とみなす民間伝承」がある。「またヨーロッパ中世では、人間の身体を小宇宙と見る考え方が広く行われていた。……地球は人間の身体をそのまま大きくしたものであるという考え方」（Tuan Yi-Fu［1977］邦訳一六二―三頁）がそれである。

またO・F・ボルノーはハイデガーの《存在とは住まうこと》というとらえ方に触れて、つぎのように語る。「ハイデガーは空間のなかにあるということは、われわれがある物体、それが入れ物のなかにあるという場合とはいささか違ったことを意味していることに大いに注意を喚起したのであった。……人間は諸物の中にある物ではなく、自分のまわりの世界とかかわりをもつ主体」（Bollnow O. F.［1963］邦訳二五七頁）である。

これに対して、ルフェーヴルはこれらの哲学者のように空間と身体の不可分性を指摘するだけにとどまらない。近代の抽象空間が三重の位相に引き裂かれ、対抗的な矛盾を内包しているように、身体もまた自己矛盾的な葛藤の中で引き裂かれている。ルフェーヴルはこのことを洞察する。

ルフェーヴルは、空間認識の三つの方法概念が身体の三つの次元を認識する方法概念でもあることを指摘する。《空間的実践》は身体の《知覚される領域》に、《空間の表象》は身体の《思考される領域》に、《表象の空間》は身体の《生きられる経験》に、それぞれ照応している。そして身体のこの三つの領域はたんに並存するだけでなく、たがいに矛盾しあい対抗関係にある。近代の抽象空間において、身体は、知覚される領域、思考される領域、生きられる領域に引き裂かれ、しかも生きられる経験のレベルで断片化され、思考される領域で総合され全体化されるという矛盾を生きている。近代人の身体は、思惟と存在に分裂し、《思考する主体としての自我》と《思考の客体としての肉体》に引き裂かれる。身体は言語や記号によって断片化され、記号化された身体となる。身体は映像・スペクタクル・言説・書かれた記号へと翻訳される。近代の抽象空間において、生きられる身体は細分化され、さげすまれ、機械的な動作に分解される。人間の労働を細分化するテイラー主義の科学的管理法も、人間の肉体を蔑視するキリスト教も、身体を記号に還元する言語学も、生きられる身体のそのような圧殺に手を貸す共犯者なのである。

近代の抽象空間においては、身体の五感の中で視覚が優位に立ち、男根が支配し、ロゴスが支配する。このような空間では生きられる経験の領域が圧殺され、知覚される領域が視覚に一元化され、思考される空間が支配的になる。

空間が均質化され抽象化されるとともに、生きられる身体は位置設定や左右の機能分化の能力をしだいに失っていく。均質化された近代の建築空間と都市空間においては、位置設定も、左右の機能分化も不確かなものとなる。空間に指標や飾りを付けることによって、かろうじて方向感覚と秩序感覚の喪失が補われる。道路標識やナビゲータを頼りに高速道路を車でひた走る現代人は、まさしく自己の生きられた身体を抽象化されているのである。

ルフェーヴルが身体と空間を生きられる経験の次元で了解することは、マルクスの労働概念に反省を迫ることになる。マルクスは人間の労働を、目的の定立（合目的性）と自然との物質代謝によって定義した。人間労働は、一方で、労働の過程に先立ってあらかじめその結果を表象するという目的定立の性格を有し、他方で、自然に働きかけ自然を加工して人間にとって有用な物を作り出すという物質代謝の性格を有している。マルクスのこのような人間労働の定義は、ルフェーヴルに従えば、人間の身体を《思考される領域》と《知覚される領域》に還元し、もっぱらこの二つの領域において理解することを意味する。そこに欠落しているのは、身体の生きられる経験の次元である。また人間の労働を空間的身体の所作として、空間と身体との一体性においてとらえる視点がそこには欠落している。

だがルフェーヴルはマルクスの労働概念に対する批判的な視点を保持しつつも、マルクスの実践概念を高く評価して、そこに生きられる経験の次元を読みとろうとする。一九六六年に刊行された『マルクスの社会学』では、マルクスの実践概念が感覚的なものを復権し、人間存在における欲求の重要性に焦点を当てたものであることが強調されており、生きられる経験の視角からマルクスの実践概念が評価されている。

こうしてルフェーヴルは、身体と空間の結びつきを考察する新しい認識の領域を開拓することになる。《リズム分析》がそれである。身体が空間的身体であり、空間が身体の所作と不可分なものであるとすれば、身体のリズムこそ空間を生産する本質的な運動様式となる。身体のリズムは身体の欲求（呼吸、空腹、睡眠、恋愛感情など）と結びつき、欲求が発現する様式でもある。身体のリズムとは身体による時間と空間の領有の形式であり、したがってリズム分析とは《空間の領有の教育学》、つまり空間的実践の教育学にほかならない。

このリズム分析の方法視角は、すでに『形式論理学と弁証法論理学』において提示されていたものであった。その第二版序文（一九六九年）において、ルフェーヴルは論理学の考察の中に音楽をふくめるべきであると提言している。楽音の形式は、連続と非連続、質と量、理論と実践という二側面をもった全体を構成する能力を有している。メロディやリズムによる楽音の形式はシステムを形成する。その意味で、哲学は音楽の精神のうちに生まれたものと言える。音楽の精神を宿した哲学こそ、リズム分析の神髄である。

身体のリズムは循環性と直線性を包みこみ、《生きられる経験》と《思考されるもの》を統合する。また身体のリズムは身ぶりの反復を通して差異を生産する。だからリズムは身体による時間と空間の領有の様式にほかならない。このリズム分析はやがて精神分析にとって代わるであろう。ルフェーヴルはこう予告する。ルフェーヴルは『空間の生産』の執筆後、死の直前に『リズム分析の要素―リズム認識序説』を著して、この論点を掘り下げた。

空間の歴史認識――資本の本源的蓄積と空間

(1) 抽象空間の誕生

近代の抽象空間を空間の物象化の視点から批判的にとらえかえす認識は、不可避的に空間の歴史認識を呼び起こす。つまり、これまで述べてきた近代の抽象空間を認識する方法概念は、同時に先近代の歴史的空間を解き明かす方法概念としても役立つのである。

先近代の空間においては、《空間の表象》と《表象の空間》が神話や芸術を通して均衡をとりつつ社会生活を組織していた。そこでは河川・洞窟・山頂などの自然の場所が神聖視され、儀礼と儀式の場として組織された絶対空間が支配した。絶対空間は、魔術的・宗教的な実体に満たされた空間で、聖と呪いの場、男と女の原理といった象徴的な要因が支配する空間である。そこには死者の魂が住まい、土地や地下の暗闇と結びつく。そしてこれらの《表象の空間》が、官僚・国家・商品市場などの合理的な空間にはねかえり、共鳴する。そこでは、彫刻や絵画や建築などの芸術が、現実的なものや《空間の表象》を《表象の空間》へとはねかえらせる媒介を果たす。だから絶対空間は場所や記号のたんなる寄せ集めではなく、「心的なものと社会的なものとの一体化した空間」(Lefebvre H.〔1974〕邦訳三五四頁)であり、神殿、公共建築物、記念建造物、慰霊碑、記念の場所などの聖と呪いの場が全体として意味ある形式を受け取る空間である。

しかしやがて絶対空間における地下の世界はしだいに厄払いされ、絶対空間がうち砕かれていく。だが古代ギリシャでは、地下の世界がいまだ厄払いされることなく存在していた。たとえばアポロンの神殿の聖石であるオムロバスは世界の中心を意味し、かまどの焼き釜は暗闇の深い裂け目を意味していた。オムロバスや焼き釜には、女性の社会的地位と象徴的な意味が表現されていたのである。また地下の世界は、テイタンという巨大族の神、死の国、闇の川(レテ)などの形で存続していた。

だが古代ローマになると、法・権利・所有といった父性の原理が支配するようになり、土地・財・子供・奴隷・女性に対する父の支配が打ち立てられる。抽象が思惟の法則となり、合理的な空間の表象が支配的となる。すきで円を描くという儀礼によって、都市を創設するという象徴的な意味が空間に付与される。そしてこの円の形式が、空間と法の合理性を生み出す。

さらに中世期になると、政治的・宗教的な空間から解き放たれた世俗の空間が出現し、市場取引を育む場となる。古代ギリシャの教会は地下に納骨堂をもち、光を当てられることのない闇の中に絵画を蔵していたが、中世の巨大な大聖堂は、納骨堂と地下空間から解放され、福音に満ちた光り輝くユートピアとなる。

ルフェーヴルは、アーウィン・パノフスキー『ゴシック建築とスコラ哲学』を援用しつつ、一二世紀の大聖堂が哲学と建築の比喩的な関係を語り出していると述べる。パノフスキーはゴシック建築の教会の空間配置と、『神学大全』という作品の空間配置との照応関係を強調する。ルフェーヴルは、とりわけパノフスキーが中世空間のうちにしだいに視覚化の論理が支配的になっていくことを洞察したことに注目している。中世建築は地下の隠された部分を明るみに出すようになる。光に向かって開かれた世界がロゴスと手を結び、地下の世界を地表に引きずり出す。地下の暗闇に収められていた絵画に代わって、彫刻が芸術の支配的な形式となり、ファサードを飾る彫刻が豊富になる。その結果、宗教建築から重層感が消えて、建築の表面が重々しさから解放され、内面から切り離されて視覚に訴えるために自由に装飾されるようになる。この視覚化の論理が建築にとどまらず、都市・詩歌・音楽から政治的行動や社会生活全般にまで及ぶようになる。こうして一二世紀以降の空間の生産は、視覚的なものに向かって作用するようになる。

この視覚化の論理は、教会や国王や都市の権力を表現する論理にほかならない。この論理は、抽象、幾何学、論理学と手を結び、権力と結託する。さらに威信に満ちた男の権威と手を結ぶ。このようにして、五感のうち視覚に圧倒的な優位をおき、ユークリッド幾何学の均質性に支配され、男根を原理とする空間がしだいに定着するようになる。生きられる身体の過剰なエネルギーは、このような「空間の表象」（視覚化および幾何学の論理）と「表象の空間」（ファロセントリズム）に吸い寄せられる。

中世の空間に芽生えていたこの抽象空間が、近代世界では全面開花する。この空間は一二世紀から一六世紀にかけて、西ヨーロッパでしだいに支配的な空間にのしあがっていく。そしてルフェーヴルはこの空間のうちに、近代資本主義の生誕の秘密を探り出そうとする。

(2) 本源的蓄積と抽象空間

ルフェーヴルはつぎのように問う。なぜ近代資本主義の歴史的起源は中世期のヨーロッパであったのか。商品経済、科学技術、都市の発展という要因を個々にとり上げるならば、それらの要因はヨーロッパ以外の地域でも、またヨーロッパの中世期以前にも、存在したはずである。経済史の研究はこの問いに十分な解答を差し出していない、と。ルフェーヴルはこの問いに対してつぎのように答える。一二世紀の西ヨーロッパに出現した世俗の空間が、蓄積のゆりかごとなり、商業都市と市場取引を推進した。この世俗の空間において、呪術、狂気、魔力は厄払いされ、中世における《世界の像》や《地下の世界》はヘテロトピックな場所へと移動させられる。《地下の世界》はのちに近代になって哲学者(ニーチェなどの否定の哲学者)や芸術家によって再発見されることになる。中世都市における市場の広場や中央市場はこのような世俗の空間の舞台であり、都市の鐘塔や公共建築はこの空間のシンボルである。市場が物の象徴性をはぎとり、物を世俗化し解放する。古代世界において「貨殖術」としてさげすまれ遠ざけられていた商業が、中世都市では公認される。古代ギリシャのアゴラや古代ローマのフォーラムに代わって、商業取引をおこなう市場が公共広場となる。世俗の空間は、記号と身体に満ちあふれ、知識の蓄積の容器となり、富の蓄積の場所となる。都市は教皇や国王から自治権、解放特許状、自治体制度を奪い取り、自立する。商業を目的として、平等と抽象を原理とする商業空間がこうして誕生する。

だが一二-一四世紀末までの都市空間は、いまだ抽象空間とはいえない。そこには聖と呪いの場がいまだ残存して、ひとびとはそこに縛りつけられていたからである。ところが一六世紀になると、都市が農村を圧倒するようになり、計算と取引の合理性が支配し、商人のロゴスがうちたてられるようになる。この時期の商業都市はイタリア、フランドル、イギリスにまたがる都市ネットワークを形成し、都市が統一的な実体としてたちあらわれるようになる。

有機的統一体としての都市は、自然・社会・国家の共通のイメージをかたちづくる。そしてこの共通のイメージを支える空間表象となったものが、ファサードと遠近法であった。建築のファサードは空間の構造化された内部配置とそこに包み隠されている機能を制御して全体をつくりだす様式であり、遠近法は建築物の構成要素間の秩序や家屋や建築を組織する様式であった。そしてこの様式が絵画と建築の間の芸術形式のアナロジーを設定することになる。

このようにして抽象空間の統一的コードが姿をあらわす。そしてこの統一的コードに支えられて、商品と商人の時間および空間が支配的な社会空間となっていく。この空間が資本蓄積をはぐくむ空間になっていく。

ではこのような蓄積空間が社会の支配的な領域にのしあがることができたのはなぜか。ルフェーヴルによれば、資本蓄積の空間が絶対空間や歴史的空間を圧倒して支配的な領域にのしあがる重要な契機になったのは、戦争と暴力の作用である。とりわけ国家主権の戦争と暴力がこの空間に作用する。「資本主義の蓄積空間は、戦争を通して生命を手に入れ、豊かになっていった。」（Lefebvre H.［1974］邦訳三九九頁）一〇〇年戦争、イタリア戦争、宗教戦争、オランダと神聖ローマ帝国に対するルイ一四世の戦争、フランス革命と植民地支配といった一連の戦争が、蓄積空間を支配的な領域に押し上げたのである。

近代国家は空間に対する暴力の行使によってみずからの主権を確立する。だから「主権とは空間のことである。」（Lefebvre H.［1974］邦訳四〇五頁）主権とは、暴力が行使される空間であり、暴力が築き上げる空間のことである。国家が空間に行使する暴力を通して蓄積の空間が築き上げられ、その空間の下で資本蓄積が推進される。

このようにして抽象空間は完成する。抽象空間を生産する過程で作用した国家主権の戦争と暴力こそ、資本の本源的蓄積過程を推進する原動力であった。そして抽象空間がひとたび確立されると、今度はこの空間が抽象の作用を通して戦争と暴力を全面的に発動する。近代の市民革命は抽象空間のこの暴力を全面的に解き放つ。帝国主義戦争に集約される二〇世紀の戦争と紛争は、まさしく抽象空間が発動する暴力の作用にほかならない。

抽象空間にはらまれる戦争と暴力は、資本の蓄積過程の深層を浮き彫りにする。つまり、抽象空間は、生きられる空間を全面的に抑圧し、生きられる経験のエネルギーを資本の生産力に向けて全面的に動員する回路となったのである。資本と国家は、空間への暴力の行使を通して自然と女性の生命活動を抑圧し、労働者の集合労働力の成果を私的・公的に領有する。絶対空間と歴史的空間においてつちかわれてきた象徴的な力を収奪する。この回路はまた、近代の科学技術の言説を媒介にして、豊かな象徴能力と生命活動を収奪し、それらを資本の価値増殖活動へと流しこむ回路でもあった。

資本の本源的蓄積過程において抽象空間が築き上げたこの収奪の回路が、近代資本主義の確立期以後も拡大された規模で再生産される。遠近法と幾何学にもとづく抽象空間のコードは二〇世紀初頭に崩壊するが、この近代空間の安定した枠組みの崩壊によって、空間の断片化と圧縮が極限的に推し進められていく。その結果、ひとびとの意識・身体・欲望・感覚の諸領域における資本の侵食が深化する。たとえば二〇世紀資本主義がうちたてた都市型生活様式は、メディア・テクノロジーを産業化し、写真・映画などの視覚メディア、電話・ラジオ・蓄音機などの聴覚メディア、新聞・雑誌などの活字メディアを発展させていくが、このようなコミュニーションの産業化とメディア空間の組織化を通して、欲望と身体と感覚が資本の生産力へと回収されていく。生きられる経験の収奪という資本の本源的蓄積の過程が不断に現在的に進行し深化していく。

そして今日では、その最終的局面が、生命工学・遺伝子工学による生命の操作と商品化として進展している。遺伝子治療しかり、クローン動物実験しかり、臓器移植しかり、体外受精しかりである。資本主義とは私的所有の全面開花のシステムであり、所有（property）とは所有者の固有性（proper）を根拠づけるものであるにもかかわらず、私的所有が発展すればするほど人の固有性が失われていくという逆説的な事態が進展する。ジャック・アタリは人類の歴史を所有の歴史として総括する書『所有の歴史』において、私的所有の進展の過程は逆説的なことに所有剝奪の深化の過程であることを暴き出し、その極限的な道が生命科学による人間の身体の所有剝奪として進展していることを指摘する。それは人類がみずからをむさぼり食うカニバリズムの道であり、近代の科学技術は人間の生命と身体という人類最後の「新大陸」に向けて所有剝奪の侵略行為を推進している、と。

抽象空間はこの所有剝奪を培養し推進する回路であり、あらゆる生命の過剰なエネルギーを吸引し、自己破壊の儀礼的行為を極限まで徹底するるつぼなのである。

弁証法の空間化

弁証法は、多くの場合時間と結びつけられて論じられてきた。弁証法とは元来歴史的な時間の運動を意味しており、世界の生成・発展・消滅という運動の論理であった。時間が弁証法の運動過程においてとらえられるのに対して、空間は受動的で固定した枠組みにおいてとらえられることが多かった。空間はおよそ非弁証法的な領域だったのである。だがルフェーヴルが『空間の生産』で試みたのは、弁証法を空間と結びつけ、空間を弁証法化し、弁証法の空間的な展開を図ることであった。この空間の弁証法化を可能にしたのは、すでに述べた空間を構成する三つの実践のレベルの設定にあった。社会諸関係を空間的に編成する《空間的実践》は、《空間の表象》と《表象の空間》というたがいに矛盾し対抗する次元を契機として展開する。

この社会空間を構成する三次元の矛盾と対抗を通して展開される近代の抽象空間は、均質化と断片化という矛盾を内包している。抽象空間はあらゆる要素を均質化して統合すると同時に、あらゆるものを細分化し断片化する。抽象空間は地球的な規模で空間を思考し総合的に処理する能力と、空間を裁断し分割する能力を兼ね備えている。空間を細切れにして販売し処理する傾向と、裁断された空間を瞬時に寄せ集め、地球的な規模で統合する能力を合わせもつ。そのために、抽象空間は世界を均質化する傾向と、世界を多元化し多様化し、諸要因を増幅させる。「均質化の空間はいささかも均質ではない。均質化の空間は多次元的で多元的なやりかたで、分散させられた諸断片と諸要因を力づくでふくみこみ統一する。」（Lefebvre H.［1974］邦訳四四六頁）

マルクスは資本の運動のうちにこのあい矛盾した傾向を読みとった。資本の運動は、生産・分配・流通・消費という経済の諸過程をたがいに分離し自立化して多様化する。そしてこの分離した諸過程を資本の価値増殖の運動を通して過程的に統一する。それゆえ資本の文明化作用は、地球的な規模で多様な商品生産を生み出すと同時に、それを世界市場において統合する。《収入とその諸源泉に関する三位一体の範式》は、利潤・利子・賃金・地代といった収入カテゴリーがそれぞれ独立した源泉をもつという日常的な表象と、この表象を媒介にして資本の統合の運動が遂行される過程を語り出す。ルフェーヴルは『空間の政治』において、この三位一体範式にはらまれた分散と統合の運動を空間論として展開することによって、マルクスが資本の運動のうちに読みとった矛盾を空間の矛盾として展開するのである。

この均質化と断片化との矛盾の運動が生み出すもの、それが中枢性の弁証法である。中枢性の弁証法とは、空間の中に共存するすべてのものが集結し出会うことである。中枢性の弁証法的運動は、あらゆるものを細分化して周辺領域へと追いやる。空間は粉砕され、区画販売される。そのうえで空間はある一点で集結させられる。情報メディアはこのような中枢性の運動を媒介するテクノロジーである。

この運動は中枢化と周辺化の相互作用を、集権化と分権化の相互作用を生み出す。工業化が都市領域を生み出すというルフェーヴルの命題がそこから引き出される。産業都市のただなかに、ひとびとの時間と空間の実践的な領有の場が、つまり《都市社会》が醸成されるという命題がそれである。

この空間の弁証法は、近代の抽象空間がはらむ過渡期としての性格を暴き出す。それは非労働の社会から労働社会を経て非労働の社会へといたる過渡期であり、空間における物の生産から空間の生産への過渡期であり、使用価値を原理とする社会から交換価値を原理とする社会を経てふたたび使用価値を原理とする社会にいたる過渡期であり、領有の空間から支配の空間を経てふたたび領有の空間へといたる過渡期である。

したがって、空間の弁証法は時間の弁証法をふくみこんでいる。それは時間の契機をみずからのうちにふくみこんだ歴史的空間の弁証法なのである。空間の弁証法においてこそ、空間の中で失われた時間が再発見され、空間のうちに歴史意識が浮上してくる。空間の弁証法においてこそ、空間が時間のあらゆる重みを帯びたものであることが明るみに出される。空間とは、世界における時間の刻印にほかならない。つまり空間とは、時間の連続性や諸種のリズムを、たとえば都市や都市住民の生活のリズムを外界に刻印したものなのである。こうして空間と時間との統一的な把握が可能となる。

三　生きられる経験の収奪と空間の政治

経済学の資本概念が忘却したもの——生きられる身体のリズム分析

ルフェーヴルが空間を認識の対象に据えたのは、近代世界の根源的な矛盾をえぐりだすためである。近代世界を築き上げた資本蓄積のダイナミズムは、いかなる根源的矛盾をはらんでいるのか。生涯を通じて旺盛な執筆活動をくりひろげたルフェーヴルが最後に著した遺作『リズム分析の諸要因—リズムの認識序説』は、その矛盾の所在を語りだしている。この書は、空間論の最終課題が日常生活における身体のリズムの復権にあること、つまり時間の解放にあることを物語っている。

リズム分析とは、日常性の中に身体的リズムの複合的な相互作用を探り出すことによって日常生活の変容を説き明かす理論装置にほかならない。それは資本の物神崇拝が極限的に深化する近代世界において、その批判の原点を明示すると同時に、日常生活の内奥に物神崇拝を脱構築するエネルギー源を探り当てようとするこころみでもあった。

『リズム分析の諸要因』の中に「資本と生活」という項目がある。そこでルフェーヴルはつぎのように述べている。「資本主義は諸階級を、主人と奴隷を、富める者と貧しい者をつくったと言われている。それはまちがっていないが、それだけでは資本のおぞましい威力を十分に推し量ることはできない。資本主義は、生活とその土台である身体や生きる時間の軽視の上にうちたてられている。驚くべきことに、社会・文化・文明はそのような軽視にもとづいて樹立されうるのである。」(Lefebvre H.［1992］p.72.)
資本主義を富と貧困の累積として、つまり階級関係の拡大再生産としてとらえ、そこに資本による労働の搾取を読みとるだけでは、資本の生産力の根源的な源泉をとらえたことにはならない。資本の生産力の源泉は、ひとびとの日常生活における生きられる経験（身体・時間）にあり、この経験を資本の生産力として組織し資本蓄積過程に動員するところにある。この簡潔な一文のうちに、ルフェーヴルの資本主義と近代世界を読み解く核心が語り出されている。

ルフェーヴルは、近代の文化や文明が生きられる経験の軽視に立脚しているという逆説的な事態を指摘している。つまり、生きられる経験が衰弱しないがしろにされればされるほど、それを埋め合わせるために文化や文明が華やかな装いでたちあらわれてくる。資本主義において華やかに語られている文明や文化とは、商品化されたスペクタクルであり、消費の対象である。文明や文化は、ひとびとの日常生活や身体から引き離され、市場経済のコードにからめとられ、資本の価値増殖の源泉とされている。このことを、ルフェーヴルは資本による生活の軽視が「装飾によって埋め合わされる」と語る。つまり「衣装の洗練化、スポーツの普及、スポーツのイデオロギーなどがそれである」(Lefebvre H.［1992］p.72.)、と。衣服のファッションやデザインが企画開発され、スポーツがショー化され、産業化される。博覧会のような壮大なスペクタクルが組織される。身体が記号化されて貧相なサイバネティック装置に還元されるとともに、その身体を飾り立てる装飾が商品化され増殖していく。それゆえ、資本による生活の軽視を装飾によって埋め合わせる行為は、資本にとって需要を創出する回路であり、資本の価値増殖活動の源泉なのである。

だから資本は、生産過程で労働者の集合労働力を無償で領有するだけでなく、社会生活のすべての領域において生活者の生きられる経験を投資の対象とし、それをわがものとして領有する。ルフェーヴルは、この生きられる経験の収奪こそが資本の生産力のもっとも強力な源泉だと主張するのである。

このルフェーヴルの視点は、二〇世紀前半の思想界を風靡したシュルレアリスムの思想が共有していたものである。たとえばアントナン・アルトーは『演劇とその分身』の冒頭をつぎのような文章で始めている。

「まさに生活そのものが消え去ろうとしているこのときほど、文明と文化が語られたことはなかった。生活がこうして全面的に崩壊し、今日のようなモラルの退廃を引き起こしている、そのことと、文化を求める声が高まってきたこととは、奇妙にも対応している。実のところ、これほど生活から遊離した文化もあったためしがなく、そのような文化は生活を牛耳るためにつくられているのである。」(A. Artaud [1938] 邦訳九頁)

要するに、資本は直接生産過程における集合労働力の私的な領有に源泉をもつだけでなく、ひとびとの生活・生命・欲望の集合力の私的な領有という広大な源泉を有している。資本主義は、生活・生命・欲望を資本の生産力へと誘導することによって、資本の蓄積過程の継続と深化を図ってきた。それこそ、資本主義の富を不断に創出する根源的な源泉であり、資本主義の存続の条件であった。とりわけ市場のグローバリゼーションへとゆきつく二〇世紀資本主義のダイナミズムは、この根源的な源泉から活力をたえず引き出してきたといえよう。

このような資本の富の広大な源泉はしだいに自覚されるようになり、ひとびとの生活・生命・欲望を資本の生産力として誘導するこの回路の解明を課題とする政治経済学が多方面で提起されるようになる。二〇世紀の資本主義は、市場取引の表舞台にはあらわれない自然の生態系の活動、女性の生殖活動、人間の欲望・身体・コミュニケーションを資本の生産力として組織し動員してきた。市場取引の諸関係や資本・労働の諸関係を越えるこれらの領域を組織し動員する回路を説き明かそうとする言説がしだいにたちあらわれるようになる。(もちろん、この課題を担った研究者は、異端の経済学という位置に押しとどめられてきたのであるが)。

たとえば、マルク・ギヨームは『資本とその分身』で、消費欲望を資本の生産力として動員する回路を、コードとスペクタクルの概念によって説き明かそうとした。近代の資本は、前近代の象徴社会における欲望のシンボリックなコードを解体して、商品と資本の一元的なコードに置き換えた。このコードの確立によって、伝統的な慣習や儀礼や宗教にからめとられていた安定した欲望の回路がつき崩され、想像世界が解き放たれて、映像や音や色彩が資本と国家によるスペクタクルとして操作されるようになる。この操作によって、ひとびとの欲望が組織的に創出され、資本にとっての需要の無限増殖が可能となる。

このギヨームの視点は、やがてレギュラシオン理論によって労働者階級の消費過程を資本の蓄積過程に統合するフォーディズムの蓄積体制の分析へと発展させられる。

さらにジャック・アタリは『言葉と道具』で言葉に対する道具の優位性を現代資本主義の歴史的傾向性として読み取り、この傾向性の根源にひとびとの相互交通的コミュニケーションを記号の要素間の差異やサイバネティックな信号に還元し、ひとびとの思考や行動を道具的な関連へと誘導する情報の特有の回路形成が潜んでいることを洞察する。そのために、ひとびとの日常生活における生きられる経験は市場と国家のスペクタクルとして組織され、条件反射的なサイバネティック情報の水準へと流し込まれていく。

フェミニズムの視点からこの課題に挑んだのが、マリア・ミースである。ミースが批判するように、マルクス経済学は考察の対象を資本による賃金労働の搾取に絞り、女性の生殖活動や家事労働などの不払い労働、あるいは自然の物質代謝活動を軽視してきた。だが生命を生産し再生産する活動は、賃金労働と並んで、資本蓄積にとって不可欠のものである。女性の身体は生命を再生産する能力の源泉であり、したがって労働力を再生産する源泉である。その意味で、女性の身体は資本の最初の生産力である。そして生命を生産し再生産する過程における男と女の社会関係は、資本・賃金労働の社会関係と密接にかかわっている。この両者の社会関係の節合によって、資本の蓄積過程は存続可能となる。だからミースは男による女の支配を制度化した家父長制度が資本主義と不可分な関係にあり、この両者がたがいに補完しあって発展してきたことを強調する。

このように見てくると、新古典派理論に代表される市場の経済学が排除したブラックボックスの領域にこそ、資本の生産力の源泉があることがみえてくる。市場経済と資本蓄積のメカニズムの根底には、生命と生活と欲望を資本の生産力へと誘導する回路が潜んでいる。市場メカニズムとは、このような資本主義の根源的な活力源を吸い上げるポンプのようなものである。経済学による資本分析は、資本の生産力のこの根源的な源泉を忘却してきたのである。

しかしこの吸い上げポンプが強力に作動すればするほど、日常生活の生きられる身体のリズムの違和感と抵抗は強くなる。それこそ、富の分配をめぐる階級闘争よりもさらに根源的な社会闘争の領域にほかならない。ジェンダー、セクシュアリティ、エスニシティなどをめぐる多様な《新しい社会運動》の登場は、上記のような資本主義の生産力のダイナミックな開発能力がもたらした産物にほかならない。その意味で、ギヨーム、アタリ、ミースのような異端の政治経済学は、同時にこのような社会闘争がくりひろげられる根源的な磁場を明示した言説でもあった。

生きられる経験の収奪回路としての抽象空間

近代の社会空間とは、日常生活における生きられる経験を資本の生産力として収奪する回路にほかならない。すでに言及した空間認識の三つの方法概念は、資本の生産力を組織し、生きられる経験の収奪回路を開示する装置であった。

《空間的実践》は、それぞれの時代に固有な社会諸関係を空間に刻みこむ実践であり、社会空間を分泌する実践である。この空間的実践を通して、社会構成にふさわしい特定の場所と様式が、つまり特定の地域圏や特定の建築様式や特定の生産様式が生産される。たとえば高度成長期における郊外の低所得者住宅、高速道路建設、航空輸送網の配備などは、その時代に固有な空間的実践の産物である。それはマルクスの生産諸関係の概念を空間的に展開したものと言うことができる。

《空間の表象》は、空間的実践と密接に結びつきながら展開される空間の言説やコードの領域である。空間計画の科学、地理学、地図作成学などがそれである。この領域は、都市計画家、技術官僚、経済計画立案者が思考の対象とする空間である。哲学や数学などの伝統的な抽象理論から情報理論、サイバネティクス、記号学などの新興の科学にいたるまで、多様な知的言説がとりあつかう空間がここにふくまれる。諸種の規範・記号・知などの言説によって構成された空間的秩序がこれである。そこでは生きられる経験が裁断され、数量化され、抽象化される。

《表象の空間》は、映像や象徴を介して直接に生きられる経験の領域に属している。それは芸術家や作家や哲学者（生きられる経験の領域に思索の垂心をおろした）の活動領域であり、日常生活を生きる地域住民やユーザーの活動領域である。

《表象の空間》は、資本による空間的実践や科学的言説による空間の表象によってたえず侵食され、受動的に経験される領域であるが、しかし同時に想像力によって空間を変革しわがものとして領有しようとする能動性が噴出する領域でもある。それは社会生活の闇の部分を照らし出し、隠された欲望を呼び起こす。

この三つの空間領域の節合を通して、近代社会におけるひとびとの生きられる経験が資本の生産力の回路へと誘導される。またこの三領域の矛盾の中から、この誘導を拒否して生きられる空間を生産しようとする対抗的な運動が生まれてくる。

なによりもまず確認しなければならないことは、《空間の表象》と《表象の空間》を《空間的実践》との節合において理解しなければならない、ということである。空間の科学における空間の理論的分析は、一見すると現実の空間編成の活動と無関係な学問であるかのようにみえるが、ルフェーヴルはこの両者の不可分な結びつきを強調する。かれは『空間の生産』に先立って執筆された小論の中で、《空間の表象》を「空間の問題提起」と呼び、それが《表象の空間》や《空間的実践》と密接な関係にあることを強調している。

「建築、（官庁用語で言う）都市計画、土地の効果的整備、日常生活、要するに社会的実践と都市の現実の総体において確かめられる空間的実践は、問題提起［空間の概念的・理論的な問題提起］と区別されるが、しかしもとより両者を切り離すことが不可能である。」（傍点は引用者のもの。Lefebvre H.［1973a］邦訳二〇七頁）

つまり空間に関する言説や表象と現実の空間的実践との不可分性が、なによりもまず力説される。「かつては精神的だという理由で抽象的な空間のなかに位置づけられていた概念も、いまでは社会的空間のなかに地球的な規模で展開され、対峙しあっている諸戦略との関係によって位置づけられるのである。」(Lefebvre H. [1973b] 邦訳三一頁)

空間的実践と空間の言説や表象とが節合することによって、生きられる経験の収奪回路が築き上げられ、資本の巨大な投資の循環領域が切り開かれる。この節合によって、空間は投資の対象となり、したがって社会諸関係を生産し再生産する場となる。「都市空間を含め、余暇の空間、いわゆる教育の空間、日常性の空間等々、あらゆる空間はこの[社会諸関係の生産と]再生産の場にほかならない。」[Lefebvre H. [1973b] 邦訳四七頁]

都市計画や国土整備計画は、高速道路建設、住宅開発、リゾート開発、観光開発を推進し、民間企業の投資活動を促すが、このような産業と社会生活の基盤整備にとって、都市工学、通信工学、情報工学などの空間の科学は重要な知的回路をなす。またこれらの知的回路を経由して、都市交通網、レジャー・センター、スポーツ・センター、カルチャ・センター、ショッピング・モールなどの集団的消費の空間が組織される。

このような空間の科学の言説を媒介にして、空間が投資活動の対象となり、その結果資本の蓄積過程は労働生産物だけでなく都市空間をも組み入れ、投資の二次的な回路が切り開かれる。

「資本は生産と消費の正常な、あるいは通常の大回路が弱体化したときにそなえて、それに対する補遺とでもいうべき、第二の回路を探している。土地と居住地を交換と市場に組み入れること、これがその目的である。不動産を補整的な部門とみなすことによって、二次的な回路を正規の回路に仕立てあげること、これがその戦略である。」(Lefebvre H. [1973b] 邦訳六九頁)

このルフェーヴルの着想は、のちにデヴィッド・ハーヴェイ『都市の資本論』に引き継がれ、資本蓄積の進展と都市空間の生産との連携がさらに掘り下げられる。資本主義は都市空間を、つまり道路や家屋や工場や学校や商店をみずからの姿に合わせてかたちづくる。こうして投資の多元的な循環回路が生み出される。生産財と消費財を生産する投資の第一循環に加えて、生産の建造環境（家屋、道路、交通網）を生産し、物的な景観を投資の対象とする第二循環が、そしてさらに科学技術への投資や労働力の再生産にかかわる投資（医療、教育、技能形成）を対象とする第三循環が発展する。

そこにさらに第四、第五の投資循環を加えることができる。たとえば映像・記号・情報を操作し商品化する文化産業、娯楽産業、メディア産業の投資循環がそれであり、人間や動植物の生命や身体を投資の対象とする遺伝子工学やバイオテクノロジーを利用した産業の投資循環がそれである。

このような投資の循環回路の多層化（いわゆる産業構造の高度化として表象されるもの）を通して、資本蓄積と経済成長は進展する。この多層化された循環回路こそ、人間の身体や動植物や自然を、さらには意識や欲望や知識を投資の領域に包みこむことによって、生きられる経験を資本の生産力として組織する巨大な装置にほかならない。そしてこの循環回路の形成を可能にしたものこそ、資本と国家の空間的実践を《空間の表象》と《表象の空間》に節合するプロセスだったのである。

このプロセスこそが資本の物神崇拝を極限化する。つまり資本の空間的実践が《空間の表象》と《表象の空間》を制御することによって、土地資本物神と貨幣資本物神の全面的な支配が完成する。戦後日本の高度成長からバブル経済を経て今日にいたる過程で築き上げられた土地神話とマネー投機の動きは、空間を細分化して商品として売買する表象の支配と、空間をスペクタクルとして消費する意識に立脚したのである。土地物神と貨幣物神が生産資本物神と相乗作用をおこしながら、戦後日本の強蓄積を推進し、公害病や精神的ストレスや文化的退廃を引き起こしつつ成長至上主義の進歩を推進した原動力であった。水俣の漁民をはじめとして公害に苦しむひとびとの苦悩に対する想像力を失わせ、ひとびとの欲求と想像力を経済成長に向けて誘導する巨大なヘゲモニー装置が空間の物象化を通して築き上げられたのである。

経済学者の平田清明は、戦後の日本資本主義の蓄積メカニズムを説き明かすうえで、ルフェーヴルが洞察した都市空間と資本主義との関連から学ぶことが決定的に重要であることをつぎのように指摘している。

「H・ルフェーヴルはすでに一九七〇年代に公表した『都市革命』において、都市資本主義の下では不動産投機が産業的生産よりも剰余価値取得のうえで巨大な比重を占め、生産資本循環に並行しながら、それを凌駕する投機的貨幣資本循環が進行する、と指摘し、そのことが『資本主義の一般的メカニズムのなかで正しく位置付けられていない。これは問題だ』と警告していたのである。」（平田清明［1993］二二八頁）

戦後日本の社会空間は、合理的で幾何学的な《空間の表象》を確立することによって国土開発計画や都市計画を推進し、あわせてスペクタクルと視覚優位の《表象の空間》をうちたてる。この空間編成が、生きられる経験を誘導し、そのエネルギーを吸い上げ、資本蓄積の強力な推進力となる。オリンピック、万国博覧会などのスペクタクルと、公共輸送網、地下鉄、高速道路建設などの公共事業との連動は、このような空間の生産の産物にほかならない。そこには空間を生産する政治が介入する。この総過程的媒介の作用が戦後の日本資本主義を築き上げたのである。

しかし《空間的実践》、《空間の表象》、《表象の空間》の三者の節合関係の発展は、同時にそれらの間の対抗関係をも不可避的に増幅させていく。これこそ『空間の生産』における核心的なテーマをなすものにほかならない。ルフェーヴルは精神的な空間（つまり《空間の表象》）と《空間的実践》をひとつの生きられる空間の中で位置づけようとするようになる。

「精神的なものと社会的なものとは、実践のなかに、考えられ、そして生きられている空間のなかに、見いだすことができるものなのである。」（Lefebvre H.［1973b］邦訳三一頁）つまり「社会的な実践と結びついた生きられた空間から出発することが問題なのである。」（Lefebvre H.［1973b］邦訳三七頁）

この生きられる空間の視点に立つとき、《空間の表象》が《表象の空間》との対抗性をしだいに強めていくこと

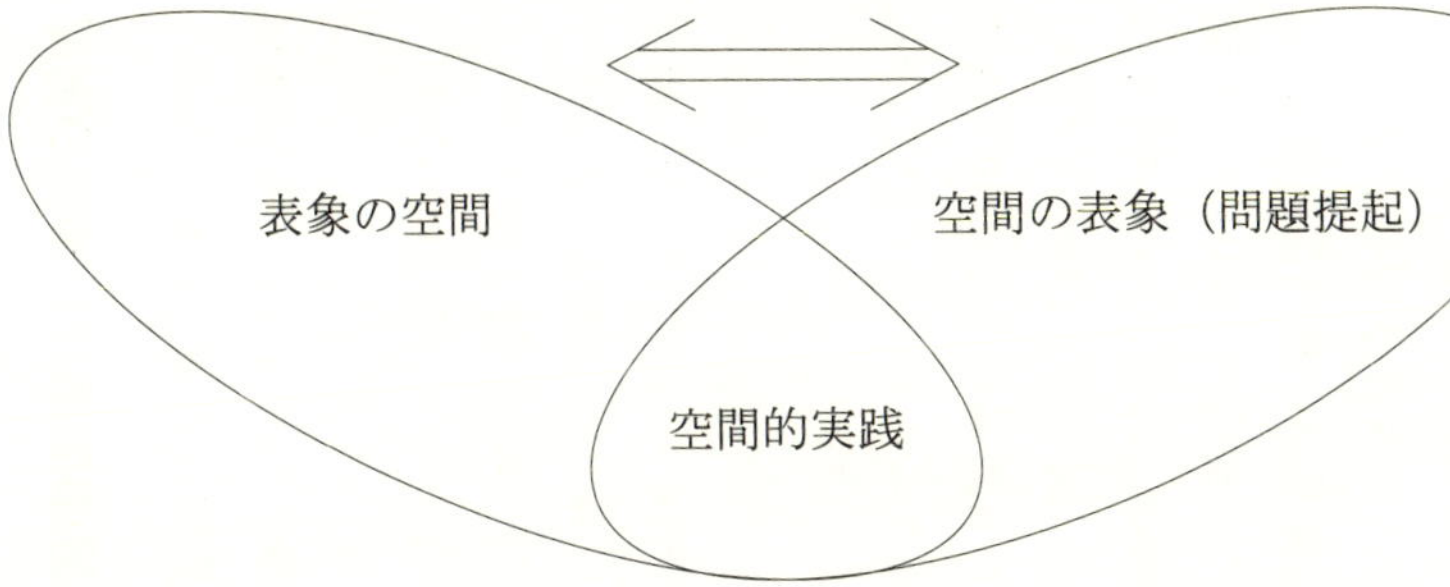

が浮き彫りになる。

この関係を図示すると、上図のようになる。

《空間の表象》と《表象の空間》との対抗関係は、総合化と断片化の矛盾を通して展開する。資本主義の空間は統合されていると同時に、断片化されている。「実際、資本主義社会の空間は合理的であろうと望んではいるのだが、実践面においては商業化され、細分化され、断片で売られるのである。このように、空間は全体的ではあるが断片化されているのだ。」ブルジョアジーは「まずはじめは土地の私的所有によって、ついで全体性によって、つまり認識、戦略、国家自身の行動によって、空間を支配しているのである。この二つのアスペクト、とりわけ（想定された、あるいは概念的な、全体的で戦略的な）抽象空間と、知覚され、生きられ、断片化され、売られている直接的な空間とのあいだには、避けがたい葛藤がある。」（Lefebvre H.［1973b］邦訳五七頁）

資本主義の空間が生産される過程とは、全体として統合されると同時に細分され断片化されている抽象空間の矛盾が運動する過程である。そしてこの矛盾は、《空間の表象》と《表象の空間》との対抗関係をたえず増幅していく。一方で、直接に生きられる経験の領域である《表象の空間》はたえず断片化され、スペクタクルとして組織される。他方で、《空間の表象》は断片化された諸要素を統合する言説を生み出し、生きられる経験のエネルギーを資本の生産力へと回収しようとする。

空間の政治——総過程的媒介としての空間

社会空間は、空間の物象化を通して資本と国家による《空間の表象》と《表象の空間》の制御を推進するという意味において、まさしく政治戦略の対象と化す。ルフェーヴルは、空間のこのような政治的性格を鋭く洞察していた。

「空間が政治的であるがゆえに、空間の政治が存在する。」(Lefebvre H.［1973b］邦訳六八頁)

この場合の政治とは、いわゆる経済や社会と区別された固有の政治領域をさすのではない。それは、経済的土台と政治的上部構造を媒介して両者の関連を制御調整する総過程的媒介としての様式をさす。グラムシがヘゲモニーの概念のうちに読みこんだものも、またレギュラシオン学派が注目するレギュラシオンの概念も、さらには市民社会の概念にしても、そのような総過程的媒介の領域として理解されるべきものである。

ルフェーヴルが空間の政治的性格を読み取ったのも、空間のうちにレギュラシオンやヘゲモニーや市民社会の作用を洞察したからにほかならない。ニコス・プーランツァスは国家としての「政治体（ル・ポリティック［le politique］）」とは区別された意味における総過程的媒介としての合意調達の「政治過程」を「ラ・ポリティック（la politique）」と呼ぶ。それと同様に、ルフェーヴルも、国家が空間に介入して空間を道具として利用しつつ経済を操作する実践を、通常の政治概念と区別するために、「ラ・ポリティック（la politique）」と呼ぶ。そして空間に介入するこの政治が、社会的実践の集約的な場となることを強調する。

「今日では国家と国家機構（官僚主義的・政治的な機構）が空間にたえず介入しており、空間を道具として利用している。そのために（総合的な）社会的実践と政治的実践は、空間的実践の中に合流する傾向にある。」(Lefebvre H.［1974］邦訳五四二頁)

均質化されると同時に細分化されるという矛盾をはらんだ抽象空間を制御するためには、政治権力による空間への介入が不可欠となる。つまり、抽象空間はその本質において政治的性格を有しており、政治戦略によって編成されるという性格を有しているのである。「政治権力は断片化を引き起こして、その断片を統御する。……空間は政治領域による経済領域の統合を可能にするものである。」(Lefebvre H.［1974］邦訳四六三―四頁)

政治権力は空間の断片化と統合化の双方を遂行する。そしてこの空間の矛盾の調整を通して経済領域の統一性を維持しようとする。

ルフェーヴルは、マルクスの資本主義認識が《労働》と《資本》との二項対立ではなく、そこに《土地》を加えた三項対立によって成り立っていることを力説している。そして三項目の《土地》についてつぎのように述べる。

「土地とは何か。それはたんなる農業ではない。それは地下と地下資源である。それはまた国土と結びついた国民国家でもある。それゆえそれはまた、絶対的な意味における政治であり、政治戦略である。」(Lefebvre H.［1974］邦訳四六九頁)

資本と労働の対抗関係は、国民国家に媒介され、土地をふくむ空間の政治戦略によって制御調整されることをルフェーヴルは鋭く見抜いていたのである。資本主義は資本と労働の対抗関係だけで存立しているわけではない。この両者を媒介し制御する政治がなければ、資本主義の存続は不可能なのである。

この空間に作用している政治戦略を見抜いて、それに対抗しつつ空間を領有する実践が、空間の政治の対抗的ヘゲモニーである。

「政治的に支配された空間を領有することは、広大な政治問題を提起する。」(Lefebvre H.［1974］邦訳五五四頁)

したがって抽象空間をのりこえるための社会闘争は、不可避的に政治闘争たるほかない。それは空間に作用する政治を暴き出しながら、空間を領有する政治戦略を提起することを求められている。

空間的身体の復権

空間の矛盾の展開は、抽象空間そのものをのりこえる差異の空間を不可避的に生み出していく。

抽象空間の矛盾は、統一化と断片化との矛盾である。つまりこの空間は幾何学・数学の論理に従って空間を均質化し、心的な統一空間を築き上げる。また情報通信技術を駆使して地球的規模で空間を思考し処理する能力をはぐくむ。だがこの総合化の能力とは、生きられる経験の時間・リズム・象徴・実践を切り捨てた純粋に心的な空間の総合力である。しかし他方で抽象空間は、心的な空間を統合する動きと並んで、空間を切り刻み、断片化して、小売り販売する動きを推し進める。

すでに見たように、この矛盾は思考される空間と生きられる空間との対抗関係を通して展開する。思考される空間では、空間の表象の専門家である都市計画家・建築家・政治官僚などが空間を断片化したうえで、建築空間・都市空間・国土空間を設計し統一的な表象を築き上げる。だがこれらの専門家が表象する空間は、純粋無垢で中立的な空間ではなく、近代空間の基本的な特徴をはらんでいる。建築家は、直線の遠近法の規則にもとづいて思考するがゆえに、その設計空間は視覚的で、映像に還元された空間であり、またそこではファサードが物神化される。

だが他方で、生きられる空間では、ユーザー、市民、あるいは芸術家が表象の空間を築き上げ、空間の表象において失われた身体を復権させ、感覚的で官能的な空間を、つまり性的な空間をとりもどそうとする。

この対抗的な矛盾は、空間の支配と領有の対抗関係として、あるいは交換価値と使用価値との対抗関係として、展開する。抽象空間は死の空間であり、差異を圧殺し、抽象的な均質性を押しつけるが、その抽象空間の内部に、そこに亀裂を入れる新しい差異が出現する。

「差異の形式理論は、それ自身が未知のものや誤認されたものに、つまりリズムやエネルギー循環や身体の生命

に道を開く。」（Lefebvre H.［1974］邦訳五三五頁）

差異は抽象空間の均質性から排除された空間に宿る。たとえば、スラム街、都市の辺境、ゲリラ戦の空間がそれである。抽象空間は差別や排除によって異質な諸要因を抹殺するか、あるいは抽象空間の均質性の中にとりこもうとするが、差異の空間はその動きに対抗して、空間の領有を図る。つまり空間のうちに使用価値を復権し、身体の全体的な感覚能力をはぐくみ官能の世界をうちたてようとする。

この対抗関係こそ、空間の政治における社会闘争の領域にほかならない。この対抗関係を通して、差異の領域である身体がたちあらわれ、全体的身体が生成する。ルフェーヴルはとりわけ余暇の時間において、時間を交換価値ではなく使用価値としてとりもどそうとする欲求や空間の美学的な内省力がはぐくまれることを指摘する。余暇の時間は、身体感覚をとぎすまし、五感による空間の領有方法を学ぶ時間と空間の教育学の時間である、と。

「余暇の時間は、社会的なものと心的なものとの分離を、感覚的なものと知的なものとの分離を……乗り越える傾向にある。」（Lefebvre H.［1974］邦訳五五一頁）余暇の時間はこのような可能性をはらむことによって、自由時間（自由処分可能時間）になる。

このようにして、近代の抽象空間はそれ自身の自己矛盾的展開のうちに、絶対空間や歴史的空間といったその歴史的な起源を語り出すと同時に、その復権の可能性をはらんだ差異の空間をはぐくんでいく。それはなによりもアイデンティティや身体を闘争の領域として空間的身体をめぐる社会闘争を深化させていく。空間と身体の領域は、その意味で近代の社会の発生を説き明かす秘密の花園である。

都市への権利——生きられる空間への権利

空間の政治をめぐる社会闘争は、空間と市民権というテーマを浮かび上がらせる。市民権の根幹にあるものは、社会的欲求と空間形式を結びつける権利である。ルフェーヴルは、一貫して身体の感覚と欲求の視点から都市への権利を論じてきた。

「人間存在は、見たり聞いたり触れたり味わったりする欲求、そしてこれらの知覚をひとつの《世界》へと結合する欲求をもっている。」それは「創造的活動や作品の欲求や、情報、象徴体系、創造的なるもの、遊戯的活動などの欲求」(Lefebvre H.［1968a］邦訳一五三頁)である。

そしてそのような人間存在の欲求を総括的に表現するのが、都市に住まい都市生活を送るという実践的な欲求である。都市への欲求とは、ひとびとが出会いや相互交通を自己組織し、場所の空間を享受する欲求である。この感覚と欲求を保証する権利が《都市への権利》である。

「都市的なるものという概念は、また、人間存在が時間や空間や対象のなかで、自分の諸条件を再獲得すること(réappropriation)を目標としている。」(Lefebvre H.［1968a］邦訳一三三頁)

身体的欲求を空間において実現する権利、つまり空間的身体への権利を市民権として認識すること、それは近代における抽象的な個人の市民権という概念を再審理することになる。というのは、近代の市民権は、空間的身体ではなく、空間から切り離された孤立した個人の私的・排他的な権利に立脚しているからである。

だが空間的身体への権利は、ひとびとの出会いや相互交通を組織して、生活の時間と空間を集団で享受する権利を意味するからである。ルフェーヴルはそのような都市空間の組織化をつぎのような具体例を提示して展望している。

「子供や青年たちの生活に関する新しい組織(託児所、遊技場、運動場など)の創設、社会生活そのものについても、性生活や生活法や芸術についても情報を与えてくれるようなごく簡単な社会教育機関の創設」(Lefebvre H.［1968a］邦訳一八九頁)という権利がそれである。

同様に、社会主義もこのような空間的身体への権利に立脚しなければならない。社会主義とは、もはや生産の計画化された組織としてではなく、社会的欲求の空間的実現の権利として再定義されるべきである。「社会主義はこんにち、諸々の社会的欲求へ、したがって都市社会の諸欲求へと方向づけられた生産としてしか構想されることはできない。」(Lefebvre H.〔1968a〕邦訳一九〇頁)

社会主義の計画化とは、もはや生産性至上主義にもとづく生産の合理的な計画化のことではない。それは「社会的な諸々の欲求、すなわち都市社会の諸々の欲求へと方向づけられた計画化」(Lefebvre H.〔1968a〕邦訳二一一頁)のことなのである。

空間への権利として市民権を再定義するこころみは、生きられる経験を資本の生産力へと動員する近代世界の根源的な批判であり、この近代世界に対する対抗原理の提示にほかならない。

III　ポストモダンへの対抗的社会像

一　ポストモダンの市民社会像

市民社会の復権か、市民社会の衰退か?

　近代社会はグローバル化と情報化の進展とともに急速に変容を遂げつつある。そしてこの近代社会の変容が進む場として市民社会が注目を浴びている。だが現代世界における市民社会の意義について、評価は大きく二つに分かれる。そこには、今日の市民社会をどのように理解するかという現実的な問題と、古典的市民社会をどう把握するかという理論的問題がともに伏在している。

　一方には、現代世界における市民社会の意義を積極的に評価しようとする動きがある。J・ハーバーマスのコミュニケーション論、J・ヒルシュの市民社会論、ヒンデス／ハーストやコーエン／アラートのアソシエイティブ・デモクラシー論がそれである。これらの思想潮流は、二〇世紀システムの発展とそのゆきづまりの中で、市民社会を新しい対抗的な社会の構想として提起しようとする。

　二〇世紀システムは国民国家と市場という二つの主要な担い手によって組織された。とりわけ国民国家は、財政金融政策や福祉政策を介して市場に介入し、商品経済による社会領域への全面的な浸透を先導する役割を果たした。同じく二〇世紀に誕生した社会主義も、やはり党と癒着した国家による集権型指令経済にもとづいて社会を組織した。だが二〇世紀社会主義はすでに崩壊し、国家と市場を主要な担い手としてきた資本主義もまた深刻な危機に陥った。その中で、国家と市場に代わる社会形成の担い手として、市民社会が再評価される。市民社会とは、国家や経済社会とは区別されたひとびとの公共的・共同的な諸関係の総体である。それは組合、結社、政党、地方団体、住民運動、市民運動、NGO、NPOなどのひとびとの連帯と結合の場であり、この市民社会を国家と市場に代わる社会形成の中核に据えたオルタナティブな社会構想が提起される。

だが他方では、現代世界における市民社会の衰退と限界を強調する論者もいる。たとえば、マイケル・ハート[1998]（「市民社会の衰退」）は、現代社会が規律社会から管理社会へと変容するとともに、市民社会の民主的で規律的な制度が衰弱しつつあり、現代社会はポスト市民社会の段階へと入りつつある、と言う。市民社会とは、抽象的労働を組織する社会的な調整機構であり、政党、組合、メディア、教会、各種の社会運動などの媒介組織からなりたっている。かつての近代社会では、これらの媒介組織を通してひとびとの規律化や教育が推進され、支配階級のヘゲモニーが行使された。またそれゆえに、この媒介組織はまた被統治者の対抗的ヘゲモニーが作用する場でもあった。この対抗的ヘゲモニーの運動を通して、国家を市民社会に吸収するというグラムシの戦略が展望された。だが規律に代わって管理という統治の技法が前面に登場するとき、この媒介組織は衰退し、もはやヘゲモニーの機能を果たさなくなる。

この相対立する市民社会の評価は、モダニズムが危機に陥ったポストモダンの歴史的状況における社会形成のありかたを問うものと言えよう。かつて市民社会論は、近代化の延長上に位置づけられ、議論されてきた。わが国では、前近代を克服して近代を実現する場として市民社会論がとりあげられ、さらに近代をのりこえる社会主義の展望においても、市民社会は近代の未完のプロジェクトとしてその意義が評価された。だが今日市民社会の概念はモダニズムの懐疑の中で、つまり近代世界の危機の中で問われている。とりわけ市民社会に否定的な評価を下す後者の主張は、ポストモダンの時代における市民社会の無効性を力説する。

本論では、このような市民社会論の二つの評価を踏まえながら、ポストモダンにおける市民社会概念の意義を考察してみたい。モダニズムのたんなる延長上ではなく、それと質的に断絶したポストモダンの歴史的状況を洞察する方法概念として市民社会ははたして有効であるのかどうか。この問いに答えることが、現代における市民社会論の復権の鍵を握ると言えよう。

ブルジョア社会と市民社会――平田市民社会論の二つのベクトル

だがこの問いに答えることは、古典的な市民社会概念の読み直しを不可避的に迫る。その手がかりとして、マルクスの市民社会概念を内在的に読みこんだ平田清明の市民社会論をとりあげてみたい。

平田清明の学問遍歴には、一九六九年の『市民社会と社会主義』から一九九三年の最後の著作『市民社会とレギュラシオン』にいたるまで、生涯を通じて市民社会の概念が通奏低音のように流れている。とはいえ、マルクスの市民社会にアプローチする平田の研究のベクトルには大きな転換が見られる。

(1) 市民社会の社会経済的内実の探究――ブルジョア社会の解剖学としての政治経済学

平田の市民社会論は、『資本論』研究における見失われた概念としての市民社会の再発見から出発している。そこで平田が力説したのは、市民社会という法的・政治的な概念が社会経済的な内実を有しており、その内実を読みとることが近代社会の構造を解読する鍵である、ということであった。市民社会とは、私的所有を法的な原理とする人と人との交通様式である。この形式的に自由で平等な交通様式が前近代と区別される近代社会の特徴であるが、この交通様式は資本と労働という新しい階級構造を生み出す。だから政治経済学の課題は、市民社会の交通様式が資本と労働の生産関係をどのように生み出し、資本主義の再生産過程をどのように構造化するのかを説き明かすことにある。政治経済学とは、なによりも市民社会を解剖する学として誕生したのである。そこから『資本論』全三巻を所有論として解読するという課題が引き出される。私的所有は、法的次元だけでなく、経済過程の複合的・重層的編成においてとらえられなければならない。つまり、私的所有は、生産活動、交通関係、分配=領有関係という三つの次元を有している。『資本論』の第一巻は生産としての所有論を、第二巻は交通としての所有論を、そして第三巻は領有としての所有論を、それぞれ扱ったものである。

市民社会の法的次元に潜む社会経済的内実を、法的次元を切り捨てることなく、それを媒介にして暴き出すこと、これが平田市民社会論の初期の核心的なテーマであった。この解明によって、近代の市民社会にはらまれた階級的内実を浮き彫りにすると同時に、階級的内実における搾取・不平等・支配をのりこえて、自由と平等の内実化を図る社会主義への展望が引き出される。

(2) 政治過程的媒介としての市民社会

これに対して晩年の『市民社会とレギュラシオン』［1993］でグラムシのヘゲモニー論、プーランツァスの国家論、さらにはレギュラシオン理論による現代資本主義論において展開されている市民社会の概念は視点をかなり異にしている。

それは平田が「ブルジョア社会」と区別された意味において「市民社会」を用いていることと密接に関連している。(1) 平田はすでに八七年の「現代資本主義と市民社会」（『現代市民社会の旋回』）論文で、この両者の区別を強調している。「ブルジョア社会」とは、自己を階級として組織したブルジョアジーが社会を資本家社会として展開する社会状態を指し、歴史的な生産組織を意味する。これに対して、「市民社会」は、「国家権力を疎外する私的な敵対諸関係の場」（平田清明［1987］八頁）である。

つまり、「ブルジョア社会」とは商品・貨幣という物象の規定を受けた私的諸個人の関係であり、そこには法的・政治的な承認関係が介在するが、この形式的に平等な承認関係を介して資本と労働という不平等な階級関係が構造形成する。

これに対して、「市民社会」はそのような階級関係がその運動を通して解決形態を見いだしていく社会的政治的な公共圏を指す。それは「物質的生活諸関係」、「私的機関としての諸機関の総体」、「イデオロギー的文化的諸関係の総体」といったさまざまな表現をあたえられるが、たんなる生産組織ではなく、いわゆる上部構造の諸契機をもふくみこみ、しかも政治的国家に対抗する社会的政治的な公共圏として提示されるものである。

平田は、ブルジョア社会と区別された市民社会のうちに近代資本主義における社会の総姿態形成を読みとろうとする。つまり近代社会とは、たんに階級関係という経済的内実を構造形成するだけでなく、社会生活、文化、イデオロギー、意識形態をふくむ社会の総合的な姿態形成をおこなう。この磁場が市民社会と呼ばれる空間領域なのである。

したがって市民社会という領域は、『資本論』を基底においた経済学批判体系プランとは独立した研究対象として設定される。「マルクスはこの市民社会の概念を提示することによって、ブルジョア社会の解剖学としての経済学の外に、市民社会の批判的自己了解の学としての国家論の地平を切り開こうとしていたのである。」（平田清明［1993］二四八頁）

つまり、ここで市民社会は、たんに資本家社会という社会経済的内実に向かって構造化される媒介概念として理解されているだけではなく、階級闘争や社会闘争の展開を通して編み上げられる公共的・社会的な圏域として、国家との緊張関係において醸成される私的諸利害の調整の場としてとらえられているのである。

市民社会は、階級社会として自己を構造形成すると同時に、独自な社会空間を構造形成する。つまり、市民生活における諸組織、職能団体、各種の組合、学校、病院、報道諸機関として構造形成を遂げる。平田はこの社会空間を、社会的文化的共同空間（都市の生活基盤整備、福祉施設、学校、報道機関、自治体）、経済的政治的公共空間（商品取引所、商工会議所、経営者団体、労働組合、協同組合、政治団体）、国家的公共空間（議会、裁判所、政府官庁）に分けて整理する。

市民社会は、私的な敵対関係と利害紛争を通して、諸種の社会性、共同性、公共性をはぐくみ、それを特定の社会空間として編成する。つまり、資本家社会における社会諸階級の特殊な利害対立や紛争は、不可避的に独特な「政治的構造形成（structuration politique）」を遂げるのである。

重要なことは、市民社会において築き上げられる社会的・共同的・公共的関係は、資本家社会の階級構造を編成する媒介であり、それとたえざる緊張関係にあるということである。したがってそこでは、経済的土台と政治的上部構造との関係が、経済と文化との関係がたえず問われることになる。それゆえ市民社会とは、「土台と上部構造との方法論的な接点」（同書二五九頁）にある社会空間であり、土台と上部構造とを媒介し制御調整する過程的な構造としてとらえられるのである。つまりブルジョア社会と市民社会は、たんに区別されるだけでなく、両者の相互関連や相互作用の関係が重要となる。

市民社会に関するこの概念上の区別と連関は、マルクスだけでなく、古典の市民社会論のうちに読みこむことができるものである。そのために平田は遺稿の著作『市民社会思想の古典と現代』において、市民社会を商業社会と同一視するスミスからではなく、ルソーから説き起こそうとする。ブルジョア社会と区別された意味での市民社会概念に着目する平田の視点から市民社会思想が整理されるのである。

(3) 市民社会概念によるヘゲモニーとレギュラシオンの再定位

このような市民社会概念の上に立って、グラムシのヘゲモニー概念とレギュラシオン理論におけるレギュラシオン概念が、この市民社会概念の二〇世紀的な展開として再定義される。

グラムシは市民社会における私的諸機関を通して支配階級が被統治者の合意を組織していく知的・道徳的指導権を《ヘゲモニー》と名づけた。このヘゲモニーは政治的国家への媒介装置であるだけでなく、階級関係の社会経済的内実を編成する媒介装置でもある。たとえばそこには、株式会社、経営者団体、労働組合、学校、メディアといった諸機関がふくまれているからである。なによりもグラムシ自身が、経営者団体の指導的な役割や省庁の経済的指導をとりあげて、経済組織を再編し新しい経済的秩序を形成する力能としてヘゲモニーをとらえている。それゆえヘゲモニーの概念は、上部構造や国家の領域で作用するだけではなく、いわゆる経済的土台や物質的生産関係の組織化においても作用している。たとえばイタリアのグラムシ主義者ノルベルト・ボッビオは、ヘゲモニーの概念を上部構造に位置づけるが、これに対して平田はヘゲモニーを「土台と上部構造との関連を制御調整する一個独自の過程的構造の一位相」（[1993]二八三頁）としてとらえる。

またレギュラシオンの概念については、平田はそれが蓄積体制を編成する制御調整という経済的機能に限定されるかのような通俗的理解を排して、経済を制御調整する過程に政治が深く介入し、またその逆に国家の政治機構の編成において経済的な調整が重要な契機となっていることに着目して、レギュラシオンが社会的・公共的な生活圏や政治的国家を秩序づけていくすぐれて政治的な概念であることを強調する。

「ヘゲモニー国家のレギュラシオン機能は、ブルジョア社会としての資本家社会における支配諸階級の諸矛盾を制御調整し、この過程的諸形態を『秩序』として確立していくものである。」（平田清明［1993］二八五頁）

したがって、ヘゲモニー、レギュラシオンのいずれの概念についても、市民社会とブルジョア社会との区別と関連において把握することが重要となる。それは市民社会と国家、経済と文化といった領域が不明確となり、たがいに介入しあうポストモダンの歴史的状況において、ヘゲモニーやレギュラシオンの概念を活用する際に欠かすことのできない視点である。

平田にとって、ブルジョア社会の編成は、市民社会による総姿態形成なしには成立しえない。ヘゲモニーやレギュラシオンによる諸矛盾や階級対立の制御調整を通して、はじめてブルジョア社会の社会経済的内実が構造化される。この視点は、社会的なるものの不確定性と政治の優位というポストモダンの社会認識へとストレートにつながる視点でもある。

ポストマルクス主義の政治と市民社会——社会的なるものの発生と政治

ポストモダンの思想は社会を究極的に根拠づけるものに対する絶対的な懐疑から出発する。たとえば、J・トーフィング［1999］は、ポストモダン理論の登場をつぎのように説き明かす。近代以前の伝統的社会では、社会は神の絶対的権威にもとづく宇宙論的秩序を有するものとみなされていた。社会は自然と同様に、そのような安定した秩序を有しており、個人のアイデンティティはこの安定した秩序により先験的に授けられるものとみなされた。これに対して、近代社会は人間労働を社会的に編成する技術的・社会的分業を発展させ、社会諸関係を世俗化し、社会の共同性を政治的国家として自立させた。このようにして、近代世界は宇宙論的秩序に疑問を投げかけ、社会の神聖なる基盤をうち砕いた。

伝統的社会におけるアプリオリな社会的・地理的・政治的なきずなが断ち切られ、自由の一般的な感情が高まり、人間による自然環境および社会環境に対する支配が進展する。この進展とともに、個人の自己発展が促され、それが人間生活の主要な目的となる。個人はもはや社会と自然の循環運動のたんなる歯車ではなく、社会生活の統御主体となる。こうして近代世界では、神の理性が撤退して空虚となった空間を主体としての人間が満たすことになる。確固たる基盤は人間の理性のうちに内面化される。

ポストモダンの思想は、近代世界において空虚な空間を満たした人間という主体の統御能力に懐疑を抱くところから始まる。人間はしだいに社会生活を築き上げる統合の確固たる拠点であることをやめていく。人間は不確定で分裂した断片であり、言説によって重層的に決定される存在にすぎないものとなる。構造主義はこうして人間に死を宣告する。

この人間の主体の崩壊は、社会の統一性の崩壊を意味する。人間の主体の崩壊によって、社会生活の究極の基盤が失われ、社会的なるものが構造的に非決定の状態におかれる。これがモダニティへの懐疑から生ずるポストモダンの世界である。そこでは、社会的な意味と行為の基盤が「不安定化し、分裂し、解体して、最終的には無限の奈落の底になる。」(Torfing J.［1999］p.62.)

そこから社会的なるものはいかにして可能か、というポストモダンの問いが生じてくる。奈落の底と化した社会的なるものの基盤はいかにして築き上げられるのか。

この基盤をあたえる行為が政治である。近代社会において、政治ははじめて社会的なるものを産出する実践としての意味を獲得する。クロード・ルフォールは、近代の民主主義政治が社会的なるものを成立させる根源的実践であることを指摘する。かつて権力が君主の肉体において具現化された有機的社会では、君主が権力の場を占拠していた。だが君主の権力が崩れさると、権力は空虚な場となる。その場を埋めるのが、選挙という民主主義的な手続きである。

同じくシャンタル・ムフも、近代社会が伝統的社会のように君主の人格とか超越的な権威に結びついた権力に支えられるのではなく、民主主義という手続きを通して社会諸関係を編成することを強調する。したがって社会は、もはや有機的な統一性をもたず、「いわば制御不可能な冒険の劇場と化し」「権力、法、知識が、根本的な不確実性にさらされた社会として構成され」(Mouffe C.［1993］邦訳一三頁)るようになる。そしてこの冒険の劇場を秩序づける行為が、政治の実践となる。

そのために、社会的なるものに対する政治の優位が生じてくる。つまり、政治は「非決定の土俵の内部でおこなわれる構成的で転覆的な意志決定」(Torfing J.［1999］p.69.)の行為として登場することになる。近代社会において、生産諸関係をもふくめて社会諸関係を編成するのは政治の意志決定行為である。この場合政治とは、社会の諸要因を節合する実践である。この諸要因の節合関係は政治の意志決定によって築き上げられるがゆえに、不安定で、一時的なものであるが、ひとたび意志決定行為がなされ、この行為がルール・規範・規則性といった制度として定着するようになると、意志決定の政治的性格は制度の中に消え去り、日常意識にとって自明なもの、自然なものと映ずる。そのかぎりにおいて、「社会的制度を総体的に持続させる政治的な起源は、包み隠されている。」(Torfing J.［1999］p.70.)

だがこの制度がうまく機能しなくなると、制度への批判や疑問が生じて、政治的な起源がその姿を現す。しかしいずれにしても「政治的に構成された社会諸関係が沈殿するのも、その後それらの社会諸関係の政治的な起源が再活性化されるのも、ともに政治的な過程なのである。」(Torfing J.［1999］p.70.)

トーフィングによれば、グラムシのヘゲモニー概念は、社会的なるものを構成する実践としての政治を表現するものにほかならない。ヘゲモニーとは、直接には支配階級による被支配階級の合意形成のための知的道徳的な指導性を意味する。だがこの指導性の発揮を可能にするのは、言説の構築である。言説とは、社会の諸要素間に関係を築き上げる節合的実践である。社会の諸要素は、この節合的実践によって社会的なるものを構成する契機へと変換する。この節合的実践こそ、ヘゲモニー概念を根本的に特徴づけるものである。つまり「ヘゲモニーとは、敵対勢力がクロスする状況において、非固定的な諸要素を部分的に固定した諸契機へと節合することによって、言説を社会的な方向づけや行動へと拡張すること」(Torfing J.［1999］p.88.) である。つまりこの節合的実践を通して社会秩序がはじめて発生するのである。

そしてこの節合的実践は、同時に集団的な意志形成がおこなわれる過程でもある。というのは、社会を構成する主体は、はじめから均質で統一的な実体として存在するのではないからである。社会の行為者の主体位置は多種多様であり、しかもそれらの主体位置はたがいに敵対し競合しあっている。主体はそのような多種多様な主体位置の結び目において構築される。ブルジョアジーにせよ、プロレタリアートにせよ、階級という集団的主体はヘゲモニーの産物であって、ヘゲモニーに先立つ存在ではない。だからグラムシはプロレタリアートという集団的主体が、経済的契機を倫理的・政治的契機へと高め、知的道徳的なリーダーシップを握るときにはじめて形成されることを力説するのである。

平田がグラムシのヘゲモニー概念に拠りつつ提示した市民社会の概念は、ポストモダンにおける社会的なるものを構成する実践としての政治を意味している。だからここでの政治とは、土台と上部構造という機械的に二分された領域における政治領域とは異なり、土台と上部構造の双方に作用して、両社の関係を築き上げる文字どおり総過程的媒介としての政治なのである。

グラムシは利己的な経済的契機を倫理的・政治的な契機へと移行させ、階級という集団的主体を仕上げていく精神的な同化作用を《カタルシス》と呼ぶが、平田はグラムシのこのカタルシスの概念が「ポスト構造主義における『政治過程』(la politique) という媒介概念を用意するもの」(平田清明［1993］二六七頁) であると評価している。この評価のうちに、ポストモダンの社会発生論としての政治の概念をグラムシに読みこもうとする平田の姿勢がはっきりとうちだされている。

ポストモダンの社会状況においては、もはや土台と上部構造の機能的な区別は意味をなさなくなる。今日では、経済の領域に政治が介入し、政治の領域では経済の運営や管理が中心を占めるようになっているからである。さらに文化と経済との関連についても、情報化・サービス化の進展によって、企画開発、設計などの非物質的な労働が支配的になるために、両者の区別はあいまいなものとなる。トーフィングはすでに一九九一年に他の著者と共同執筆した著書『国家、経済、社会』の中で、経済を最終審とするマルクス主義の社会認識を問題化し、アルチュセールをはじめとする構造マルクス主義にしても、基本的に経済を基底とする思考から脱していないと批判したうえで、経済と国家と社会という領域をあらかじめ機械的に分離してそれらの因果関係を問う思考からの脱却を唱える。そしてこの三つの領域を分節=連節する実践としてのヘゲモニー概念を提起する。

平田は当初『資本論』の体系がブルジョア社会の総姿態形成の発生論的展開であることを力説していたが、晩年の平田はこの発生論的方法を市民社会論にまで押し広げ、総過程的媒介としての市民社会という概念装置を駆使して、狭義の経済領域を越えて国家・経済・社会の諸領域が熔融し交錯するポストモダンの社会形成の発生論的展開を試みたのである。[2]

言説的調整の場としての市民社会

(1) 言説による自己調整としての市民社会——ドゥランティのポストモダン論

近代世界を支えた人間主体に対する信頼の喪失からポストモダン的状況が生まれたと言うトーフィングと同様の視点からポストモダン論を展開するのが、イギリスの政治学者ジェラール・ドゥランティである。かれはまず近代世界を主体の自律（autonomy）と断片化（fragmentation）との緊張関係において把握する。近代世界とは、一方では主体の自律、自我の自己主張、内省力が生活世界へと浸透していく文化的なプロジェクトの世界であり、他方では社会の諸要因がたえざる断片化の経験にさらされる世界である。近代世界は慣習・伝統・儀礼などの装置による宇宙論的・自然的秩序が崩れさり、あらゆる要因が断片化され、流動化され、不確実になる。だが断片化された諸要因は、言説に媒介された主体の自律能力によってダイナミックな統一を遂げる。断片化と自律の両極に引き裂かれながらも、ダイナミックな統一を遂げるところに、近代世界の魅力が存在する。ボードレール、ジンメル、ベンヤミン、そしてシカゴ学派の社会学者が近代都市のうちに読みこんだものこそ、このような近代世界のダイナミックな運動の魅力であった。

この自律と断片化を媒介する形式が、文化であり、知識である。文化とは「コミュニケーションによって構造化された社会的知識の形式である。……同じく文化は内省的である。文化は社会的アクターの言説的戦略を通してコミュニケーションの過程においてかたちづくられる。」（Delanty G.［1999］p.10.）

それゆえ、社会は文化によってみずからを内省し解釈する。そしてこの文化が経済的・政治的な構造の制度的な秩序を介して社会の統一を達成する。近代世界では、ひとびとは文化と知識を通して世界を経験する。したがって主体と社会とは、文化を媒介にして結びつけられているのである。

だが自律と断片化との緊張関係を通した近代世界のダイナミックな統一は、この両者を媒介する形式としての文化が危機に陥ることによって不確実なものになる。ポストモダンの歴史的状況が出現するのはそのときである。ドゥランティは、自律が断片化へとしだいに比重を移していく経緯を三つの次元で論じている。

第一は、個人の自我という政治的主体が、自律から断片化へと移行する。個人の自我は大衆化のように自己を喪失することによってではなく、むしろ自己表現を豊かにすることによって、しだいに政治的主体としての能力を喪失していく。「人間の自律にとっての脅威とは、今日ではもはや国家や教会から生ずるのではなく、別の力から——たとえば市場、都市の暴力、環境破壊、情報利用や文化生産の変化、ジェンダーやエスニシティなどのアイデンティティ・ポリティクスから——生じている。」(Delanty G.［1999］p.46.)

第二は、文化と知識が自律から断片化へと移行する。文化と知識は世界を統御し支配するモデルを築くことができなくなる。たとえば科学技術の知識は、かつては自己のモデルにしたがって自然を秩序づけていた。だが自然のそのような秩序づけは不可能となり、自然は人間と対等な参加者となる。ウルリッヒ・ベック［1986］が指摘するように、今日のリスク社会においては、科学技術の知識が人間を自然の拘束から解放する手段であるどころか、むしろ自然と社会を消滅させる危険性をはらんだものであることを露呈している。

第三に、社会的なるものが自律から断片化へと移行する。近代における社会的なるものの制度化は、国民国家によっておこなわれてきた。だがグローバリゼーションと情報化の波は、国民国家による社会の制度化をしだいに困難にしつつある。

この三つの次元における危機の進展は、自律と断片化を媒介していた言説の場である市民社会を浮き彫りにする。市民社会とは、「権力の言説的調整(discursive regulation)」がおこなわれる場である。市民社会は、自律と断片化が統一される場であると同時に、自律が衰退し断片化が進展する場でもある。それゆえ市民社会は、言説によって構造化されたコミュニケーションというポストモダン社会のありかたを浮き彫りにする。したがって、市民社会はポストモダンの社会形成の方向を決する岐路である。市民社会とは、断片化が全面的に進行して社会的なるものが消滅してしまうか、それとも「言説的制度化にもとづく自己調整社会の展望を切り開く」(Delanty G.［1999］p.50.) ことができるか、の岐路が問われる場なのである。

近代世界を築き上げていた市民社会と国家、私と公との境界がしだいに不明瞭になるとともに、近代世界の政治的・文化的・社会的なプロジェクトの自律性がしだいに不確かで非決定なものとなる。近代世界は決定性と確実性の世界から、非決定で不確実な世界へと移行する。この移行によって、近代世界が言説や知識を媒介にして存立していることがしだいに露呈する。社会は規範による統合や機能的な差異化による統一よりもむしろ、「知識および政治的・文化的なコミュニケーションの新しいフローといった文化的パターンを通して作動する」(Delanty G.［1999］p.60.) ということが、しだいに明らかになっていく。というのも、社会の断片化が極限的に進行すると、自律した主体がアプリオリに信頼しうる存在であり、社会的なるものを創出する能力を備えているという確信は揺らいで、主体の自律性が言説性や内省力に支えられているということが明らかになってくるからである。したがって、ひとびとの経験の形式であり文化的再生産の媒介である知識や情報を内省し、コミュニケーション能力を備えた主体の構築を図ること、そして知識や情報を創造的に内省する市民によって権力の言説を再審する自己調整の社会をうちたてること、が求められるようになる。グラムシのヘゲモニー戦略は、ポストモダンの歴史的状況においてこのように読み替えねばならない。

(2) 言説による主体の生産と市民社会

それゆえ市民社会は言説的実践という固有な位相を有しており、この位相において主体のアイデンティティ形成が実現される場であると言うことができる。主体のアイデンティティは、経済的な規定から直接に生ずるのではなく、言説的実践という固有の場を媒介にしているのである。

主体のアイデンティティは、客観的な経済構造から自然発生的に生ずるわけでもなければ、またその経済構造にまったく規定されずに個人の自発性にゆだねられているわけでもない。新自由主義や新保守主義は、個人が自己の選好に応じて自由に自己のアイデンティティを選択しうるものとするし、社会学のフレキシブル・アイデンティティ論は、自己と自己ならざるものとの応答を通して主体が自己同一性をたえず解体=再構成しつつ、自己のアイデンティティを自由に構築することができるものと考えている。だが主体のアイデンティティ形成は、ブルジョア社会における社会経済構造と市民社会における言説との分節=連節関係においてとらえられるべきものなのである。

アン・マリー・スミス［1998］は、主体のアイデンティティ形成のプロセスを、ラクラウ／ムフ［1985］に拠りつつ、構造位置と主体位置との区別と関連において説き明かそうとしている。ひとびとが社会におかれている構造位置は、さしあたりは個人が自由に選択したり変更したりすることができない所与のものである。たとえば自分が白人、黒人、アジア人、ラテン系アメリカ人であるという人種的規定や、男や女であるという性的規定がそれである。だがひとびとはこの構造位置を直接に経験するわけではない。「われわれが社会構造の内部にどのような形で位置づけられているのかを経験するのは、もっぱら政治的言説を通してである。精神分析の言葉を借りるならば、言説はわれわれが投げ出されている象徴的秩序を解釈する想像的な枠組みを提供する。」（Smith A. M.［1998］p. 57.）

特定の社会における支配的な解釈の枠組みは、経済構造によって一義的に規定されるのではなく、その社会や時代における権力諸関係の構図とそれにもとづいて展開される言説をめぐるヘゲモニー闘争を通して築き上げられる。ひとびとは言説において形成される主体位置を媒介にして構造位置とかかわりつつ自己のアイデンティティを形成していく。だから主体位置を構造位置に還元することはできない。またかといって、構造位置からまったく無関係に主体のアイデンティティを形成することができるわけでもない。

「主体位置と構造位置の関係はかなり複雑である。……主体位置はみずからにあたえられた構造位置を生きる生き方である。……したがって同じ個人が、自由主義的な反人種主義のカトリック教徒、社会主義的な環境保護主義、新保守主義的な反フェミニストといった異なった主体位置を通して自分の構造位置を生きることがありうる。」(Smith A M.［1998］p.59.)

さらに構造位置それ自身が言説の作用を受けて変容することもありうる。たとえば人種的規定や性的規定は、超歴史的な不動の規定ではない。男や女の性的アイデンティティも、性差別の言説やそれを批判するフェミニズムの言説によって影響を受ける。

それゆえ、集団的主体のアイデンティティが形成されるのは、ひとびとがみずからの構造位置についての共通の解釈の枠組みをもつときであり、共通の言説を築き上げるときである。共通の言説にもとづいて社会意識の形式がかたちづくられるとき、集団的主体のアイデンティティが浮上し、したがってそのようなアイデンティティ化を契機として社会運動が発生する。社会運動は言説の媒介なしに構造位置から直接に生じてくるわけではない。同じ構造位置に属する社会運動であっても、主体位置の言説が異なれば、その社会運動は異なった性格をもつことになる。たとえばフェミニズムの運動は、性の差別構造についての解釈の枠組みが異なれば、差別からの解放を進める運動の方向性も当然のごとく異なってくる。男女同権の言説に立脚するか、女の固有な価値と男に対する女の優位性を評価する言説に立脚するか、それとも性差別を階級差別や人種差別との関連においてとらえる言説に立脚するか、によってフェミニズムの運動は分岐する。(3)

このような主体のアイデンティティが形成される言説生産の場が、ブルジョア社会とは区別された意味における市民社会である。もちろんブルジョア社会においても、物質的規定だけでなく、言説が作用する。商品・貨幣・資本といった経済カテゴリーの言説や、消費者、労働者、資本家などの経済主体の人格を産出する法的な言説がそれである。だが市民社会では、そのような狭義の経済領域を越えて、文化・余暇・消費・教育・医療などの多面的な領域で言説が生産され、多様な主体位置が決定される。かつてルイ・アルチュセールも、イデオロギーを言説的実践としてとらえ、「物質的生産関係に対する想像上のかかわり」と定義し、この想像上のかかわりが国家イデオロギー装置という物質的な媒介を有することを指摘した。だが平田が指摘するごとく、アルチュセールは市民社会をこのイデオロギー装置をもふくむ言説的生産の社会圏として位置づけることはなかったのである。

権力諸関係を編制する場としての市民社会――リベラル・デモクラシー批判

言説が生産され主体位置が決定される場である市民社会は、まさにそうであるがゆえに権力諸関係が編制される場でもある。市民社会とは、たんに私的な欲望がたがいに競い合う市場関係の世界でも、たんに平等な市民が交通する場でもない。市民社会を権力諸関係の編制の場として把握することは、新自由主義に対抗する社会形成の概念として市民社会を位置づけるために決定的に重要な視点である。

イギリスの社会学者ジョン・アーリは、なによりもまず市民社会をたんに私的欲望が展開される商業社会としてではなく、社会的諸関係が生産される実践の場として位置づける。「市民社会は、個人的欲望の世界としてだけではなく、むしろ構造化され、制度化された社会的諸実践の総体として考察すべきであろう。」(Urry J.［1981］邦訳二六頁)

したがって市民社会は、階級的権力だけでなく、あらゆる権力諸関係を確立すると同時にそれを再審する階級闘争や多面的な社会闘争がくりひろげられる場としてとらえられなければならない。

「みずからの存在の物質的条件を再生産するための社会的諸階級の諸闘争は、市民社会の一部分であって、その全体ではない。さらに市民社会の内部では、他の社会的集群、とりわけジェンダー、人種、世代、および民族などの集群が存在する。」(Urry J.［1981］邦訳二五頁)

つまり市民社会とは、資本家社会の階級関係を構造化する媒介回路であると同時に、階級関係のみならずあらゆる権力諸関係が編制される場でもある。市民社会は法的には自由で平等な市民が関係を結ぶ世界であるが、そこには多面的で複合的な権力諸関係が作用しており、多次元における内包と排除が展開される。

リベラリズムの思想は、市民社会のうちに自由で平等な個人の競争関係を見るだけであり、コミュニタリアンは、市民社会のうちに市民的徳性（civic virtue）を、つまり公共的・共同的な関係を見る。だがいずれにおいても、市民社会において貫かれる権力諸関係と社会紛争は看過される。

権力諸関係を編制する場としての市民社会を考察する場合、シャンタル・ムフが注目するように、カール・シュミットによる自由主義の批判はきわめて重要である。つまりシュミットは、自由主義が市民社会における権力諸関係の作用を看過し、政治的なるものを否定していると批判する。自由主義は「真の敵と友を正確に区別する代わりに、真の敵をたんなる競争相手と言いくるめることによって、この根本的な敵対関係を包み隠す。」（Smith A. M. [1998], p.129.）

自由主義は多元主義を唱えるが、この多元主義が諸個人の平等な関係にもとづくものではなく、敵対と排除の関係をはらんでいることが無視される。

「シュミットによれば、自由主義の多元主義は、集団的アイデンティティが構成されたものであるということを理解することができずに、集団の原理が敵対的になることを認めない。それは政治的なるものの領域を征服者の権力と抑圧の領域であるとみなして、これを廃絶しようとする。」（Smith A. M. ［1998］ p.130.）

市民社会とは、多元主義が社会的な敵対関係を通して編成される政治の領域である。自由主義は市民社会をこのような政治紛争の領域として認識することができない。「自由主義は、多元主義と社会的敵対関係との内在的な結びつきを理解することができない。……自由主義的多元主義を特徴づけているのは、異なった意見の間のかぎりない紛争である。……このことを自由主義が理解できないのは、自由主義が政治を私的利益の合理的な追求として個人主義的にとらえ」（Torfing J. ［1999］ p.253.）ているためである。

したがって、権力諸関係が作用する場としての市民社会を、ハーバーマスのように合理的な対話が行われる場としてとらえてはならない。ナンシー・フレイザーが指摘するように、市民社会には複数の公共圏が存在して、たがいに競合し敵対しあっている。支配的な市民的公共圏は、女性やマイノリティなど特定の社会集団を差別し排除する。それゆえ市民社会は敵対関係や利害対立から解放された自由な共同的空間なのではない。このような市民社会の理想化と美化こそ、新保守主義が再評価しようとする市民社会である。つまり新保守主義は、個人間競争が進展して、利己主義が蔓延し敵対関係が進化する中で、失われつつある公共精神や市民的徳性を、市民社会の立て直しによって補完しようとする。

社会を権力や支配が満ちている空間と、権力や支配から解放された空間とに区分することはできない。一見権力から自由にみえる空間が、じつは権力を支え、権力諸関係を編成する契機となっているからである。市民社会とはまさしくそのような抗争の場なのである。

市民社会から政治的なるものを排除し、市民社会を個人主義の領域に還元しようとする自由主義と、市民社会のうちに公共的関係だけをみようとするコミュニタリアンに対して、ラディカル・デモクラシーは、市民社会のうちに敵対関係をはらんだ多元主義を読みとり、そこに貫かれる権力作用を洞察しようとする。

権力諸関係を再審する場としての市民社会

(1) 多元主義的・平等主義的民主主義

このような権力諸関係が作用する多元主義の領域としての市民社会において、現存の権力諸関係を再審しつつ、社会諸関係の平等主義的な節合をめざす民主主義の理念が、ラディカル・デモクラシーである。ラディカル・デモクラシーは市民社会のうちに敵対関係をはらんだ多元主義を読みとり、そこに貫かれる権力作用を洞察する。そして社会諸関係をハイアラーキーに編成する権力構造を批判して、あたらな共通感覚の構築にもとづいて平等主義的な節合関係を築き上げようとする。

自由主義は、市民社会のうちに諸個人の自由な競争関係を見るだけで、そこに貫かれる権力構造を看過する。またコミュニタリアンは市民社会のうちに公共的・共同的関係だけを見て、単一の道徳的価値や共通善の実体的な理念によって市民社会を組織しうるものと考える。だがそこでは諸個人の多様性や差異は無視される。これに対して、ラディカル・デモクラシーは、諸個人の多様性や差異を尊重しながら、それを個人間競争にゆだねるのではなく、新しい制度化を通して多元主義を調整しようとする。市民社会に貫かれる権力諸関係とそれにもとづいて生み出されている多様性や差異を再審して、新しい平等主義的な多様性の実現を目指す。ラディカル・デモクラシーは、諸種の社会領域で支配や抑圧に抵抗する社会運動を平等主義的に節合して、そこに等価の連鎖をうちたてようとする。「この連鎖が『やつら』に対置されるにつれて、民主主義的『われわれ』が構築される。」(Smith A. M.［1998］p.139.)

そこでは、抽象的な市民としての普遍的・一般的な権利ではなく、諸個人のそれぞれの異なった宗教、文化、人種、セクシュアリティについて同等な権利が認められ、諸個人の多様性や差異が承認される。アフリカ系アメリカ人のアファーマティブ・アクション、先住民の土地への権利、ケベックにおけるフランス語の権利などが承認される。ラディカル・デモクラシーにおいては、市民権が多様性と差異を結びつけるきずなとして登場する。こうして多文化市民権という新しい市民権が承認される。「市民権はあらゆるアイデンティティをともに結びつける節合の原理として、民主主義的に再交渉されねばならない。」(Smith A. M.［1998］p.141.)

それゆえ、ラディカル・デモクラシーは、権力諸関係が生産され再生産される場としての市民社会をたえず脱構築していく社会闘争の理念となる。それは市民社会を構成している諸領域を権力諸関係のネットワークから切り離し、自律化させた上で、新しい平等主義的なネットワークを編成しようとする。「ラディカル・デモクラシーの多元主義は、社会的諸要因の自律とそれらの相互結合と相互転換をつねに維持しようと努めなければならない。この複合的な結合の役割を演ずることができるものこそ、市民権のラディカル・デモクラシー的多元主義の形式なのである。」（Smith A. M.［1998］p.146.）
　グローバリゼーションの進展は、市民社会を諸個人間の市場競争に還元して、この領域を全地球的な規模に押し広げようとする。他方で、この動きに社会的なるものの崩壊の危機を感ずるひとびとは、ローカルな空間に閉じこもり、排外主義的なナショナリズムや閉鎖的な部族主義の関係に身を落ち着ける。ベンジャミン・バーバは、前者を《マックワールド》、後者を《ジハッド》と呼んで、そのはざまで近代の民主主義をはぐくんだ国民国家の空間は圧殺されつつあると批判する。だがマックワールドとジハッドを乗り越える民主主義は、国民を主体とする旧来の「国民」民主主義ではもはやありえない。それは、国民国家という均質な社会空間を前提とするのではなく、多様な主体の差異を承認し、それらを平等主義的に節合する新しい民主主義でなければならない。

(2) 言説の生産と民主主義

　市民社会における権力諸関係の再審は言説の生産を媒介にしておこなわれる。言い換えれば、市民社会を言説が生産される独自な場としてとらえることが重要である。ラクラウ／ムフ［1985］が指摘するように、政治的な抵抗運動や社会運動は、圧政や抑圧や搾取から直接に生ずるのではなく、言説的に構築されるからである。政治的な抵抗運動が生じてくるのは、被統治者や被搾取者が圧政や抑圧や搾取を不当であると感じとる言説的条件の下においてである。フランス革命の人権宣言が重要なのは、この宣言によってあらゆる抑圧や支配が不当であると感じる言説的条件がうちたてられたからである。フランス革命当時は、人権宣言は市民権を公的な領域にだけ適用し、公民としての市民の平等性を基礎づけるものであった。したがってそれはいまだ私的な領域における社会的な不平等や抑圧（たとえば性差別）を審理する言説的な基準ではなかった。公と私の領域を切り離して、もっぱら公の領域における平等性の原理であった人権宣言は、やがて私の領域における不平等や抑圧を審理する言説的な条件として機能するようになる。新しい社会運動はこのようにして生まれた。

とりわけ公と私の境界が不明確になるポストモダンの状況下で、市民社会の言説的条件は意味を変容させていく。《個人的なことは政治的なことである》というスローガンの下に、これまで私的領域のこととされていた問題が政治的な課題としてとり上げられ公衆の議論に付されるようになる。このような言説的条件の下で、社会運動を担う主体がたちあげられていく。つまり労働者、市民だけでなく、女性、マイノリティ、環境保護主義者、平和主義者、レズビアン、ゲイなどの主体が言説の生産を通して構築されることになる。

「人権［という言説］は民主主義の生成の原理である。というのも、権利を奪われた政治的主体が承認のための闘争にたちあがるのは、『権利』の自覚を通してだからである。つまり民主主義の言説を社会的なるものの新しい領域へと普及させ、人権概念をラディカル化し、民主主義の諸原理を制度化することを通してだからである。」(Smith A. M.［1998］p.8.)

平田清明は、ボブ・ジェソップに拠りつつ、経済・政治と並んで、言説における記号とアイデンティティを現代資本主義の独自な構成要因に加えている。そして、経済と政治と言説の相互に作用しあう複合的・多元的な因果性を強調する。すでに述べたように、言説は商品・貨幣・資本といった経済的カテゴリーのうちにすでに介在しているが、現代社会では、経済的カテゴリー以外の多種多様な言説が、社会形成の根源的な要因として作用しているのである。

ラディカル・デモクラシーは、人権宣言の言説的条件をラディカル化し、その原理を私的な領域にまで押し広げる。また多様な差異を尊重しながら、抑圧と支配をのりこえる節合関係を築き上げようとする。そのような言説的条件の転換においてこそ、対抗的な社会の構想を提起することができるのである。

「従属させられている者がラディカルになるのは、その状況に対する有効な説明を与えてくれる政治的言説を彼女が見いだし、別の世界をうちたてる批判的な道具を手にしたときである。……ラディカル・デモクラシーの言説は、従属のもっとも通常の形式が不当なものとみなされ従属の廃止を構想することができるような言説的条件を創出する」（Smith A. M.［1998］p.8.）のである。

市民社会-国家のポストモダン的編制――ニコス・プーランツァスの権威主義国家論

市民社会-国家の二元論的思考は、ポストモダンの状況下ではもはや有効性を失ったのではないか。このような疑問が投げかけられている。市場と市民社会、経済と国家、システム統合と社会統合といった二分法的な境界設定は、両者が融合しつつあるグローバル化とポストモダンの時代の分析装置としてはもはや不適切である、と。今日の状況においては、ヘーゲル以来の家族／市民社会／国家という近代の政治経済の構図が崩れ去りつつある、と。(4)

グローバル化とポストモダンの状況が、二分法的境界設定をつき崩しつつあるという事態は、たしかに見逃すことのできない点である。だがこの事態を認識する枠組みとして、市民社会-国家のロジックが意味を失ったと判断するのはいささか早計に思われる。たとえば、平田がプーランツァスの国家論を解読しつつ了解している市民社会-国家のテーゼは、ポストモダンの歴史的状況下における社会形成を読み解く方法概念を提示しようとしているからである。

二分法的境界設定が意味を失ったという批判は、市民社会と国家という二つの領域を機械的に切り離す思考にもとづいている。これに対して、平田はプーランツァスのうちに市民社会と国家の領域を機械的に二分する思考を拒絶する発想を読みとる。

第一に、プーランツァスは市民社会と国家との関連を、市民社会における社会諸階級間の紛争を通した「政治構造化 structuration politique」としてとらえる。つまりプーランツァスはグラムシのヘゲモニー概念を把握し、市民社会を「イデオロギー装置をもふくむヘゲモニー権力の成立の場たる社会圏」（平田清明［1993］二八〇頁）としてとらえる。

第二に、市民社会は資本と労働の階級関係だけでなく、それ以外の社会諸関係が階級関係と有機的に分節=連節する場としてとらえられる。つまり市民社会とは、人種差別や性差別が構造化される場でもある。第三に、市民社会とは、階級関係を編成し経済構造を内実化するだけでなく、独自な社会的・公共的な圏域を築き上げる場である。

以上の認識によって、プーランツァスはグラムシのヘゲモニー概念をたんに上部構造ではなく「土台と上部構造との関連を制御調整する一個独自の過程的構造の一位相」(平田清明［1993］二八三頁)においてとらえる。そしてこのようにヘゲモニー概念を認識することによって、土台と上部構造の機械的な二分法をしりぞける。

かれはまず、資本の蓄積=再生産の総過程に国家が介入して、過程総体が政治によって構造化されていることを重視する。技術革新、生産性の向上、賃金決定、産業の構造転換、雇用創出、教育、医療、運輸にわたるあらゆる分野で、国家による制御調整が進められる。この制御調整を通して、労働力の再生産、産業の部門間関係、長期的な経済成長の諸過程が推進される。つまり、資本の蓄積=再生産の総過程に、諸資本間、諸分派間のヘゲモニー闘争が作用し、諸種の言説に媒介されたイデオロギーが介入し、さらに被統治者の抵抗運動が介入する。

このことは何を意味するのか。現代資本主義において、経済過程と政治過程を厳密に区別することが不可能になっていること、これである。ポスト・フォーディズムの国家は、かつてのケインズ主義国家のように財政金融政策や福祉政策を通して主として有効需要の創出にかかわるだけではなく、労働者の技能形成や消費様式など、労働力の再生産過程にも深く介入している。研究開発の推進による技術革新や労働力の育成など供給サイドに介入するこのような国家を、イギリスの政治学者ボブ・ジェソップは「シュンペータ型労働国家」と呼んで、主として需要サイドに介入したフォーディズムの国家類型である「ケインズ／ベヴァレッジ型国家」と対比している。

社会的総資本の生産物総体の所得間分配においても、資本財と所得財との社会的な配分においても、政治過程が介在し、純粋な経済活動だとみなされていたものが政治過程を経る。その逆に、国家の政治活動は、財政政策、租税制度などの経済過程を経由することなしには存立しえない。ブルーノ・テレー［1992］が指摘するように、現代国家は、資本の蓄積=再生産過程の統御という機能とは別に（もちろんこの機能と密接に関連はするが）、租税国家の管理・運営という経済的機能を有している。国家と市民社会、政治と経済がたがいに境界領域を越えて融合し溶解している。このようなポストモダンの時代において、経済学と政治学という固定した学問的境界設定はほとんど意味を失う。

こうして、われわれは現代国家について奇妙な逆説的事態を目にすることになる。つまり、グローバリゼーションの進展とともに、国民国家は多国籍化する企業や国境を越える市場取引に対する統御能力を失って衰弱しながらも、資本の蓄積=再生産過程の総体に全面的な介入を図り、この介入を深化させているのである。

プーランツァスはこのような国家を「権威主義的国家」と呼ぶ。その特徴点を平田はつぎのように整理している。

第一に、投票率の低下に典型的に示される議会制民主主義の衰退と行政府の機能の肥大化が進む。

第二に、法の一般性と普遍性よりも、個別の規則・規制・施行細則・通達などが重要になり、法治国家と法の支配が後退する。そして個別具体的な規則を正当化するために、メディアを介したシンボル、モデル、流行による操作が重視される。法の支配から記号による操作への移行が促される。

第三に、市民社会の私的組織である政党は、政権を握ることによって国家政党化していく。

新自由主義の言説が横行し、小さな政府、福祉政策の後退、国有企業の民営化、規制緩和が推進される一方で、国家による蓄積=再生産過程への全面的な介入や日常生活の管理の強化が推し進められる。このような逆説的事態を説き明かす鍵は、市民社会と国家との関連を軸にした土台と上部構造の総過程的媒介としての政治の視角である。

グローバリゼーションとポストモダンの歴史的状況においては、単純に国家が衰退するわけでも、単純に市民社会が衰退するわけでもない。国家の衰退と強化、市民社会の衰退と強化がたがいに入り組み合いながら同時進行している。ヘゲモニー、レギュラシオンという概念は、市民社会と国家を軸にしてこの分節=連節関係を説き明かす方法概念である。

たとえば、平田が指摘するように、本来市民社会の私的組織であった政党が政権を握ると国家機関化し国家政党になるという現象は一九世紀にはみられなかったものである。それは、今日の新自由主義がけっして一九世紀の自由資本主義へのたんなる先祖帰りではない、ということを意味している。

ではポストモダンにおける上記のような国家の逆説的事態は、どのようにして説明することができるのか。経済のグローバリゼーションの進展と市民社会における市場的関係の浸透によって、国家が経済領域に左右される度合いが極度に高まる。そのために国家は資本の蓄積=再生産過程に介入し、国家の経済的機能を強化せざるをえない。また国家はかつてのように国民経済を運営するだけでなく、グローバル市場をも射程に収めながら、国際競争に耐えうる企業の育成を図らなければならない。さらに国家はグローバル経済を管理運営するための制度づくりへの参画も求められる。

この国家による経済的機能の肥大化こそ、議会制民主主義を後退させ、行政府の膨張を招いた主要な原因である。そして国家の経済的機能がこのように肥大化することによって、国家が一般的利益を代表するという性格がしだいに揺り動かされるようになる。なぜなら、国家による経済介入は、特定の社会階層の利益を重視することになるからである。そしてこの介入を正統化して、国家の正統性を維持するために、国家は諸種のシンボル操作をおこない、国民意識(ナショナリズム)の発揚に訴えようとする。また国家の経済介入は、当然のごとく労使間・資本家間の紛争や協力関係を随伴する。そのために、行政府の権限強化と並んで、諸階級・諸階層・諸分派の利害を調整する社会的コーポラティズムが進展する。

要するに、市民社会と国家、政治と経済、経済と文化の相互の領域が溶解するなかで、これらの諸領域を分節=連節する総過程的媒介としての政治が社会形成の核心をなすようになる。ヘゲモニーやレギュラシオンの概念は、このような政治の次元を認識するための有効な装置にほかならない。

この総過程的媒介としての政治の視点に立つとき、市民社会-国家の図式はポストモダン的状況を説き明かす概念装置となる。つまり「市民社会と国家との分離という原理的なロジックの保持においてこそ、批判的な自己対自化が可能となるのである。」（平田清明［1993］三〇五頁）

以上のように、市民社会はポストモダンの歴史的状況を批判的に認識するための核心的な概念装置であることがわかる。だが市民社会がそのような概念装置として生きるためには、市民社会の概念をヘゲモニー、レギュラシオン、ラディカル・デモクラシーの諸概念と節合させ、ポストモダンを読み解く有効な方法概念として練り直さなければならない。晩年の平田の知的努力はそこに注がれていたのである。

注

（1）今井弘道［1998］ならびに浅野清／篠田武司［1998］も、平田市民社会論における二つの市民社会概念の区別を強調している。わたしの場合、とくに強調したいのは、市民社会とブルジョア社会とのこの区別と関連がポストモダンの歴史的状況の中でいかなる意味を有するのかということである。平田市民社会論の意義は、この歴史的状況を解読する概念装置として市民社会論を彫啄したことにあると言える。

（2）社会的なるものを構成する実践としての政治を社会空間のうちに読みこんだのが、アンリ・ルフェーヴル［1974］における《空間の政治》である。現代の資本主義では、生産諸関係をふくむあらゆる社会諸関係が、空間を通して生産されている。社会諸関係は、日常生活空間、余暇空間、文化の空間、学校や大学、都市空間において、つまり空間の総体を通して生産される。したがって、社会的なるものが発生する場としての市民社会についても、空間論的な視点が不可避的に求められる。平田がルフェーヴルから着想を得ながら、現代市民社会の空間的規定を展開するのもそのためである。

（3）女性の集合的アイデンティティを組織する言説の差異に応じて異なったフェミニズムの運動が展開されることについては、Fraser N.［1995］、および斉藤日出治［1998b］第一〇章を参照されたい。

（4）たとえば、姜尚中・吉見俊哉［2001］は、グローバル化とポストモダンの状況下において市場と市民社会、経済と国家の境界が不明確になり両者の融合が進むために、二分法的な問題設定が有効性を失ったと論ずる。

二　ポストモダンの社会主義像

はじめに

社会主義の概念は、一八―九世紀の西欧近代における市民社会の自己認識の中から生まれた。共同体の解体にともなう私的個人の誕生とともに、私的な領域の場としての市民社会と、公的な領域を総括する国家との二元的な分離が生ずる。社会主義はこの近代社会の二元的分離をのりこえ、市民社会の中に共同的な連帯をとりもどす運動であった。それはまた資本と労働の階級闘争が展開する資本家的市民社会において、この階級対立をのりこえ、直接生産者のアソシエイティブな連合を実現する運動であった。したがって社会主義は、市民（国民）の平等な権利を実現し、生産手段の共同所有を通して生産過程における直接生産者の自己管理を達成する理念であり、さらには社会の総生産物を社会成員に平等に分配する理念であった。

だが二〇世紀における資本主義の動態的な展開、および「現存社会主義」の成立・崩壊は、このような社会主義概念の一九世紀的枠組みを不十分なものにした。市民社会の公共的領域を総括する国家は、いまやグローバリゼーションの波に飲まれて動揺し、市民社会が超国家的なひろがりをもつようになる。また生産手段の所有関係には還元されない社会形成の重要な争点（環境問題、民族・宗教紛争、文化摩擦、リスク、排除など）が浮上している。一九世紀の社会主義像は、もはや二〇世紀資本主義に対するオルタナティブの理念たりえなくなっている。そのために、社会主義の概念そのものを放棄し、労働者階級との決別を宣言したり、ポスト社会主義論を提起する論者もあらわれる（たとえばアラン・トゥレーヌの《ポスト社会主義論》やアンドレ・ゴルツの《さらばプロレタリアート》がそれである）。

たしかに一九世紀の社会主義の理念は、二〇世紀システムの展開によってのりこえられ、その非現実性を露呈している。だが他方で、二〇世紀システムが私的欲望と私的個人の権利を異常なまでに肥大化させ国民国家に代表される公共領域を衰退させる中で、社会的・公共的なきずなをどのように築き上げるかという深刻な課題が投げかけられている。本論は、二〇世紀の社会システムが生み出した諸問題に対処する社会形成の理念として社会主義を再定義することを課題としている。

だがそのためには、もはや労働者階級や市民という社会形成の主体を自明のものとすることはできない。また社会主義の課題を労働や生産の自己管理、生産手段の共同所有、生産物の平等な分配といった次元だけに押しとどめておくこともできない。社会主義は個人のアイデンティティ形成をめぐる承認の政治を考えなければならない。また生産や分配の問題だけでなく、消費や欲望のありかたを問わなければならない。さらに物の生産だけでなく空間の生産を、つまり社会秩序の空間形成を問わねばならない。あるいは労働時間の管理だけでなく、自由時間の実現や保証を検討しなければならない。そしてなによりも猛威を振るう市場の独裁主義が地球的な規模で支配力を行使する中で、市場を制御しうるグローバルな公共圏の可能性を検討しなければならない。

本論では、とりわけ私的所有と個人主義の原理が極限的に進行する資本主義の中で衰退しつつある《社会的なもの》=公共圏を復権する動きの中に社会主義を位置づけ、社会主義の再定義を試みてみたい。

市民社会と社会主義のポストモダン的展開

ポストモダンの歴史的状況において、社会主義は分配の平等や生産の自己管理という古典的な理念のみならず、あらゆる権力諸関係の再審を通して差異の相互承認と平等主義的な節合を実現する社会の理念として再定義されなければならない。社会主義のこのような再定義を実現する場はどこにあるのか。それは市民社会である。市民社会はポストモダニズムによって廃棄されるべき概念ではなく、ポストモダニズムの社会が自己認識と自己変革を遂げる磁場にほかならない。市民社会と社会主義というテーマは、わが国でもすでに三〇年前にソ連型国家社会主義を批判する認識視座として論じられた古典的なテーマであるが、このテーマがポストモダニズムの歴史的状況下で再浮上しつつある。しかもそれが社会的なるものの非決定性における社会形成のテーマとして再浮上するのである。

このことを明らかにするために、まずマルクス、グラムシの古典思想において市民社会と社会主義がどのような関連においてとらえられていたのかをふりかえりながら、ポストモダニズム時代における市民社会と社会主義の相互連関について考えてみることにしたい。

(1) マルクスの市民社会と社会主義

経済的土台と政治的上部構造という唯物史観の解釈にもとづくマルクス主義において、市民社会は長い間失われた概念であった。この唯物史観においては、経済的土台は私的利益が追求される市場領域であり、上部構造は公的な国家に総括される政治領域とみなされたからである。経済と政治を市場と国家に割り振るこのような発想において、市民社会は考慮される余地がなく、それは払拭されるべきイデオロギーとして排除されたのである。

このような公式マルクス主義の解釈に対して、わが国では平田清明が『市民社会と社会主義』(一九六九年)を著して以降、それに異を唱えてきた。市民社会とはたんなる経済社会ではない。それは「生産諸力の一定の発展段階の内部での物質的交通の総体を包括し、ある段階の商業と工業の全生活を包括する。」(平田清明 [1996] 二四二頁) 市民社会における物質的交通と商業・工業は、当然のごとく個人や集団の利害対立や紛争をともなっている。とりわけそこでは資本と労働の階級闘争がくりひろげられる。この階級闘争は資本主義の矛盾がみずから運動する形態を生み出す。つまりこの階級闘争を制御調整しつつ、そこに合意や妥協を見いだす社会的・公的な形式を生み出す。それゆえ市民社会とは、私的な経済社会であると同時に、公民社会であり政治的社会でもある。市民社会とは、私的な利害対立の中にはらまれる公的な諸組織の総体（新聞、学校、教会、組合、結社、諸団体など）である。

だが資本主義社会には、このような公的諸組織と並んで、それらを法制的に包括し統合する国家の諸機関が存在する。立法府、行政裁判所、司法裁判所、軍事警察機構、各省庁、審議会、公共事業体などがそれである。これらの国家諸機関は、市民社会の外部に、市民社会から自立してそびえ立ち、市民社会を統括する。近代の資本主義社会においては、経済社会に対して政治社会を構成するのは、このような市民社会内部の公的諸組織と市民社会から自立した国家諸機関の総体である。したがって、市民社会は経済社会と国家を媒介する公的な領域をなす。これを図式化すると左図のようになる。

それゆえマルクスの唯物史観は、経済的土台と上部構造という機械的な二分法においてではなく、この両者を媒介する市民社会において成立するのである。たとえば諸階級の概念は、たんに経済的な再生産における所得カテゴリー（賃金、利潤、利子、地代）に立脚するだけではなく、市民社会における政治的・文化的・イデオロギー的次元における集団的な意思形成において成立する。

マルクスの社会主義の構想は、この市民社会に依拠している。市民社会では、ひとびとの集合労働力であり結合力である生産諸力が貨幣・資本という物化された形式で展開している。この物化された生産諸力をひとびとの自由な連合によって共同でわがものとして獲得する過程が社会主義にほかならない。

平田清明［1996］は、マルクスの社会主義を市民社会の自己認識として、市民社会の対象的・主体的な自己変革として位置づける。近代の市民社会とは、私的所有としての資本・貨幣が全面的に支配する社会であるが、この内奥に結合した諸個人による類的・社会的な生活能力と生産能力がはぐくまれる。この潜在的な共同社会としての市民社会を顕在化させ、私的所有の総和としての富に対する社会の支配をうち立てること、これが社会主義にほかならない。

したがって私的所有にもとづく商品・貨幣の物的な諸関係とそこに生ずる私的利害の紛争を制御調整し、公的・協同的な諸関係を自覚的に築き上げていくことが社会主義の社会形成に向けた重要なステップとなる。社会主義とは、市民社会の諸関係を自己組織していく過程であって、市民社会の外部にある疎外された国家による集権的な経済管理ではない。むしろその逆に、国家へと疎外された協同的・公共的な契機を市民社会のうちに再吸収し埋めもどすことが社会主義の課題となるのである。

(2) グラムシの市民社会と社会主義

グラムシはヘゲモニー概念をうち立てることによって、マルクスの市民社会概念を再発見する。この論点を浮き彫りにしたのは、イタリアのグラムシ主義者ノルベルト・ボッビオであった。ボッビオによれば、グラムシのヘゲモニー論は、マルクスよりもむしろヘーゲルの市民社会論を継承している。ヘーゲルの市民社会論はロック、ルソー、カントらの自然法思想の伝統的な市民社会論を旋回させた。自然法思想では、市民社会が政治社会あるいは国家と同義語で用いられていた。これに対してヘーゲルは、市民社会を国家に先立つ経済諸関係の領域を意味する概念としてとりあつかったのである。ただしボッビオが強調するのは、ヘーゲルの市民社会が経済世界、つまり欲求の体系に還元されるものではけっしてないということである。市民社会は経済的諸関係や経済的階級が形成される領域であるだけではなく、「司法行政や行政組織と職業団体、すなわち伝統的公法の二つの契機も含まれるからである。」(Bobbio N [1990] 邦訳五九頁)

次いでボッビオは、マルクスもやはりヘーゲルと同じ方向で市民社会論を発展させたことを認める。つまり、マルクスは市民社会を政治的契機に先行する経済的諸関係の発展の

政治社会	国家諸機関	——上部構造
	↓	
	公的な諸組織	
市民社会		構造(土台)
	経済社会	

契機として位置づけ、この市民社会の解剖学として政治経済学を展開した。だがボッビオによれば、マルクスは上部構造としての国家と土台としての市民社会という唯物史観の二分法にもとづいて、市民社会から政治的・公共的な契機を排除してしまった。つまり、近代社会の公的・政治的契機はすべて国家に集約され、市民社会は経済的構造と同一視され、純粋の経済領域に還元される。

そこからボッビオの独自なグラムシ解釈が生ずる。グラムシはマルクスではなくヘーゲルの市民社会論に依拠して、市民社会を構造（経済的土台）の契機ではなく、上部構造の契機に位置づけた。したがってグラムシにおいて上部構造は二つの次元をもつ。ひとつは市民社会と呼ばれる私的領域における政治的・公的な組織の次元であり、もうひとつは国家と呼ばれる政治社会の次元である。「グラムシにとって市民社会はもはや『物質的諸関係の総体』ではなく、むしろイデオロギー的・文化的諸関係の総体であり、もはや『商工業的生活の総体』ではなく、むしろ精神的知的生活の総体を含んでいる」（Bobbio N.［1990］邦訳六二―三頁）のである。これを図式化すると左図のようになる。

ボッビオのグラムシ論は、マルクスの唯物史観を経済決定論に還元して解釈するという難点をもっているものの、グラムシのヘゲモニー論の意義を鋭く洞察している。グラムシは、市民生活における公的・協同的な諸組織（学校、病院、教会、組合、政党など）において被統治者の合意を獲得するためにおこなわれる知的・道徳的な指導が国家機構による強制と並んで階級支配の重要な契機であることを見抜いて、この支配階級による知的・道徳的指導を《ヘゲモニー》と呼ぶ。だがこのヘゲモニーは、資本主義社会における統治の作用であると同時に、被支配階級がみずからを解放する契機でもある。だからグラムシは利己的で情欲的なたんなる経済的な契機を倫理的・政治的な契機へと移行させ土台を上部構造へと仕上げていく精神的な同化作用を《カタルシス》と呼んでこれを重視する。このような労働者の集団的意思形成なしに社会主義はありえない。

ボッビオはヘゲモニーが作用する領域を上部構造に位置づけたが、ヘゲモニーの概念は上部構造の領域に限定されるものではない。それは土台と上部構造を橋渡しする作用を果たすものであって、市民社会と政治社会の間にまたがる《過程的な力能》なのである。同じように市民社会の概念も、土台と上部構造のいずれかに還元されるべきものではなく、その双方を包みこんでいる。ボッビオのように市民社会を上部構造の領域に押し込めることは、経済的土台の編成における知的・道徳的指導性の意義を見失うことになる。

国家＝政治社会（強制）
　　　　　　　　　　　　　｝――上部構造
市民社会＝ヘゲモニー（合意）
経済領域――――――――――――――構造（土台）

グラムシのヘゲモニー概念を政治経済学に援用したフランスのレギュラシオン学派は、経済世界の編成や経済的階級の組織化にとって知的・道徳的指導という倫理的・政治的契機が不可欠の要因であることを洞察している。ラクラウ／ムフも指摘するように、「経済という空間そのものが、政治空間として構造化されており、そこにおいても、他の『社会』レヴェルすべてにおけるのと同様に、わたしたちがヘゲモニー的と特徴づけた諸実践が、完璧に作用している」（Laclau E./Mouffe C.［1985］邦訳一二四-五頁）のである。

したがってグラムシにとって、社会主義とは、被支配階級がカタルシスの過程をたどってヘゲモニーの主導権を掌握し、市民社会の自律を樹立していく過程を意味した。それは被支配階級が新しい集団的主体として生成する過程であると同時に、市民社会を自己組織する世界観を樹立していく過程でもある。「ヘゲモニーは、新しい国家装置を創造し社会を変革することを可能とする集団的意思形成を目的としているだけでなく、新しい世界観の形成、したがってその普及とその実現をも目的としているのである。」（Bobbio N.［1990］邦訳七九頁）

この過程は、政治社会が市民社会へと再吸収されていく過程であり、したがって国家が消滅していく過程である。このような政治社会から解放された市民社会のことをグラムシは《自律社会 Società regolata》と呼んだ。

(3) 社会の非決定性と社会主義

ラクラウ／ムフのポスト・マルクス主義は、ヘゲモニーが作用する市民社会の領域を言説の構築のための節合的実践の領域としてとらえることによって、近代社会における社会形成の根源的な非決定性を暴き出す。節合的実践とは、社会の諸種の要素間に一定の関係をうち立てる実践であるが、個々の要素は浮遊する記号作用の産物であるから、要素の意味は不安定でたえず流動状況にある。要素の意味が固定されるのは、要素間の関係を築き上げる節合的実践の結果である。だがこの節合的実践は、敵対する諸個人・諸集団の紛争を通しておこなわれるがゆえに、たえず解体され、組み立て直される。したがって要素間の関係づけも一時的であり、要素の意味も一時的な安定性しか得られない。市民社会とは諸個人・諸集団の紛争を介して諸要素間の関係づけがおこなわれる領域である。そしてこの節合的実践を通して、経済と国家と社会の諸領域が切り分けられたがいに関連づけられる。

この認識によって、社会の諸領域を経済から説明する基底体制還元主義は完全に崩れ去る。経済領域は政治や文化や社会の諸領域から自立して自存するものではなく、社会の諸領域間を分節し連節する実践を通して組織される。この節合的実践が《政治》と呼ばれる。市民社会とはそのような節合的実践としての政治が展開される場である。ポスト・マルクス主義は、市民社会のこのような偶発性・不安定性を洞察することによって、近代社会の非決定性を立証する。

ポスト・マルクス主義の視点からマルクスおよびグラムシの思想を振り返るとき、市民社会というヘゲモニーの作用領域において唯物史観をとらえ返し、この作用領域において社会主義を展望することの意義が明らかとなる。マルクスは物化された現実の市民社会の進展過程の内奥に諸個人の類的な生活能力がはらまれることを洞察し、この類的な生活能力を諸個人の自由な連合によって顕在化しうる道を《社会主義》と定義した。

だがこのような類的生活能力の顕在化の過程は、市民社会におけるヘゲモニー闘争を不可避的に経由する。市民社会は諸個人・諸階級の利害闘争が渦巻き、支配・被支配の諸階級が知的・道徳的指導をめぐってヘゲモニー闘争をくりひろげる領域である。だからそこではあらかじめ約束された集団的主体も、社会形成の理念も、存在しない。諸個人の自由な連合は、社会の諸要因を節合して言説を構築する実践を経由するのであり、この実践がうちたてる共通の理念を軸にしてのみ実現可能なものである。集団的主体も、社会統合の理念も、言説を構築する節合的実践を通して事後的に生成してくるものなのである。この節合的実践が作用する市民社会こそ、社会的なるものの非決定というポストモダンの歴史的状況において社会主義を展望しうる場なのである。

市民社会においては、集団的主体を立ちあげ社会的なるものを構成する権力諸関係がたえず再審理される。諸個人や諸集団の多元主義を尊重しながらそれらの関係を平等の原理にもとづいて節合し、公共的・協同的な関係を築き上げる過程、これが社会主義への道を切り開くのである。それゆえポストモダニズムの社会主義戦略においては、複合的で多元的な市民社会をどのように脱構築するかが主要な課題となる。

(4) 公共圏の批判的再構成——フレイザーのハーバーマス批判

今日の市民社会では、個人主義が蔓延し諸個人の分断状況が深刻化している。このような状況の中で、市民社会の内部に集団的なアイデンティティを形成する契機となるのが公共圏である。だが市場の競争原理とリベラリズムが支配する今日、この公共圏は支配のヘゲモニーの場として作用している。たとえば福祉国家の危機とともに、国家は福祉の機能を地域社会やコミュニティに移して、個人や地域の自己責任と自己管理にゆだねようとする動きがみられる。この動きによって、地域福祉におけるヴォランティアの自発性は、支配と服従の回路へと誘導されていく。「国家にとって個人やコミュニティは統治の客体である以上に自己統治=自治の主体であり、国家の統治はそうした自己統治を積極的に鼓舞し、促進するという形態をとる。」（齋藤純一［2000］七九頁）

だが注意しなければならないのは、このような市民社会の公共圏に対する国家の介入が可能になったのは、権力による言説的な調整能力が著しく高まった結果である。個人の意識の内面にまで立ち入り個人を主体としてたちあげる権力は、ほかならぬ言説の構成能力に依拠しているのである。だからそのような言説の構成能力の高まりは、市民社会の内省力の高まりをも意味する。その結果、市民社会の公共圏は、言説によって構造化される公共的コミュニケーションの新しい領域となる。市民社会における公共圏が言説によって構造化された権力諸関係を暴き出しそれを再審理するとき、国家が介入する自己統治の公共圏は、国家に対抗し国家からみずからを解き放つ公共圏へと反転する。

この反転を追求することが、今日における社会主義戦略の課題である。その意味で、社会主義とは「言説による制度化にもとづく自己調整社会（self-regulating society）」（Delanty G.［1999］p.50.）として定義づけられるものである。

したがって社会主義戦略にとって、現存の公共圏にはらまれる権力諸関係を再審理する作業が不可欠のものとなる。それは公共圏の再審を通して新しい集団的主体を立ちあげ、新しい共通感覚をはぐくむことを意味する。ナンシー・フレイザーは、ハーバーマスの市民的公共性の批判を通して、このような新しい公共圏の可能性を提言している。

彼女はまず公共圏を、市民が話し合いを通して政治に参加する近代社会の劇場としてとらえる。「公共圏は、市場関係の舞台ではなく、むしろ一種の討議の関係をなしており、売買よりもむしろ論議と協議をおこなうための劇場をなしている。」（Fraser N.［1992］邦訳一一九頁）フレイザーは、リバータリアンの民主主義のように公共圏を私的利益を追求する市場競争の関係に還元する発想をきっぱりと退ける。その上で、この論議と協議の劇場が市民社会の内部において他者を排除する原理として作用する可能性を指摘する。市民社会における公共圏を国家との対抗関係だけでとらえるときには、この論点は看過されがちになる。ハーバーマスの市民的公共圏は、国家に対する市民の対抗的公共圏であることに焦点を当てているために、市民社会がその内部に異質な社会層を排除する不平等と差別の権力関係を内包していることを見逃してしまう。

たとえば共和主義にもとづく公共圏には、男権主義的なジェンダーの要素が組み込まれており、したがって女性を政治から排除する論理が内包されている。だがフレイザーが指摘するように、これまでの市民社会の歴史において存在した公共圏は、共和主義のそれだけではない。たとえば一九世紀の北米では、女性たちが公式の政治から排除されていたにもかかわらず、慈善団体や道徳協会のような諸種の団体を結成して対抗的な市民社会をつくりあげていた。したがって公共圏には、市民的公共圏だけでなく、ナショナリストの公共圏、エリート女性の公共圏、労働者の公共圏など多様な公共性が存在するのであり、それらがたがいに競合し対抗しあっている。フレイザーは女性・有色人種・ゲイとレズビアンのような従属的な社会集団の構成員による公共性を「下位の対抗的な公共性」(Fraser N.［1992］邦訳一三八頁）と呼ぶ。

これらの多元的・複合的な公共圏の中で公式のブルジョア的公共圏は、資本主義の秩序を形成していくヘゲモニーの機能を果たしてきた。「公式の公共圏は、新しいヘゲモニーによる支配様式を定義づける同意を形成していくための主要な制度的場をなしていた。」(Fraser N.［1992］邦訳一二八―九頁）

公式のブルジョア的公共圏を支えている言説を解体して、マイノリティ・女性・障害者・高齢者などの差異を承認しそれを平等の原理にもとづいて節合する言説をうちたてることによって、新しい公共的コミュニケーションの地平を開くこと、これがポストモダンの歴史的状況における社会主義戦略の課題である。それは、市民社会の内部における複合的な公共圏のハイアラーキーな関係を再審理し、多元的で平等な関係に立つ公共圏の複合的なネットワークを編成していく不断のプロセスにほかならない。

市民権論としての社会主義

(1) 私的所有批判と市民権批判

社会主義は近代的所有権に対する批判を原理としている。近代の市民社会は、私的所有権の法的原理の上に成り立っている。そして私的所有権は、市民法の基本原理として現存している。マルクスはこの市民法の所有権概念を、法的な次元から経済的・社会的活動の次元にまで掘り下げた。所有とは、人間が自然に対して意識的に関係する行為であり、人間と自然との物質代謝を通して自己を獲得することである(生産関係行為)。さらに所有とは、この物質代謝においてとり結ぶ他者との関係行為である(交通関係)。そして所有とは、この関係行為を通して生み出すさまざまな表象(法、政治、宗教、芸術、哲学など)である。マルクスはこのような所有の社会経済的な内実を市民社会の解剖学としての政治経済学によって解読し、この解読を通して経済学批判としての『資本論』を体系化した。

この体系化は私的所有の運動法則を説き明かす。そしてこの解明は、同時に私的所有の運動を通して進展する生産の社会化の過程を開示することであり、領有の私的性格と生産の社会的性格との矛盾を暴き出すことであった。この矛盾の深化は、私的排他的な関係をのりこえて生産者の自由な連合にもとづく社会的でかつ個体的な所有の実現を準備する。このような社会的で個体的な所有の実現が《社会主義》と呼ばれる体制である。

だが二一世紀の社会主義を考える場合に、所有の概念と並んで無視しえないのが、市民権あるいは人権の概念である。今日の社会主義像は、私的所有批判を通してだけでなく、市民権批判を通しても構想される必要がある。そしてマルクスが私的所有権という法的原理を社会経済的内実においてとらえ返したように、市民権の社会経済的内実をとらえかえし、この内実を現実化する体制として社会主義像を提示する必要がある。

たとえばアンリ・ルフェーヴルは、すでに三〇年以上も前に、近代的な市民権概念の批判を通して社会主義像の刷新を試みていた。かれは市民権を抽象的な個人の権利としてではなく、日常生活におけるひとびとの具体的な権利としてとらえる。市民権とは、諸種の年齢や性別（女性、子供、老人）の権利であり、労働者や農民の権利であり、訓練や教育の権利であり、労働や文化や休息や健康や居住の権利である、と。それは日常生活においてひとびとが空間と時間を実践的にわがものとする権利である。つまり、ひとびとが都市の生活を営む権利であり、出会いや交換の場所を手に入れる権利であり、時間や場所の使用を可能にし生活のリズムや時間割をみずからつくる権利である。

ルフェーヴルはこのような権利を集約するものとして《都市への権利》を提言する。近代の工業化の進展は都市化を推進し、このような都市への権利をはぐくむ。つまり市場価値や交換価値の支配の中で使用価値を復権させ、商品や貨幣という物象が支配する世界の中にひとびとの出会いを発見し、平板化された空間の中に時間を刻みこみたいという欲求をはぐくむ。時間の空間化をのりこえて空間に対する時間の優位を復権すること、芸術や哲学がもたらす作品の意味を再建すること、これが都市への権利であり、このような社会的欲求を保証する体制が社会主義なのである。したがって社会主義とは、もはや《生産の合理的な計画化》という定式では不十分なものとなる。社会主義は「諸々の社会的欲求へ、したがって都市社会の諸欲求へと方向づけられた生産としてしか構想されることはできない。」(Lefebvre H.［1968a］邦訳一九〇頁)

社会主義の課題は、たんに社会的剰余の合理的な管理や分配の平等の実現だけではなく、都市社会の社会的欲求を自己決定し、その欲求にもとづいて生産を組織することとなる。

ルフェーヴルは抽象的な個人の権利としての市民権を都市への権利という視点から批判的にとらえ返し、市民権という法的な権利を、マルクスが所有論において展開したように、社会経済的な内実においてとらえた。つまり都市への権利とは、時間と空間をわがものとして領有する実践的な権利である。市民権論としての社会主義とは、市民権を生産関係行為、交通関係、諸種の表象という多次元においてとらえかえし、そこにおける社会的で個体的な領有を実現する道を探ることを意味する。

(2) 資本蓄積と市民権

資本主義において、市民権は資本蓄積の重要なモメントになる。市民権は蓄積過程を担う主体を生産するからである。近代の市民権は、なによりも国民国家と結びつき、国民という主体を生産した。それはナショナリズムや国民文化に支えられて均質な国民主体をつくりあげた。異質なエスニシティ集団、文化集団、言語集団を均質な国民として統合する過程は、大量生産と大量消費のマクロ経済的な循環過程を担う労働者や消費者を組織する重要な契機となった。二〇世紀初頭の米国におけるアメリカニゼーションの過程が、その典型である。西欧からの大量の移民を労働力源として大量生産方式をうちたてた米国の資本主義は、移民を国民として統合することによって労働と消費の担い手を生み出した。第二次大戦後の先進諸国においても、フォーディズムと呼ばれる蓄積体制は、国民という主体を蓄積の重要な回路とし、国民国家と結びついた市民権に支えられていた。

だがフォーディズムが危機に陥りグローバリゼーションが急速に進展する世紀転換期の今日、国民国家と結びついた均質な市民権に大きな変容が訪れた。消費生活におけるライフスタイルの多様化や社会の流動化・分化の進展とともに、国民という均質な主体に亀裂が入り、諸個人の多様な規定が浮上してくる。そして抽象的な国民の権利ではなく、この多様な規定にもとづく具体的な市民権が問われるようになる。市民権はもはや均質な国民の権利ではなく、それぞれの状況に依存した具体的な個人や集団の権利となる。エスニシティ、ジェンダー、セクシュアリティ、地域集団の市民権がそれであり、個人のアイデンティティを承認する権利としての市民権がそれである。さらには居住地の国籍をもたない亡命者・難民・移民などの市民権のような、国民国家の枠を越えた市民権が提起されるようになる。

このような多様な市民権の登場は、先進資本主義社会における資本蓄積過程の変容と密接に連動している。今日の先進諸国はつぎの四つのダイナミックな変容を経験している。

第一に、先進資本主義社会は、技術革新の推進、生産性の向上、企業経営の効率化、産業連関の組織化、地域の編成のいずれにおいても、情報と知識に大きく依存している。社会と経済における情報と知識の役割の増大は、社会と経済の内省力を高める。

第二に、先進資本主義社会は、資本の生産・流通・分配・消費の諸過程が地球的な規模の広がりと関連をもち、グローバルなシステムになっている。

第三に、先進資本主義社会は、知識・情報に加えて、映像・記号・象徴・音響を生産し、設計・コンサルタント・広告・企画開発などの生産者・消費者サービスが発展する。この動向も、やはり社会と経済の内省力を高める。

第四に、先進資本主義社会では、生産過程・消費過程・組織編制のいずれにおいてもフレキシブル化が進展する。その結果多様な職種が生まれ、消費様式が多様化して、階級や集団の分化が進む。

このような資本蓄積過程のポスト・フォーディズム的な変容とともに、市民権も大きく変容する。

第一に情報と知識の役割の増大は、情報へのアクセス権やコンピュータに媒介されたコミュニケーションに関する権利（技術的市民権）を生み出した。近年注目されているデジタル・デバイド（情報格差）は、その意味で技術的市民権の重要性を示唆している。コンピュータの操作能力をもつ者ともたない者、情報にアクセスできる者とできない者の格差がしだいに拡がっている。この格差がそのまま所得格差や社会的地位の格差につながる。この格差を是正するために、技術的市民権は重要な役割を果たす。

メディアやコンピュータを介したコミュニケーションの増大によって、大衆が操作され受動的に情報を消費する存在となるだけでなく、逆にメディアやコンピュータを手段として公共圏に能動的に介入する能力をも高めている。技術的市民権とは、情報を聴取する能力を保証し、この能力を用いて公共圏に介入する権利である。それは相互的なコミュニケーションを活性化する回路となる。

第二に、国境を越えた経済活動の進展は、国民国家と結びついた既存の市民権を揺り動かし、国民国家を越えたトランスナショナルな市民権を提起するようになる。資本の国際移動とともに、労働力の国際移動が激しくなる。国際紛争の激化とともに、難民や亡命者が増大する。母国を離れ異国の地で生活するディアスポラの民が増大する。その結果、国籍をもたない外国人の市民権やマイノリティの文化・教育・言語に関する市民権が問われるようになる。

またグローバリゼーションの進展は、グローバルな通信ネットワークや国際移動する大量の移民によって組織される世界都市を生み出し、国民国家を越えたグローバルな都市への権利が誕生する。

第三に、映像・記号・象徴・音響の重要性は、日常生活の美学化と内省化を促し、個人のアイデンティティ形成に対する意識をはぐくむ。そのために、市民権は個人のアイデンティティと密接に結びつくようになる。つまり市民権は均質で抽象的な個人の権利ではなく、多様で具体的な諸個人の差異を承認し、個人の多様なアイデンティティ形成を保証する権利となる。

第四に、経済のフレキシブル化の進展は、上記の三点とも結びついて、消費主義の興隆、ライフスタイルの断片化と多元化、アイデンティティの趣向の増殖をもたらし、このような多元的アイデンティティ形成を保証し、生産者・消費者として文化領域に参画する権利（文化的市民権）が要請されるようになる。

(3) アイデンティティの多元化と差異の承認

こうして国籍やナショナリズムとの一義的な結びつきを有していた市民権は、多様なアイデンティティ形成と結びつき、それを保証する権利となる。たとえば、アメリカ人としての国民的アイデンティティは、アフリカ系アメリカ人、アジア系アメリカ人、ラテン系アメリカ人、女性、ゲイ、レズビアンのような多様なアイデンティティへと差異化され、その差異を承認する市民権が生まれる。

性的な市民権も、たんに男女の政治的・社会的平等の権利としてだけでなく、ゲイ、レズビアン、バイセクシュアル、トランスジェンダーなどの性の多様なアイデンティティを承認する権利として定義されるようになる。アイデンティティはもはやナショナル・アイデンティティのような一元的なものではなく、断片化され、複合化され、多面的に構成されるようになる。すでに見たように、このようなアイデンティティの断片化と複合化は、先進資本主義における蓄積過程の進展と密接に結びついている。

故郷を離れて流浪するディアスポラの民は、自己のアイデンティティをたえず解体し再構成する必要に迫られる。したがってアイデンティティとは、不動の自己同一性を意味するのではなく、たえざる自己解体=再組織を通したアイデンティティ形成の過程としてとらえられるべきものとなる。そしてこのようなアイデンティティのありようが、複合化と情報化が進む高度産業社会の個人のアイデンティティ形成の理念型となりつつある。

「このような多様なアイデンティティの興隆は、ポストモダン化とグローバル化の過程の一部であり、自我がプロジェクトとして現れ、新しいレベルの自己内省とライフスタイルの増殖が現れたことの一部である。」(Isin E. F./Wood P. K. [1999] p.13.)

個人のアイデンティティ形成は、同時に集団的なアイデンティティを再構成する過程でもある。つまり集団的アイデンティティはもはや自明の前提ではなく、この前提そのものが問い直されるようになる。男と女、国民、階級、地域の集団的アイデンティティはもはや自明ではない。集団的アイデンティティとは、個人がたがいの属性を承認しあって類似性をつくりあげていく過程の産物である。この過程には諸種の言説や表象が介入する。そこには敵対関係と権力が作用している。たとえばマイノリティの集団的アイデンティティは抑圧され、ナショナリズムにもとづく集団的アイデンティティが承認される。日本ではアイヌや沖縄や在日の民族的アイデンティティは承認されてはこなかった。

一九七〇年代以降に高揚する新しい社会運動は、このような個人的アイデンティティの承認と集団的アイデンティティ形成を軸にして進められてきた。それは分配の平等を求める社会主義の運動とは異なり、文化の領域を戦場とし、規制の社会秩序における支配的な表象・映像・概念を告発し批判する。これらの運動は《文化政治 cultural politics》と呼ばれる。

われわれは分配の平等と並んで、しかもそれと有機的に連動しながら、文化政治を推進する社会主義戦略を提起しなければならない。グローバリゼーションとポストモダンが進展する今日、われわれはもはや均質で統一的な市民権の概念に立脚することはできない。たがいに排除しあうと同時に重なり合う多元的で多面的な市民権をどのように節合するのか。断片化された多様な市民権を平等主義的に節合して多元的なラディカル市民権をどのようにして確立するのか。それは多元的で平等主義的な民主主義の新しい理念を探ることでもある。この市民権の確立においてこそ、時間と空間を多元的にわがものとする権利がうちたてられる。二一世紀の社会主義像はそのような市民権に支えられなければならない。

(4) 分配の平等と承認の政治

以上のような市民権の変容とラディカル市民権の確立の必要性が、社会主義戦略の新たな課題となる。ラディカルな市民権の確立は分配の平等という経済的な課題と密接に結びついているが、この課題とは区別される独自な課題である。N・フレイザーによれば、社会的承認を得られない誤認状態は、分配の不平等と並んで現代社会における抑圧と支配の独自なメカニズムを作り上げている。たとえばセクシュアリティにおけるヘテロセクシズム的な誤認（異性愛を正常な性愛の形とする表象）は、ゲイやレズビアンの社会参加を拒み、彼ら（彼女ら）の社会的承認を妨げている。フレイザーはこのような社会参加の禁止と不承認は、分配の不平等とは別の制度による社会的評価様式に起因している。したがって誤認の不公正は、経済的分配の不公正に負けず劣らず重大な不公正であり、後者を前者に還元することはできない。

だが同時にフレイザーは誤認の不公正と分配の不公正を、文化的なものと物質的なものに二分する発想をしりぞけ、誤認の不公正は、文化的なものであると同時に物質的なものでもあるという。それは誤認の不公正が、自然に対する生産関係行為や交通関係や意識関係という多次元的な位相によって編成されているからである。したがって誤認の不公正をただす承認の政治は、生産関係の変革や再分配をめざす政治と連動しなければならない。今日の社会主義の戦略は、集団の差異を承認する多文化主義の政治との有機的な連携において展望しうるのである。

空間の生産と社会主義

(1) 空間の集団的領有としての社会主義

空間は、一見すると社会経済体制とは無縁な与件であるかのようにみえる。だがとりわけ現代の空間は、ひとびとの経済的・社会的・政治的な実践にとって所与の枠組みではなく、ひとびとの諸実践による活動の産物である。国家にとって、空間とは政治戦略を行使する対象であり、資本にとって、空間とは労働生産物と同じように剰余価値生産の対象であり商品取引の対象である。都市計画や国土整備計画は、地域や都市の空間に仕切りを入れ、仕切られた空間に人や資材を配置する。社会空間は、交通網や情報通信網を張りめぐらすことによって均質化され、ひとつに結びつけられる。不動産業、観光業、開発業は、土地や空間を細分化して商品として売買する。このようにして二〇世紀の資本主義は、社会空間をたんに資本の再生産活動の枠組みとして前提しただけでなく、生産と再生産の活動の対象として活用し制御しようとしてきた。

今日では利害を異にする諸種の当事者が社会空間に介入しており、社会空間はそれらの諸利害がせめぎあう紛争の場となっている。社会空間には諸種の社会諸関係が刻みこまれ、社会諸関係の空間的配置をめぐって社会闘争がくりひろげられる。行政官僚や巨大資本は、空間を序列化してそこに知識や情報や人を配備することによって、空間を政治戦略や投資の対象とする。労働者や住民を資本や国家の権限の下に集結させると同時に、かれらの直接的コミュニケーションを妨げるようにしてひとびとを空間に振り分ける。このような資本と国家の空間への介入は、もはや地域空間や国民空間を越えてグローバルな世界空間にまで及んでいる。

資本と国家が自己の利害にもとづいて空間の構想を練り上げ、空間の戦略を行使している以上、被統治者はそのような支配的空間に対する対抗構想を練り上げ、空間の対抗戦略をうちださなければならない。賃金生活者や地域住民がみずからの協同労働や協同生活の諸関係を空間的に配置する構想を提起しなければならない。今日の社会空間は、そのような支配と被支配のヘゲモニー闘争がくりひろげられる主戦場となっている。

今から三〇年近くも前に先進諸国の高度成長が進展するただ中でこの問題を提起したのが、アンリ・ルフェーヴルの『空間の生産』であった。資本と国家による空間への介入が進んでいる以上、社会主義の戦略を国家レベルでの政治変革や生産手段の集団的な所有という目標にとどめることはもはやできない。社会主義を《生産の合理的な組織化》として定義するだけでは不十分であり、《空間の集団的な占有と管理》を社会主義の主要課題とすべきだ。

「社会を転換するためには、空間の集団的な占有と管理が前提とされる。空間の占有と管理は、『関連当事者』が多様でたがいに矛盾しあう諸種の関心を抱いて空間にたえず介入することによっておこなわれる。」(Lefebvre H.［1974］邦訳六〇一頁)

資本主義においては、空間は《生産物》として生産されている。生産物とはテイラー主義的労働のような反復する身ぶりの産物であり、複製可能な身ぶりの成果である。空間はそのような生産物として生産されることによって、社会諸関係を自動的に再生産する。社会主義は、これに対して空間を「人類の集合的（類的）な《作品》」(Lefebvre H.［1974］邦訳六〇二頁）として生産しなければならない。空間は芸術家や創造者の刻印を帯びた複製不可能な唯一のものとして生産されねばならない。そのような新しい空間の生産なくして新しい社会の生産はありえない。それゆえ社会主義革命とは空間の革命、とりわけ都市空間の革命でなければならない。こうしてルフェーヴルは、空間の生産という視点に立って社会主義を再定義する。

ルフェーヴルのこの問題提起は、都市社会学や経済地理学といった学問的実践において受けとめられ、高い評価を得てきた。それは資本と国家の空間介入の戦略が、通信工学・情報科学・サイバネティクスなどの「空間の科学」を介してその後急速に展開したからである。だがそのような知的レベルにおける認識に対して、社会運動や政治闘争における空間の対抗構想は、地域の住民運動や環境保護運動などの個別の次元で提起されることはあっても、それが社会主義戦略の課題として自覚されることはなかった。

ところが近年では、社会主義を諸個人の多元的で自発的な連合として再建しようとするアソシアシオン論において、地域空間や都市空間の組織化という視点の重要性が認識されるようになっている（たとえば田畑稔［2001］は、地域経済と協同労働の組織化や近隣社会の日常生活空間の復権という論点を提示しており、そこにはアソシアシオン論を社会空間論として展開しようとする姿勢がうち出されている）。

また近年環境問題が社会主義の課題として浮上しているが、環境問題を社会主義の課題として受けとめるためには、社会諸関係の空間的な編成について現行のあり方に対する批判と対抗的な空間の提示が不可欠の課題となる。たとえば政治的エコロジーの立場から《永続可能な発展の政治》を提言するフランスのアラン・リピエッツは、政治的エコロジーの課題が社会諸関係の空間的な編成にあることを強調している。

「社会的諸関係は、人間が活動を組織していく仕方を形づくり、そのように組織された人間という種が自分の環境をわがものとしていくやり方について規定する。」（Lipietz A.［1999］邦訳三七頁）

労使関係、企業の内部組織、企業間の取引関係、産業編成、消費様式、都市型生活様式のいずれをとってみても、あらゆる社会諸関係は空間的に編成されており、特定の環境や空間を領有する様式である。したがって、社会諸関係の変革という課題は、必然的に環境や空間を領有する様式の変革をともなわざるをえない。ルフェーヴルの空間論やリピエッツの政治的エコロジー論は、社会主義を論ずる際にこの視点が不可欠であることを教えてくれる。

(2) フローの空間とフローの市民権

近代の社会空間はあらゆるものを交換可能にし均質化する。だがそこではまた、あらゆるものが細分化され、断片化される。近代の社会空間はそのような断片化と均質化との矛盾した関係によって成り立っている。商品・貨幣・資本といった物象のコードは、断片化と均質化を推進して近代の抽象的な空間を編み上げる媒介物である。

だが近年の情報化の進展は、この抽象空間をさらに極限まで推し進めた。情報社会では、資本の生産力や政治権力にとって情報処理や知識が決定的な役割を果たす。巨大企業経営者や行政官僚は、広範な情報通信のネットワークを道具にして社会空間を裁断すると同時に統合する。そのために、労働生産物だけでなく空間そのものが情報通信技術を介して制御と管理の対象となる。そこではひとびとが生活する個々の具体的な場所は、情報通信ネットワークの中に位置づけられ、資本や行政権力の制御や管理の視点から意味づけられる。世界の金融取引のネットワーク、多国籍企業の生産・販売のネットワーク、世界都市のネットワークなどはその典型的な事例である。このような情報通信のネットワークによって編み上げられた空間を、マニュエル・カステルは《フローの空間》と呼ぶ。そこでは人・物・貨幣・情報・記号・映像などがたえず流動化し激しく移動する。地域・農村・都市の具体的な場所は、その固有性がはぎとられて、ネットワークの網の目にからめとられる。

このフローの空間は、近代の抽象空間がはらんでいた矛盾を極限化する。つまりフローの空間においては、ひとびとが日常生活を営む具体的な場所から権力がたえずはぎとられ、場所を抽象したフローのネットワークが強大な権力を手に入れる。「人々は場所に住まい、権力はフローを通して支配する。」(Castells M. [1999] 邦訳二七三頁) 場所に拘束されたひとびとはしだいに自己閉塞的になり、場所から離脱した権力は情報通信のネットワークを介してグローバルにその力を発揮する。この権力を奪われた場所(権力なき場所)と場所を欠いたフローの強大な権力(場所なき権力)との対抗関係が、フローの空間における基本的な争点となる。

だがこの対抗関係は、フローの権力の一方的な勝利には終わらない。情報通信ネットワークは、フローの権力の回路であるだけではなく、場所に住まうひとびとの内省力をもはぐくむからである。場所に住まうひとびとは、フローの権力の回路を自己の場所を内省する回路として活用する。この回路を通して、直接の親密な生活圏である場所をより広い社会的文脈の中におき直そうとする。この自己内省を通して、フローの権力に制御される対象としての自己を解き放ち、場所相互間のアソシエートな連携を図ろうとするようになる。そしてフローの権力を制御する象徴的・文化的なアイデンティティを養うようになる。カステルは場所の空間に依拠しながらフローの空間に対するオルタナティブを提起しうる推進力として、地方自治体や草の根の運動を重視する。

「市民のデータバンク、双方向コミュニケーション・システム、コミュニティを基礎とするマルチメディア・センターは、草の根組織や地方政府の政治的意志を基礎とした市民参加を高める強力な道具である。」(Castells M. [1999] 邦訳二七八頁)

情報通信ネットワークを、権力のフローの道具から、場所の空間を自己組織する市民の道具へと反転させること、それは「フローの空間の内部に地域現場の社会的意味を再構築する」(Castells M. [1999] 二七九頁) 道であり、それこそフローの空間がはらむ弁証法である。

イギリスの社会学者ジョン・アーリの『諸社会を越える社会』は、このようなフローの空間においてたちあらわれる新しい主権を《フローの市民権》と呼ぶ。近代の社会は国土空間と結びつき、国民文化や国民精神のきずなによって組織された国民国家という枠組みを有していた。だがフローの空間の拡充とグローバリゼーションの進展は、国土空間という安定した枠組みをつき崩す。そして、国民国家の主権に代わるフローの空間の主権を提示するようになる。たとえば国民という均質な個人ではなく、エスニック、セクシュアリティ、ジェンダー、年齢を異にする多様な社会集団がそれぞれの文化を築き上げる権利(多文化市民権)、マイノリティが別の社会に参入したりとどまったりする権利(マイノリティ市民権)、市民が国境を越えて移動し異なった文化や場所を享受する権利(移動の市民権)、消費者が多様な財やサービスを入手する権利(消費者市民権)、地球の生態系の維持に関する責任と権利(生態学的市民権)、などがそれである。これらの市民権はいずれも、国民の権利のように特定の領域(国民国家)の内部に永続的にとどまる成員の権利ではなく、諸種の境界を越えて移動するフローの市民権であり、さまざまなリスク、旅行者、消費財やサービス、諸種の文化、移民や観光客に関する権利と義務である(Urry J.[2000] p167.)。

前節で提起した《市民権論としての社会主義》は、本節のテーマに関して言うと《空間への権利》として再定義される。二一世紀の社会主義は、フローの市民権を介した空間への権利をうちたてなければならない。それは労働者の国際連帯という社会主義の古典的なイメージを越える新しい集団的主体と主権を提起する。

(3) 場所感覚と対抗空間の構想

社会主義の対抗空間は、フローの市民権によるフローの空間の自己組織として展望しうるが、その場合に重視すべきものは、フローの空間において消去されていく具体的な場所感覚である。デヴィッド・ハーヴェイは具体的な場所感覚とフローの抽象空間との対抗関係の中で、社会主義を考えようとしている。ハーヴェイはこれまでの社会主義運動が、労働運動やジェンダー関係などの経験を通して情緒にあふれたがいに顔見知りの共同体の中でつちかわれてきたことを強調する。社会主義は、ひとびとが実際の生活に従事する中で活動や知覚を通してみずからが住まう世界から生じてきた。そのような場所の固有性と特殊性を社会主義の理論に組み入れることによって、「戦闘的個別主義」が生まれてくる。だがそのような場所感覚に根ざした戦闘的個別主義は、科学者や政党の指導者が唱える抽象的な社会主義の理念になると消え去ってしまう。したがって「あるスケールで、ある場所で、ある特定の感情の構造から取り結ばれた忠誠を、ほかの場所でも一般的に存続できる運動にするために必要とされる忠誠へと変換し翻訳しなければ」(Harvey D.[1996] 邦訳一〇二頁)ならない。この変換と翻訳を可能にするためには、具体的な場所感覚や環境や空間の物質性を抽象化するのではなく、それを世界に埋め込む方法を発見しなければならない。

グローバル化とともに抽象空間が極限化する今日、純粋抽象の数量空間のただ中で具体的経験の場所性が重視されるようになっている。この場所感覚はひとびとが互いの距離の取り方や周囲の環境との関係を学びつつ空間を領有する源泉にあるものである。社会主義を抽象空間と具体的な場所感覚との対抗的矛盾の中でとらえかえすことが求められているのである。

(4)《国富》論から《地域の富》論へ——グローバル時代におけるローカルな社会空間の構築

ルフェーヴルは、社会主義が資本主義とは異なる社会空間を生産しなければならないという。かれは『空間の生産』の末尾で、ソビエト・モデルと中国モデルを比較しながら、前者では巨大企業と大都市を最優先する資本主義と同じ空間形成のロジックが踏襲されているのに対して、後者では農業都市や中小規模の都市を重視し、農村と都市との分離を克服する方向性がうち出されている、と指摘する。社会主義は、生産の合理的な組織化と経済成長の推進を第一義に置く空間編成ではなく、空間を集団的に領有する別のロジックを採用しなければならない。中国のその後の近代化路線はここでルフェーヴルが対比したような発展の道をかならずしも歩んではいないが、社会主義の対抗空間を構築する必要性についてルフェーヴルが提起した問題の枠組みは、今日においてもなおその有効性を失ってはいない。

しかもその後一九七〇年代以降の資本主義は、グローバリゼーションを推進するダイナミズムによって、みずからの社会空間の内部に空間編成のオルタナティブなロジックをはぐくんでいる。フォーディズムの大量生産方式が危機を迎えるとともに、情報技術と多機能労働者によるフレキシブルな生産方式が登場し、この新生産方式とともに従来の産業空間の編成様式もしだいに変容していく。大企業は本社に情報管理と企画開発のセンターを集中する一方で、低賃金の単純作業工程を海外に移転する領域分散型の垂直的統合を推し進める。これに対して、中小企業が地域の企業間ネットワークを密にした地域の産業集積空間を編成するようになる。サードイタリーの新興工業地帯、カルフォルニアのシリコンバレー、スウェーデンのカルマル・ボルボ工場、ドイツのバーデン・ビュルテンベルクのような地域がそれである。この空間変容は、賃労働関係の変容をともなっている。巨大企業による領域分散型の垂直的統合空間は、フォーディズム時代の資本による労働の統制を原理としたテイラー主義的な労働編成にもとづくのに対して、中小企業群による地域集積型の空間編成は、生産過程への労働者の個人的・集団的な参画を基礎に置く。職と住が一体化した地域でフェイス・トゥー・フェイスの人間関係が根づいて、その中で労働者の技能形成や集団的作業が推進される。さらに企業間関係だけでなく、地域の大学・協同組合・労働組合・住民組織・NPOなどのネットワークを編成し、地域空間を公共的に編成する社会政策や地域福祉政策が提起される。地方自治体が主導して技能開発センターや職業訓練学校が設立され、大学と企業との連携による技術開発が推進される。

そこでは国民国家における制度化された政治（ガヴァメント）に代わって地域社会を自己組織する新しい政治（ガヴァナンス）が注目されるようになる。地方自治体や公共団体に加えて、非営利組織、非政府組織、住民運動を包みこんだ非公式の協力関係がはぐくまれる。また地域住民のサービス交換を媒介して地域生活を充実させるために地域通貨の発行がこころみられる。

グローバリゼーションが急進展する産業空間の中に、このような空間編成の対抗的なベクトルがせめぎあう。

近代の資本主義は国民経済空間を樹立し、国富を国民総生産というものさしで評価する基準をうちたてた。だがフローの空間が国民経済の領域解体を進行させるグローバル時代の今日、場所感覚に裏打ちされた地域空間が社会的分業連関を自己組織し、生産者・消費者・市民の共同の連携を可能にするアソシアシオンの枠組みとして浮上しつつある。国富に代わる地域の富は、社会主義の空間を表示する新しい豊かさのものさしとなる。わたしたちは資本主義のグローバリゼーションの進展下ではぐくまれつつあるこの地域空間の中に社会主義の空間編成の可能性を読みとっていかねばならない。

時間の解放と社会主義

(1) 空間における時間の復権

前節で述べた《社会空間の対抗構想》(空間の集団的領有、フローの市民権、場所感覚の復権、地域の富など)は、同時に《社会時間の対抗構想》を呼び起こす。なぜなら社会空間の対抗構想は、近代の抽象空間の中で失われた時間感覚を復権させるものだからである。資本主義の抽象空間は、都市計画、国土開発計画、不動産開発などによって日常生活におけるひとびとの生きられる経験のエネルギーを吸収し、生活のリズムを裁断した。抽象空間においては、時間が抽象化され、平板化されるのである。だが空間を集団的に領有し、フロー化する空間の市民権を確立し、空間に場所感覚と地域感覚を取り戻すことによって、社会空間の中に生きられる経験のリズムが復権する。したがって社会主義の対抗構想は、不可避的に社会時間の組織化を要請することになる。

社会諸関係を空間的に配備する新しい空間の構想は、社会的な時間の革命を呼び起こす。近代の時間は資本の再生産のリズムによって支配され、労働時間を軸にして編成されてきた。だがこのような近代世界の時間規定は、みずからのうちにその自己超克の可能性をはらむようになる。

(2) 必要労働時間の短縮と非労働時間の組織化をめぐるヘゲモニー闘争

近代の時間を支配し管理する主体は資本である。資本の再生産のリズムは、資本の回転=循環の運動を通して編成される。この運動は労働期間・生産期間・流通期間の反復を通して展開される。資本は価値増殖の効率を高めるために、資本を投下してからそれを回収するまでの時間行程をかぎりなく短縮して、資本の回転速度を速めようとする。そのために、科学技術の革新や諸種の制度改革は、ひたすら資本の回転速度の上昇に向けて推進される。とりわけ資本の流通速度を高め、流通時間をかぎりなくゼロに近づけようとする衝動が働く。資本は剰余価値の実現にとって不可欠ではあるが剰余価値を生産しない流通時間を短縮することによって、利潤率を引き上げようとする。運輸技術・情報通信技術の革新によって、資本の回転時間はかぎりなく切り縮められる。この時間の短縮を通して、空間が圧縮される。今日のグローバリゼーションは、価値増殖の効率的な追求をめざす時間短縮の衝動を主要な原動力としている。

このような資本の回転速度の高まりの中で、必要労働時間もしだいに短縮されていく。必要労働時間を短縮して剰余労働時間をかぎりなく引き伸ばすことが、剰余価値の生産にとって根源的な条件だからである。だが必要労働時間の短縮は雇用の減少と大量失業の発生となってあらわれる。技術革新が急進展する今日の産業社会では、投資の拡大がかならずしも雇用の増大をもたらさない。労働者の内部で減少する雇用をめぐって激しい競争が生ずる。安定した正規雇用の労働者と、パートタイマー・臨時工などの不安定就労者との格差が拡大する。経済危機の進展とともに、膨大な量の失業者が発生する。また近年生み出されている新しい雇用の多くは、一時雇用者あるいはパートタイム雇用者である。ヨーロッパでも、正規雇用の労働者数は労働力人口全体の半数にすぎなくなっている。さらに失業者、半失業者が増大する一方で、剰余労働時間の成果を私的にわがものとする一部の富裕層に富がますます集中する。その結果、《二重社会》、《砂時計型社会》と呼ばれるような社会の二極分解が深刻の度を増していく。

したがって必要労働時間の短縮は、今日膨大な量の失業時間の発生と富の少数者への集中という対立を激化するだけで、社会の個々人の能力を発展させる自由時間の開花となってあらわれることはない。その理由は、雇用を公平に分配する仕組みも、社会成員がたえず増大する自由時間を享受する制度的な仕組みも整えられていないからである。

このような仕組みをうちたてるためには、資本の再生産に支配された社会時間の構造を転換しなければならない。

この転換はなによりもまず、労働時間と非労働時間との対立関係を廃棄することによって実現される。現存の資本制社会では、労働と雇用がひとびとの社会的アイデンティティを実現する主要な場となっている。労働と雇用はひとびとが社会化されるためのほとんど唯一の場となっている。とりわけ日本のような法人資本主義の社会では、企業に就職（就社）することが社会への参画とほとんど同義となる。逆に失業は社会からの決定的な排除を意味する。

したがって、このような労働時間と非労働時間との関係を逆転して、非労働時間においてひとびとが自己の能力を発展させたり、新しい能力を身につけたり、別の生き方を追求することができる制度的保証が求められる。社会的剰余の時間を私的な領域に放置するのではなく、この時間を通してひとびとが社会的アイデンティティを実現し、諸個人の能力を開花させなければならない。市場取引において商品価値を生産する活動ではなく、自己自身の生活を充実させる活動を、ひとびとのコミュニケーションの活動を、共同で地域生活の課題に取り組む活動を、保証しなければならない。この課題は《時間の政策》を必要とする。それは非労働時間におけるひとびとの活動を保証するようなもろもろの制度的整備（教育、都市、文化、公共施設など）を必要とする。

それはわたしたちが文明の巨大な転換に立ち会っていることを意味する。労働文明から《解放された時間の文明》への転換がそれである。わたしたちは労働時間を軸にした近代の社会形成に代わって、労働から解放された時間を組織する社会形成への発想の転換が求められているのである。

このような時間政策は空間政策と不可分である。自由時間を保証するための社会空間の整備は、ひとびとの出会いを保証し、ひとびとの自主的な共同生活を促し、居住者がみずからの生活環境をわがものとすることができるような建築や街作りを進めるものでなければならない。このような空間政策を通して非労働時間は敵対的な関係としてではなく、ひとびとに共有された自由時間として実現する。このようにして、ひとびとの生活時間は、賃金所得の獲得を目的とする他律的労働よりも、活動それ自身が自己目的となる自律的労働にもとづくようになる。このとき、近代の抽象空間で失われた場所感覚が復権する。「自分が空間の配置や構成、維持に、他の利用者との自発的な協力の下に参加しているならば、私はこうした共生的な共同空間のなかで自分の場所にいると感じる。」（Gorz A.［1997］邦訳二六七頁）

この時間の政策は、労働運動と社会運動の新しい闘争の領域と課題を提起する。これまでの労働運動は生産現場における直接的労働をめぐってくりひろげられてきた。だが富の源泉が直接的労働であることをやめることによって、階級闘争の新しい戦場と課題が出現する。

周知のように、マルクスは生産力の発展による必要労働時間の短縮とともに、富の源泉が労働者の直接的労働ではなくなること、そして集合労働者の一般的な知性が資本の主要な生産力となることを指摘していた。だが集合労働者の一般的な知性が主要な生産力となるということは、剰余価値の源泉がもはや労働現場だけでなく、日常生活全般になるということを意味する。集合労働者の一般的知性を組織する過程には、ひとびとの消費生活、文化活動、教育・技能形成、余暇活動といったすべての過程がふくまれるからである。このことは、生産性が上昇して、労働者の労働時間が短縮すればするほど、剰余価値の源泉が労働者の非労働時間に依存するようになる、ということを意味する。資本はこの非労働時間を資本の生産力として組織し、剰余価値の極限的な増殖を追求する。

そうすると、階級闘争は労働時間をめぐっておこなわれるというよりは、むしろ非労働時間を組織するベクトルをめぐってくりひろげられるようになる。非労働時間においてひとびとの欲望をスペクタクル産業に動員したり、ひとびとの自己内省力の集合体としての一般的知性を資本の第一次的生産力へと誘導する方向で組織するのか、それとも非労働時間を社会の諸個人の能力を開花させる自由時間として組織するのか、という対抗軸がそれである。この対抗軸を通して、労働に結びついた打算や採算を価値基準とする《労働社会》か、それとも創造性や共生や美意識や遊びを価値基準とする《文化社会》か、という社会形成のヘゲモニー闘争が展開される。

自由時間の社会とは、必要労時間の短縮とともに自動的に実現されるのではなく、このような社会闘争の争点として提起されるのである。それは自由時間を担う社会的な主体の確立と自由時間を組織する社会的な仕組みの構築によってのみ達成しうる事柄なのである。

(3) 労働の危機と時間解放社会の展望——時間政策とオランダモデル

社会主義は社会時間を組織する仕方において、資本主義とは異なる対抗構想をもたなくてはならない。社会主義は時間規定の根本的な変革にもとづかなければならない。それは生産性の増大と労働時間を基盤とした効率的・合理的な計画経済のシステムではなく、自由時間を基盤とする文化社会でなければならない。労働運動や階級闘争は、自由時間を組織する社会の構想を欠落させてきた。ゴルツはそれを労働運動における「政治の欠如」あるいは「社会の欠如」と呼ぶ（Gorz A.［1997］邦訳三〇八頁）。

福祉国家は、労働運動におけるこの「社会の欠如」を補うものとして、社会の代替物として生み出された。労働運動は自由時間を保証する社会の構想を放棄して、失業をはじめとする非労働時間の管理を国家にゆだねたのである。

A・ゴルツのこの提起はきわめて重要である。今日の産業社会はますます少ない労働でますます多くの富を生産するようになっている。そうすると、労働時間を管理することよりも、社会的なレベルでの解放されたこの非労働時間をどのように分配し管理するかが主要な課題となってくる。この問いを放置することは、雇用を失い社会から排除されて貧困に陥る社会層と、自由時間を享受する一部の特権層との社会的分断をますます強化することになる。賃金労働に拘束される社会から賃金労働よりも自由時間が圧倒的な比重を占めるようになる時間解放社会が事実上生み出されているときに、この解放された自由時間を公平に分配しその利用を保証する社会空間をどのように築き上げるのか。この対抗構想を提起することこそ、社会主義の基本課題にほかならない。

したがって社会主義の社会形成は、社会時間の組織化に関する時間政策を必要とする。時間政策とは、労働時間の短縮という社会全体の生産力的な成果を経済合理性の原則ではなく、社会的公正の原則にしたがってどのように配分するかをめぐる政策である。労働時間の節約は「社会全体が生み出したものである。政治的使命とは、その恩恵を一人ひとりが享受できるように、社会全体の規模で分配することなのである。」（Gorz A.［1997］邦訳三一八頁）社会の平均労働時間がたえず短縮されるつつあるとき、必要な時間政策は、全員が働く時間を少なくして、全員が働くと同時に、全員が労働以外の場で個人の能力を発揮し社会的なアイデンティティを獲得できるようにするということである。このような状況下で一人当たりの労働時間を延長することは、短縮される労働時間を特定のひとびとが占有することを意味し、それ以外のひとびとを労働と雇用から排除することを意味するからである。

こうしてワークシェアリングの時間政策が課題として登場する。この時間政策は、労働時間から自由時間への転換を推進する契機となる。今日の労働時間は、かつてのような連続的で同時的な性格を失い、しだいに断続的になり非同期化しつつある。ひとびとはもはや自分の日常生活の大半を労働時間に費やすことをやめつつあり、またひとびとは一斉に労働するのではなく、各自の都合に応じて特定の時間帯、特定の時期に労働するようになる。

ゴルツはこの非連続的労働について興味深い事実を指摘している。以前には資本主義の時代であっても、不連続的な労働が社会的に承認され、半労働、半失業のような生活を送る労働者が存在した。たとえば一九一〇年代のイギリスでは、大都市の製造業の職工は、週のうち三、四日だけ仕事に精を出し、それ以外の日は仕事場に行かなかった。当時はそのような働き方が普通の働き方として認められていた。そしてそのような働き方こそ、資本からの労働生活の自律性を保証するものであった。だがやがて資本家はこのような労働生活の自律性を奪いとり、労働者を資本の再生産過程に全面的に組みこむことに成功したため、このような断続的な労働生活が消え去り、ひとびとはフルタイムの正規労働者か、完全失業者かのいずれかの道を選ぶことを余儀なくされるようになったのである。「断続的労働の廃止をねらったのは、明らかに労働者の自由の抹殺であり、時間の自主管理の自由、人間ひとりひとりが自分の生活のテンポを自分で決める自由の抹殺だったのである。」（Gorz A.［1997］邦訳三二八頁）

ポストフォーディズムの進展とともに不安定就労が増大する傾向がみられるが、これは必要労働時間の短縮にともなって資本が労働力をフレキシブルに管理しようとする方策である。資本はちょうど部品在庫のジャストインタイム管理のようにして、労働力を必要なときに、必要な量だけ調達する方法として多様な不安定雇用形態を採用する。そして資本のこのような雇用戦略に呼応するかのようにして、労働者（とりわけ若年層の労働者）はフルタイム雇用を敬遠するようになっている。労働者は自分の個人的能力をフルタイム雇用の中で開花させる可能性をほとんど見いだせないと判断しているからである。こうして資本の雇用戦略は、正規雇用の労働者、不正規雇用の労働者、そして雇用そのものから排除された失業者の間の分断と対立をますます深めていく。

重要なことは、このような分断と対立を克服するために、不正規の雇用を社会的に承認して、正規雇用との差別をなくすような制度的な整備を図ることである。

「就労時間の個人化と非同期化の傾向に集団的な保護や保証の枠をはめ、そこから資本家のではなく、労働者の新たな自由をつくりだすこと」（Gorz A.［1997］邦訳三三一頁）が重要なのである。

近年注目されているオランダモデルは、《パートタイム労働とパートタイム革命》と呼ばれている。オランダでは九六年に労働時間差の差別を禁止する法律を制定し、フルタイム労働とパートタイム労働との差別を廃止した。両者の差別をなくすということは、両者の時間当たりの賃金格差をなくすことを意味する。またパートタイム労働にも、健康保険や退職金などもふくめて正社員と同等の手当が支給される。フルタイム労働か失業かという二者択一を強いられるのではなく、自分の生き方を軸に生活設計を立て、それに応じて労働時間を選択することを可能にする制度的な仕組みを設けなければならない。賃金労働の時間よりも自由時間を重視し、育児・ケア・自分の時間を軸にして賃金労働の時間を調整することを保証する制度が求められているのである。

パートタイム革命のような制度的整備は、ますます短縮する必要労働時間と雇用の減少に対するワークショェアリングの方策のひとつである。それは労働権という市民権を社会の全成員に保証するための重要な条件である。

(4) 市民権と労働権——最低所得保障をめぐる論争

ヨーロッパではすでにこの時間管理の制度化が、福祉国家のありかたをめぐって政策論争となっている。

近年ヨーロッパでは、福祉国家の衰退にともなって、社会から排除されるひとびとが増大し、排除されたひとびとを救済するために最低所得保障の制度を設けようとする試みがなされている。たとえば一九八七年にフランスで施行されたRMI［社会編入最低所得］がそれである。それまでの福祉国家の社会給付は、賃金生活者が賃金の一部を保険金として積み立てて、この積み立て金を基金としてそこから医療扶助、雇用保険、年金を受給する仕組みになっているが、社会から排除されたひとびとを救済するために、このような積み立ての義務なしにすべての個人に無条件に支払われる《普遍的手当》がこれである。この制度は、労働と生存権を切り離して、労働から排除された人にも生存権を保証しようとする制度であり、この制度はかつてのような労働と雇用を基礎においた福祉国家から市民権にもとづく福祉国家への転換を物語るものであると言えよう。

だがゴルツはこの市民権所得をつぎのようにして批判する。労働市場から排除された者に生存手当をあたえる制度は、労働時間の短縮にともなう失業の大量発生という問題を放置して、社会から締め出される弱者を救済するだけであり、正規雇用者と失業者との分断を固定し正当化するだけである、と。問題は、労働から排除されたひとびとに労働にもとづく市民権をどのようにして保証するかである。ひとは社会に所属しているかぎり、社会に労働を提供する義務をもち、同時に提供した労働に対してその取り分を社会に要求する権利をもつ。したがって所得権と労働権とは切り離すことのできない関係にあり、この両者の一体性が、一人ひとりにとってその市民権の土台なのである。問題はひとびとがこのような市民権から排除されないようにすることである。そしてこの市民権を基盤にして、ひとびとが労働時間の短縮の成果を平等に享受すること、つまり非労働時間において自己の多様な能力を発揮するように保障することである。

(5) 時間主権の確立

ひとびとの日常生活が資本の回転速度によって管理されスピードアップ化される傾向がますます強まる中で、この傾向に抵抗する運動も高まっている。たとえば北イタリーの地方都市では、マグドナルドに代表されるファーストフードの市場支配に対抗して、《スロー・フード》が提唱され、食料品店の週二日の休日、手作り作品の奨励、市内の中心部への車の乗り入れの禁止、地場産業の奨励など《スロー・シティ》、《スロー・ライフ》をスローガンに掲げる運動へと発展している(『ニューズ・ウィーク』二〇〇一年七月四日号)。スピードと効率を追求するよりも、生活を楽しむ権利が重視され、自分自身の生活時間を自己管理しようとするひとびとの意識が高まっている。

こうして、わたしたちは資本による生活領域の全面的な支配が進行するただ中で、まったく別の現実が生み出されていることに気づくようになる。二四時間を資本に吸い取られ管理される現実の中に、わたしたち自身が自由に利用しうる膨大な自由時間の可能性が生み出されているという事実がそれである。だが自由時間を共同で管理する制度を確立しないかぎり、わたしたちはこの自由時間を失業時間として経験するほかないのである。

解放された膨大な非労働時間を社会が共同で管理する。これこそ社会主義が基本理念に掲げるべき重要課題である。そのためには時間を管理する権利、つまり時間主権を基本的な人権として確立する必要がある。それは労使間協議の課題であると同時に、重要な政策課題でもある。

「現代市民社会の成員たちが資本主義社会の勤労者として『時間の主人公』になること、つまり、基本的市民権および人権として《時間主権》を個体的かつ共同的に樹立することが、ブルジョア的な資本主義的社会構成のさなかにあってラディカルな民主主義の発展を実現させるものである。このような時間主権を、制度化された妥協=合意［フォーディズムの労使間妥協が見失ったもの――引用者］として推進することが、新しい市民社会としての社会の成熟にほかならないのである。この意味での成熟こそが、新しい社会構成の内実を形成していくのである。」（平田清明［1993］三四八-九頁）

個人の解放と労働社会の終焉

(1) システムからの個人の解放

二一世紀の社会主義像の構築は、二〇世紀社会主義の負の遺産をのり越えるものでなければならない。それはまた、二〇世紀資本主義の生産力がもたらした社会形成の新たな地平を明示し、その脱構築を図るものでなければならない。本論では、ポストモダンの歴史的状況という現状認識に立って、市民社会、市民権、社会空間、自由時間というキーワードを通して古典的な社会主義像の刷新を試みてきた。

古典的な社会主義思想は、資本主義を無政府的な自由競争の社会とみなして、その無政府性を克服するために経済合理的に計画されたシステムを構築しようとした。したがって発展の目標は資本主義と同じ経済成長に置かれ、そのために経済合理性と科学技術的進歩が是とされた。また社会を巨大な機械、あるいは巨大な工場とみなして、党=国家が中央管理室から指令をあたえ個人がそれに従うというモデルが構想された。

だが二〇世紀の資本主義は無政府的なシステムではなく、国家をはじめとした諸種の制度が介在して集団や個人の利害対立や紛争を制御し調整するシステムであった。このシステムの下で、個人は労働者、消費者、あるいは市民としてシステムに動員されながら、同時にシステムから逸脱して、その制御を越えた存在となっていく。そこでは社会・経済システムの危機と個人のアイデンティティの危機がいわば同時進行した。

他方で二〇世紀に現存した社会主義も、党=国家の指令によって機能するだけのシステムではなかった。集権型計画経済の機能様式においては、計画立案の過程で中央の政治家、部門省庁の役人、企業経営者、労働者などの経済当事者が自己の利害にもとづいて相互に駆け引きを行う。中央―部門省庁―企業という垂直的な機構における利害対立の制御調整が集権型計画経済の機能様式であった。この機能様式が経済発展を保証しなくなり、経済当事者がこのシステムの担い手に甘んじることを拒むようになるとき、システムは動揺を始め、やがて崩壊することになる。

いずれにせよ、二〇世紀システムはシステムによる個人の制御能力あるいは動員能力を著しく高めたが、そのゆえに個人はシステムの制御能力を越えて逸脱する可能性をはらむようになる。二〇世紀システムはそのような個人の解放と自律の欲求を生み出した。二〇世紀システムの危機の根本原因はそこにある。A・ゴルツが語るように、社会主義とは「解放や自律の要求によって生起する意味の地平」(Gorz A.［1991］邦訳九九頁)である。とするならば、二一世紀の社会システムが生み出した解放と自律の要求は、システムによる個人の制御ではなく、システムからの個人の解放であり、これこそ社会主義が理念として掲げるべき目標でなければならない。社会主義とは、「今までとは違う経済・社会システムとしてではなく、逆に、社会を一つのシステムや巨大機械にしてしまうあらゆるものを減衰させると同時に、『個性の自由な発展』が達成できるような、自己組織化された社会性の、さまざまな形態を発展させるような実戦的プランとして理解すべき」(Gorz A.［1991］邦訳九九頁)ものなのである。

システムの減衰と個性の自由な発展こそ社会主義の理念である、というゴルツの提起は、一九世紀の近代市民社会批判を通して社会主義像を提起したマルクスのそれを再確認するものである。マルクスは資本蓄積の歴史的傾向性の中に社会主義を展望するが、それは資本制生産においてすでに達成されている成果、つまり「協業と土地を含む全生産手段の共同占有との基礎の上に、勤労者の個体的所有を再建する」(『資本論』「資本主義的蓄積の歴史的傾向性」章)というものであった。勤労諸個人はたがいの社会的労働の成果の上に立って自己の人格性としての個体性をうちたてる。資本主義は教育制度、政治文化、社会的実践の諸形態を通してこのような社会的労働の成果をわがものとする全面的に発達した個人を生み出す。この全面的に発達した個人の主体形成を促しそれを保証する社会、それこそがマルクスの社会主義像にほかならなかった。

だが二〇世紀のシステムは個人の全面的な発展の可能性を生み出しながら、きわめてゆがめられ一面的に肥大化した個人像を生み出した。所得を増加させるために他人に譲り渡す労働能力をひたすら向上させようとする労働者、商品を購買し消費することに欲求のすべてを捧げる消費者、他者とのコミュニケーション能力を失って自己の世界に閉塞する個人、他人を手段視したり自己を他人のための道具とみなす個人、といった個人像がそれである。このような個人像は、市場の競争原理とそれを理念化した自由主義の政治哲学という言説的条件の下に生み出された。市場経済には還元されない人間の豊かな実践を解き放ち、他者との多様なコミュニケーションを通して自己形成を遂げ、価値増殖の手段としての賃金労働ではなく自己目的としての活動を最優先するような個人像をはぐくむためには、公共空間や政治哲学についての新しい言説的条件を必要としている。本論の最後に、この言説的条件の所在を探ってみたい。

(2) 自由主義の政治哲学と労働社会

社会主義とは、なによりもまず「社会的自己了解の軌跡」(平田清明［1996］二〇四頁)である。社会的自己了解とは、歴史の当代において自明とされている意識を自明なものとしてではなく仮象として暴き出しそのような自明の意識を変革することを意味する。つまり、ひとびとが無意識に遂行している日常の行動を自覚しその行動を批判的にとらえかえすことが社会主義の社会形成の起点となるのである。われわれがなによりも批判的にとらえかえさなければならない自明の意識とは何か。それは社会の基礎に人間の労働があり、人間の労働が個人の自由と解放を支える、という発想である。

近代社会において、労働は個人と社会を支える基盤であった。私的個人の存在は私的所有と私的労働によって保証される。また近代社会は社会的分業の体系によって組織された。私的諸労働は他人に依存する労働であり、それらは市場の交換システムを通してたがいに結びつけられた。したがって労働は個人の存在を支える根拠であるだけでなく、社会を築き上げる社会的なきずなでもあった。ただし近代社会では、労働という社会的きずなは商品・貨幣・資本という物象の下に包み隠されていた。そして社会主義は、この物象の下に包み隠されていた労働の社会的なきずなを直接に表現することによって、労働を搾取から解放するものとみなされる。

社会主義では、労働時間はもはや貨幣に媒介されずに人と人との絆として直接にあらわれ、労働時間を直接に表示する労働証書が登場する。したがって労働は諸個人の疎外されざる結びつきを媒介するものであり、人と人とのコミュニケーションの手段となる。そしてこのような社会的きずなとしての労働が、同時に個人を開花させる場にもなるものとみなされる。

このようにして古典的な社会主義像は、労働を社会的なきずなとする労働社会のイメージで構想された。だがいまやわたしたちは、このような労働を社会的なきずなや個人の解放の場とみなす発想を再考しなければならない。

周知のように、労働が社会的なきずなとみなされるようになったのは近代以降のことである。たとえば古代ギリシャでは、近代社会のように労働は高い評価をあたえられてはいなかった。労働は倫理的な活動としてのプラクスとは区別され、労苦として、他人に隷属した奴隷の活動として、低い評価をあたえられていた。そもそも当時は人間の活動一般を労働として総括するような表現は存在しなかったのである。近代になって、ひとびとは人間のあらゆる活動を労働一般として表現し、その労働一般を富の源泉とするようになる。政治経済学は貨幣や商品という対象的富の主体的本質が人間の労働であることを発見した。そして労働の社会的結合の体系としての分業を近代的富の源泉に見いだしたのである。

だがその結果、芸術・宗教・道徳・政治・論理・知識など人間のあらゆる多面的な活動が労働という一義的な意味に還元されるようになる。そのために労働に還元された人間の諸活動は、その多面的な豊かさを失っていく。近代的富の源泉として社会的分業に編成された労働とは、その具体性をはぎとられた抽象的平均的な人間の生理的なエネルギーの支出にすぎない。マルクスが『経済学・哲学草稿』で指摘したように、人間は見る、聴く、触れる、味わうという感覚的な活動を通して世界との多元的なかかわりをもつ存在である。ところが、近代の労働はこのような世界との多元的かかわりを、所得を獲得するための手段としての活動（賃金労働）に縮減してしまう。つまり人間の実践的活動は、所有という法的な感覚や、生産・消費といった経済的な関係に解消されていく。

さらに分業の下で、人間の活動は活動それ自体として意味をもったり個人にとって固有の意味をもつものとしてではなく、他者のためのたんなる手段となる。労働する個人は、つねに他者に役立つように自己を調教しそのような能力をもつ存在として自己を鍛えようとする。今日における小学校から大学までの教育制度は、個人がそのような調教された能力を向上させるための場となっている。

「労働は明らかにこの社会機構の中心に位置し、その特別の道具になる。……労働は中心的な社会関係になる。というのは、労働はそれによって富裕が追求される具体的な手段であり、またつねに他人に向けられる努力であり、そしてとりわけ社会関係および交換の普遍的尺度であるからである。」（Méda D.［1995］邦訳八二頁）

社会主義をこのような労働社会の延長上に構想することは、人間の多面的で豊かな活動を貧相な道具的行為に還元することであり、ひとびとの活動を他者のための手段と見なし、自己実現のための活動や共同の活動をないがしろにする近代社会の枠内にとどまることを意味する。個人の全面的な発達を保証する社会主義とは、社会的に必要な労働に当てられる時間を短縮し、諸個人の自由時間におこなわれる諸活動を発展させるものでなければならない。

労働社会では、生活の保障を雇用と結びつけて考えるほかないから、たえず雇用を拡大しようとする。そのためには社会のあらゆる領域に商品経済を浸透させ、あらゆる領域を投資の対象として、サービス活動を商品化しなければならなくなる。今日の経済危機の解決策も、ITという先端技術を用いた投資領域の開拓や高齢者福祉をはじめとするサービス分野の開拓による雇用の創出である。だがこの解決策は労働社会を前提とした発想であり、労働社会を極限化する道である。フォーディズムという発展モデルに代表される二〇世紀資本主義は、労働者の消費様式を資本蓄積の過程に全面的に統合することによって、市民としての活動までも商品経済的価値を生産する労働の領域に組み入れ、労働社会の極限的な深化を図ってきた。

だが労働社会の転換を図るとき、商品経済の領域はむしろ限定され、労働以外の諸活動が社会的に承認され評価される道が開かれる。重要なことは、雇用の創出ではなく、労働の配分方法を変えることである。前節でも言及したワークシェアリングは、個人の労働時間を短縮すると同時にすべてのひとびとに労働へのアクセス権を保証するというものである。それは自由時間を多面的で人間的活動の時間として解放することを意味する。だから仕事の分かち合いとは、たんなる経済的な問題ではなく、労働社会に代わる社会の対抗構想なのである。この対抗構想の下で、ひとびとの活動はかつてのように手段視されるのではなく、個人が自己を実現したりひとびとの協同的関係を築き上げる実践としての意味を帯びるようになる。

エコロジストの経済学者A・リピエッツは、近代の労働に還元されない新しい活動をつぎのように提起している。「エコロジストの経済にあっては、労働そのものがますます『共同体の、共同体による、共同体のための』労働になっていくだろう。子供のめんどうを見たり、一人で生活できない人々を助けたり、道路を清掃したり、祭りを組織したりといった、これまで長い間女性の無償労働に割り振られていた仕事や、あるいはかつて村落経済の習慣的枠組みの中でほとんど無意識に引き受けられてきた仕事が、ボランティアと勤労者の組み合わせから成る労働によっておこなわれるようになるだろう。」(Lipietz A.［1999］邦訳一〇六頁)

(3) 社会と個人の新しい関係——共同体的社会の構想

社会主義は労働に代わる新しい社会的きずなを提起しなければならない。それは社会の共通善についての政治哲学を必要としている。ところが近代社会は個人を出発点に置くがゆえに、共通善の追求は個人を抑圧するものとみなされ、否定的な評価しかあたえられてこなかった。二〇世紀の政治哲学は、もっぱら個人的自由の不可侵性を立証することに力点を置く自由主義の思想に支配された。社会の共通善を優先することは、個人に平等にあたえられた諸種の自由（私的所有権、政治的権利、思想信条の自由、人格の自由）を犠牲にすることとみなされたのである。つまり自由主義の思想の根底には、個人をあらかじめ社会の外において、社会的な規定を帯びない諸個人の相互契約から社会を構想する社会契約説が存在するのである。

そのために、二〇世紀の政治哲学はつぎのような二者択一の問題設定をおこなうことしかできなくなる。一方に経済が支配する商品交換をきずなとした自由で平等な諸個人の社会があり、他方に政治が支配する個人の権利を抹殺した全体主義の社会がある。このいずれかを選択するというのが問題の枠組みのすべてとなる。二〇世紀において崩壊した社会主義は後者の道であり、その道が挫折した以上、前者の道が人類に残された唯一の道とみなされることになる。

だが市場の商品交換は、それ自体で社会的なきずなをうちたてることができない。今日のグローバリゼーションの現実がそのことを教えている。自由主義の理念は、市場取引の均質な関係を地球的な規模で押し拡げると同時に、きわめて閉鎖的で排他的な共同的関係を呼び戻した。それは国境を越えたリアルタイムでのグローバルな相互依存関係を築き上げながら、他方でネオナショナリズムや新手の人種主義をはびこらせる。その結果、個人の自由と平等の理念は、異質な他者を排除し不平等と不自由を蔓延させるという逆説的な結果を招いている。

D・メダが指摘するように、二〇世紀の政治哲学は経済学に従属し、社会的なきずなの探求は経済的なきずなの探求に置き換えられた。そのために、共同体としての社会の共通善を追求する道は後景に退く。かつてヘーゲル、シェリング、ヘルダーリンなどの一九世紀の哲学者は、「個人を共同体に統合することによって、個人主義とは別の土台に基づいて個人と政治共同体を和解させたいと望んでいた」（Méda D.［1995］邦訳二五八頁）。だが二〇世紀の哲学者は、共同体の理論がいかなる内容のものであれ、個人を抑圧し全体主義を招き寄せる結果になるとして、社会の統一性を根拠づけることをためらうようになる。

二〇世紀の資本主義は、福祉国家を発展させることによって社会の統一性の根拠を提示したかのようにみえる。

福祉国家は社会の共通善についての理念を提示するものではなかった。福祉国家は経済成長の保証という経済的なロジックに立脚する制度であり、経済的合理性にもとづいて個人の私的利益の追求と市場の円滑な運営を補完する制度にすぎなかった。だからゴルツが指摘するように、福祉国家は社会主義ではない。社会主義は資本主義と同じ経済合理性に立脚するものではなく、その逆に倫理的な要求を明示しその倫理的な要求に経済的合理性を従えるものでなければならないからである。

労働概念と市場経済が支配した二〇世紀の言説の中に、共同体としての社会を築き上げるための社会的きずなを探求すること、これが二一世紀の社会主義像を考える出発点にならなければならない。それは個人と社会との新しい関係を築き上げることであり、個人の全面的な発達を可能にする社会的な条件をうちたてることである。労働時間の短縮とともに労働から解放された空間を個人的・集団的な活動を保証する公共的な空間として組織すること、労働から解放された公共的な時間を組織すること、これが社会主義にほかならない。

「労働の拘束を緩めることで諸個人全体にもたらされるものは、おそらく、時間に対する新しい関係の創出という画期的な個人的・集団的価値であろう。何世紀かの衰退を経た後には、時間を制御したり組織したりすることがふたたび本質的な術としてよみがえるだろう。」(Méda D.［1995］邦訳三〇一頁)

労働とは異なる社会的きずなの構築の必要性という視点に立つとき、マルクスのアソシアシオン論は再検討を要することになる。マルクスのアソシアシオン論は労働者協同組合の全国組織として提起されているからである。それは資本制生産が資本の私的所有の下で行為事実的に組織した労働者の協業と分業、労働者の集合力を労働者自身が自覚的に再組織する試みである。資本制生産が貨幣や商品という物象を介して組織されるのに対して、アソシアシオンはそのような物象の媒介なしに直接に社会的な労働配分をおこなうものである。それは協働する労働者の大規模な社会的結合という新しい生産様式を意味する。それは、社会的生産を労働者の自由で協同的な労働の調和したシステムとして組織することを意味する。

だがこのようなアソシアシオン論は、あいかわらず労働を社会的なきずなとしており、社会主義を《労働を協同で組織する社会》としてとらえている。労働を協同や自律の源泉としてではなく、労働とは異なるロジックにおいてひとびとの諸活動を社会的に承認し編成する道を探らなければならない。労働に代わる社会の共通善と社会的なきずなを提示しないかぎり、労働社会を越える社会主義の理念は生じてこない。

社会思想史の問題で言い換えると、市民社会をアダム・スミスのように経済社会あるいは商業社会に還元するのではなく、経済社会から自律した法的・政治的次元においてとらえ、その次元における共通善を考察することが課題となる。

それは社会契約説のように個人を社会の外に置くのではなく、個人を社会関係や権力関係の節合のネットワークの中に位置づけ、この節合のありかたを再審する中で社会的な個人の形成をめざすことを意味する。個人はこのネットワークの中で、労働主体としてだけでなく、性・人種・民族・文化・言語などによって複合的な主体位置を占める多元的なアイデンティティの存在として浮かび上がる。このような多面的にクロスする言説空間における抑圧や差別や不平等を浮き彫りにして、そこに平等主義的な公共的関係を築き上げること。労働に代わる社会的なきずなはそこに現出する。すべてが経済に還元される今日のグローバリゼーションの世界では、ひとびとの感覚や実践が労働あるいは生産の活動へと還元され、感覚や実践がスペクタクルや商品として囲いこまれる。それゆえ労働や生産とは異なる実践を魅力的なものとし、そのような実践を通して個人が全面的な発展を遂げることのできるような公共空間を保証しなければならない。

本論では、これまでにラディカル・デモクラシー、ポストモダンの市民社会論、ラディカル市民権、フローの社会空間の脱構築、自由時間の組織化という形で二一世紀の社会主義像を提起してきたが、その究極的な課題は、労働社会に代わる共同体的社会の対抗構想を提示しようとする試みだと言うことができよう。

三　ポストモダンの時代認識と社会主義戦略

世紀転換期の今日、わたしたちは社会秩序の根源的な危機を経験している。ポスト冷戦下で噴出する局地的な民族紛争や宗教紛争、地球規模の環境危機、科学技術文明のゆきづまりとリスク社会の出現、吹き荒れる市場のグローバリズム。このような社会危機の現象の根底に潜んでいるのは、これまで近代社会を支えてきた社会統合と歴史的進歩に対する信頼の崩壊である。近代社会は先近代の伝統的な枠組みをつき崩して、社会の諸要因を市場の秩序に流しこんできた。社会の諸要因を断片化し、その断片を資本の価値増殖の運動に組み入れた。マルクスはかつて近代のブルジョアジーが果たしたこの破壊的な役割を高く評価した。そしてこの破壊こそ、社会のダイナミックな発展を推進するエネルギー源であると確信した。それは《創造的な破壊》（シュンペータ）であり、歴史の進歩を推進する力である、と。

このような進歩に対する信頼を根拠づけたものは何か。それは第一に、断片化された社会の諸要因を統一化する能力を備えた主体の自律性であり、第二に、神のような超越的な存在ではなく、人間の手でつくりあげられた安定した社会の枠組みであり、第三に、そのような主体の自律性と社会の枠組みを根拠づける言説である。近代社会は、個人・市民・国民・階級といった自律した主体を生み出して断片化と統一化の矛盾がくりひろげる動態を制御調整し、国民国家と市民社会によって社会の安定した枠組みを保持し、さらに自律した主体と社会の統一を保証する民主主義という言説に支えられていた。

この三者は、近代世界の存立を可能にしたという意味でモダニズムの原理と言うことができる。そしてこのモダニズムの原理が二〇世紀の社会経済システムの編成において全面的に展開されたのである。

だがこのモダニズムの原理は、全面展開を遂げることによって、みずからの基盤を掘り崩すことになる。このモダニズムの原理に対する信頼の喪失が、今日のポストモダンの思想状況を生み出した。ポストモダニズムはモダニズムの超克=脱近代であるよりもむしろ、モダニズムに対する不安の意識である。社会の諸要因を断片化する破壊的行為は、もはや創造的破壊たりえず、社会の統一を不可能にしている。この危機の根源にあるものこそ、モダニズムの原理の動揺である。個人や市民の主体性は、もはや自明の前提ではなくなっている。国民国家や市民社会の枠組みはグローバリゼーションと情報革命の進展の中で押し流されつつある。そして民主主義の言説は、福祉国家の危機、不平等や排除の蔓延、エゴイズム、公共性の危機の中で大きく揺らいでいる。

それゆえポストモダン的状況とは、たんに主観的な思想状況ではなく、二〇世紀システムの動態が生み出した歴史的社会状況である。二〇世紀の《現存社会主義》の崩壊も、この状況とけっして無縁ではない。二一世紀に向けて社会主義を語りうるとしたら、このようなポストモダンの歴史的社会状況を脱構築する理念としての社会主義が問われなければならない。本論は、このような問題意識に立脚して、ポストモダニズム時代の社会主義戦略を明示することを課題としている。

二〇世紀システムと社会主義――モダニズムの社会主義像

二〇世紀の社会経済システムをモダニズムの原理の動態的展開として把握しようとする試みは、レギュラシオン理論をはじめとする制度の政治経済学によって試みられてきた。これらの学派は、市場経済と計画経済という二分法を廃して、両者をともに制度の視点から考察しようとする。市場経済は制度と対立されるべきものではない。市場が効率的に機能するためには制度のネットワークが必要である。同じく計画経済にしても、経済活動の当事主体が思考し行動する独自な制度の枠組みに支えられている。これらの制度は、近代社会において主体が自律して、自己の利益を追求し、社会的な諸要素を分断しつつ、社会的な統一性を達成する媒介回路にほかならない。そこには利害の対立する行為主体の紛争や葛藤が渦巻いており、これらの利害調整を通して社会の統一は実現され、経済の成長は推進される。

(1) 二〇世紀資本主義の制御調整様式

近代の資本とは、自己増殖する価値の運動体である。社会のあらゆる諸要因(人間の労働能力や土地・自然をふくむ)が細分化され、価格という数字を張りつけられて、商品価値の規定を授けられる。その上で、資本の循環=蓄積運動の過程に組み入れられ、資本の価値増殖の契機として位置づけられる。資本の循環=蓄積の運動においては、生産・流通・分配・消費の諸過程がたがいに分断され自立化し、資本価値の運動を通して事後的・過程的に統一される。資本のこの運動こそ、社会的な諸要因を細分化して統合するモダニズムの原理を体現するものにほかならない。だがこの過程的な統一は一筋縄ではいかない。それは利害の対立する諸個人や諸集団の紛争を経由しなければならないからである。これらの利害紛争を制御調整し、そこに妥協と合意をつくりだしそれを制度化する過程を経てはじめて統一は達成される。

二〇世紀の資本主義は、このような制御調整の様式を思いがけずに発見することによって成長の活力を手に入れた。管理通貨制度や金融制度の創案によって、貨幣制約という資本主義の本質的な制約を制御調整する制度が発見される。福祉国家やケインズ主義政策によって、有効需要を創出する制度が生み出される。そして生産工程の機械化と労働の細分化によって大量生産の方式が確立され、同時にその成果を大量販売・大量消費へとつなげるための労使間妥協の制度化(労働組合、団体交渉制度)が実現された。

フォーディズムと呼ばれるこの制御調整様式は、社会的なるものの断片化と統一化の矛盾というモダニズムの原理が運動する様式だと言うことができる。そしてこの様式を可能にしたのは、この運動を仲介する行為主体の自律性であり、国民国家という統一のきずなであり、主体の自律性と統一のきずなを保証する民主主義という言説であった。国民主権を保証する民主主義の言説は、異質なひとびとを国民として統合し、かれらを国民的生産力として組織し動員する回路となった。この言説はまたナショナリズムの国民文化や《想像の共同体》(B・アンダーソン)の諸制度(出版・新聞・教育・尺度基準など)と結びついて国民国家という安定した社会的きずなを築き上げる。

フォーディズムの蓄積体制とは、不断の技術革新による生産性の規則的上昇を賃金生活者の実質賃金の引き上げへと連結させ、大量生産と大量消費の好循環を実現した体制であるが、この体制の根底には、生産過程における資本の専制的権威への労働者の服従と、その見返りとしての実質賃金の引き上げというフォード主義的な労使間妥協という調整様式が存在している。このことはすでに周知のことである。

だがこのような労使間妥協が成立するためには、労働者を国民として統合する回路が必要であったことは意外に見過ごされている。たとえば、二〇世紀初頭のアメリカ資本主義においては、人種・民族・文化・言語・宗教を異にする多様な移民労働者をアメリカ国民として統合することによって、はじめて階級としての労働者集団の成立が可能となったのである。ヨーロッパの各地から米国に流入した移民労働者は、都市の消費文化になじみ、アメリカニゼーションの過程に組み込まれることによって、資本蓄積を担う労働力として生成する。移民は大衆消費社会を担う消費者として陶冶され、テイラー・フォード主義の労働編成を担う労働力として育成され、ナショナリズムを担う国民として鍛えられ、この過程を通して主体の自律性を確立したのである。この主体の自律性こそ、フォーディズムの制御調整様式を成立させた根本条件だったのである。

(2) 二〇世紀社会主義の制御調整様式

ソ連型システムに代表される二〇世紀社会主義もまた、モダニズムの自己矛盾的展開を媒介する独自な制御調整様式を備えていた。ソ連型システムも、西側資本主義と同様に、商品経済、貨幣経済、賃労働制度を有しており、したがって社会の再生産過程は生産・分配・流通・消費の諸過程に分断され、たがいに自立化して、過程的に統一されていた。だが分断され自立化したこれらの過程を統合する媒介の様式は、西側のそれとは異なっていた。ソ連型システムは、経済・政治・言説の次元で、国家所有、共産党の単一政党制、マルクス＝レーニン主義という三つの制度的な基盤に支えられていた。この制度的基盤から独自な制御調整様式が現出する。指令型計画経済はこの制御調整様式を介して機能した。それは、《中央当局（政治局、国家計画委員会）―部門別・機能別の省庁―企業・企業連合》という垂直的な次元における当時者間の交渉取引の回路を通して機能したのである。計画の策定をめぐる情報の収集、計画目標の設定、計画目標の指令は、これらの垂直的な回路における諸次元の当事主体（官僚、役人、企業経営者、労働者）の間の駆け引きと利害調整を通して行われる。緩い予算制約、資材調達の行政による割り当て、利潤の国家への吸い上げと再分配、行政による価格設定、賃金ファンドのマクロ経済的統制、単一銀行といった制度的条件の下で、当事主体は限定された合理性を追求する。資材調達が行政によって各企業に割り当てられているために、資材調達の不確実がかえって増大し、資材不足のボトルネックが乗数効果的に激しくなる。その対策として、各部門省庁は自前で部品や設備を調達するアウタルキー化（自給自足化）の傾向を強める。緩い予算制約と資材不足のために、投資をたえず拡大する傾向が助長され、資源の浪費が加速される。また資材調達の行政管理が資材調達の連鎖を断ち切る恐れを高めるため、この不確実性に対処しようとして、部門省庁や企業は資材と労働力を抱えこもうとする性向を強める。この性向が資材不足と労働力不足をさらに慢性化する。さらにそこでは、短期の計画目標の数量的な達成が至上命令とされたために、長期的な技術革新のインセンティブや品質向上へのインセンティブが生まれなかった。

このような当事主体の行動様式のゆえに、西側資本主義とは異なった経済の規則性が生じてくる。コルナイ・ヤーノシュが開示した《不足による調整》がそれである。緩い予算制約と資材調達の不確実性は、需要者が供給者から資材・原材料・消費財・労働力をたえず吸い上げようとする《吸引の傾向》を生み出す。そのために売り手優位の市場が常態化し、不足への傾向が一般化する。そして不足を通して資本の蓄積過程が調整されることになる。

国民経済の再生産構造は、国家による集権型の経済管理によって、必然的に投資主導型の外延的な発展を基調とするようになる。生産財、とりわけ軍需部門がリーディング・セクターとなり、これらのセクターと大衆消費財部門との関連は断ち切られ、国民の消費生活水準は経済発展からとり残される。軍需部門においてめざましい技術革新がおこなわれても、それが大衆消費財部門にまで波及していかない。西側資本主義においては、たとえばコンピュータのように軍需部門で開発された技術革新の成果が大衆消費財部門の技術革新にまで波及し、民生用エレクトロニクスのめざましい発展をもたらしたが、ソ連型経済はそのような波及効果は生じなかった。また賃金ファンドがマクロ的に統制されていたために、個別企業の経営者と労働組合が賃金交渉能力をもたず、したがって西側のフォーディズムのように、労使間交渉が企業の生産性向上と労働者の賃金上昇を連結する媒介となるようなメカニズムは作動しなかった。

とはいえ、このようなソ連型システムの資本蓄積を保証した調整様式は、やはりモダニズムの原理を展開するものであった。このシステムは、労働者階級という主体の形式的な自律性、国民国家という社会的きずな、そしてこの両者を正統化するマルクス＝レーニン主義の言説を制度的な基盤としていた。マルクス＝レーニン主義の言説は、労働者階級の自律と解放を理念に掲げ、共通の利害をもつものとして労働者階級の統一性を保証し、この階級を代表する政党（共産党）による国家と言説の独占を保証した。コルナイ・ヤーノシュが指摘するように、共産党の機構とマルクス＝レーニン主義のイデオロギーは、政治的権力の肉体と魂であり、両者は一体不可分のものであった。主体としてのプロレタリアートの自律性、党＝国家という社会のきずな、そしてそれを正統化するマルクス＝レーニン主義の言説。これこそ、社会的なものを断片化しつつ統合するモダニズムの自己矛盾的展開を可能にした原理であった（いうまでもなく、プロレタリアートの自律性は形式的なものにすぎず、実質的には共産党が権力を掌握していたが、労働者は労働権を保証され、労働力を商品として売りさばく権利を有していた）。

ポストモダニズム——モダニズムの危機

フォーディズム型資本主義であれ、集権型社会主義であれ、二〇世紀システムは国民=市民あるいはプロレタリアートという主体を立ちあげ、これらの主体の思考と行動を媒介にして、国民国家という社会の枠組みを築き上げ、主体をこの枠組みに向けて動員してきた。主体の自律と全面的な動員の体制こそ、二〇世紀システムがもたらした最大の生産力的成果であったと言える。だがこのようなモダニズムの二〇世紀的展開は、今日ゆきづまりを経験している。このモダニズムの閉塞こそ、ポストモダンの思想状況が語り出しているものにほかならない。

ポストモダンの思想状況は、まず思想や文化の次元で一九七〇年代以降に顕著になってくる。合理性に対して不合理なものが、全体に対して部分が、完全なものに対して断片的なものが、連続的なものに対して不連続的なものが、普遍的なものに対して特殊的なものが、グローバルなものに対してローカルなものが、それぞれ評価されるようになる。とりわけポストモダンは、歴史との連続性を断ち切り、過去の断片を自由に利用して現存の空間に配置しようとする。建築や絵画に見られるポストモダンの手法がそれである。だが逆説的なことに、ポストモダンにおける歴史性の消失こそ、ポストモダン的状況の歴史的規定性を語り出しているのである。

ジェラール・ドゥランティによれば、ポストモダン的状況はモダニティの三つの次元における危機から生じている。モダニティの三つの次元とは、政治的主体の自律であり、文化と知識の自律であり、社会的なるものの自律である。近代社会の主体である個人は、社会契約に支えられ、その主権は国王の身体ではなく社会の身体に根ざしていた。まず、近代社会は個人の主権を宣言し、抽象的人間の形式的な権利として市民権を確立する。ついで近代社会は文化と知識の内省力にもとづいて自己を組織し、この内省力によって自然を統御し、人類の進歩を実現してきた。主体の自律はまさしく文化と知識の内省力に支えられていたのである。そして最後に、近代社会は、主体の自律と、文化・知識の内省力にもとづいて社会的な統一を達成する。

だがポストモダン的状況は、このようなモダニティの三つの次元における信頼が崩壊したことを物語っている。個人の自我は多様なアイデンティティへと断片化され、もはや統一した自律性を保持しえなくなっている。文化と知識は自然を統御する能力を失い、人間はみずからが生み出した巨大なリスクを前にしておののいている。さらに自律した主体による制度の構築という近代のプロジェクトは、グローバリゼーションにともなう国民国家の危機によって崩れ去りつつある。要するに、主体が断片化し、文化と知識が断片化し、社会的なるものが断片化し衰退しつつある。

「モダニティは政治的・文化的・社会的なプロジェクトとしての自律性を本質としているが、現代の状況は断片化の現実をさし示している。……モダニティは決定性と確実性を意味する。これに対して、二一世紀の世界は非決定と偶発性と不確実性の称賛に向けて動きつつある。」(Delanty G.［1999］p.60.)

モダニティの揺るぎなき信頼をつき崩し、断片化というポストモダン的状況を生み出した歴史的条件は、つぎの三点に要約することができよう。重要なことは、この三者がたがいに重層的に絡み合ってポストモダンの歴史的状況を強化しているということである。

(1) フレキシブルな資本蓄積

フォーディズムが危機に陥って以降、この危機から脱出するために先進諸国が向かった主要な方向は、資本蓄積過程のフレキシブル化であった。フォーディズムが組織の厳格な硬直性を特徴としているのに対して、そのような硬直性を柔軟にしていこうというのがこの方向である。

かつてのフォーディズムの蓄積体制においては、生産工程で厳格な職階制度が設けられ、構想の作業と実行の作業が分離され、労働者はもっぱら細分化された単純労働を担った。規格化された単一の製品がアセンブリー・ラインで大量に生産される。労働者は組合に組織され、経営者団体との組織的な交渉を通して雇用契約や賃金契約を結んだ。弱者を救済する福祉国家制度、有効需要を創出する国家の財政政策・金融政策によって、国家は市場メカニズムに組織的に介入した。

これに対してフレキシブルな蓄積体制は、このような硬直性をうち破ろうとする。生産工程では労働者がチームを編成し、複数の作業に従事し、情報処理技術を駆使して多様な品種の製品を製造する。マーケティングによって消費者需要を敏感にキャッチしニーズに即応する生産体制がうちたてられる。労使関係では、労働組合の組織率が低下し、労働者は経営者と賃金と雇用の個別交渉をおこなうようになる。雇用形態も常雇いから不安定就労まで、多様な雇用形態が広まる。産業の空間編成においてもフレキシブル化が推進される。たとえば多国籍企業の開発途上国への工場移転に見られるように、生産工程を諸外国にまで分散させ、国境を越えた産業部門内回路が築き上げられるようになる。さらに国家の経済政策では、市場に対する規制を緩めたり、国営企業の民営化を推進して、経済を市場の競争原理に任せようとする傾向が強まる。

このような生産工程、企業の組織編制、産業編成、労使関係、経済政策といったあらゆるレベルにおけるフレキシブル化の動きは、社会のさまざまな固定した境界をとりはらい、規範を揺るがし、流動状況を強める。消費生活においても、安定した美的な基準が崩れ去り、はかなさ、スペクタクル、流行、不安定性が称賛されるようになる。S・ラッシュ／J・アーリ［1987］はこのようなフレキシブルな蓄積体制の進展を、《組織資本主義》から《脱組織資本主義》への移行と呼んだ。

フレキシブルな蓄積体制の進展とポストモダンの思想状況とを関連づけてとらえようとしたのは、デヴィッド・ハーヴェイの『ポストモダニティの条件』である。ただし、ハーヴェイはポストモダンの思想的・文化的状況をフレキシブルな蓄積という経済過程から説明しようとする単純な経済決定論をとってはいない。かれはこの両者の関係をひとびとの空間的・時間的な経験を媒介にして考察しようとする。モダニズムにおいて、時間と空間は安定した客観的な枠組みとして考えられてきた。時間と空間は自然的属性を備えており、量的な尺度によって計測可能であり、固定化しうるものとみなされていた。だがこのような時間と空間の経験がしだいに変容するようになる。資本の回転運動は価値の増殖を求めてしだいに加速化される。工場ではアセンブリーラインのスピードアップが図られ、消費過程では時代遅れの意識が意図的に作り出され、流行やモデルチェンジの周期が短縮される。流通過程では運輸通信技術の発展によって、流通時間を短縮しようとする傾向が強まる。このような資本の回転速度の加速化は、フレキシブルな蓄積において極限に達する。マルクスはかつて流通時間をゼロにしようとする資本のこのような衝動をとらえて、「時間による空間の絶滅」と形容した。フレキシブルな蓄積体制においては、グローバルな距離空間が瞬時に縮められる。金融取引は世界の主要な証券取引市場においてリアルタイムで行われる。このような現象をハーヴェイは《時間-空間圧縮》と呼ぶ。時間によって空間が絶滅され、時間が空間化される。この現象によってモダニズムにおける時間と空間の経験は根本的に変容する。時間と空間の固定した客観的な枠組みは崩れ去る。遠近法の均質な空間は崩壊する。この時間・空間感覚の崩壊が、ポストモダンの思想・文化・絵画・建築・映画・文学の表現様式として現出するのである。

(2) グローバリゼーション

ハーヴェイの視点に立つとき、フレキシブルな蓄積とグローバリゼーションの進展が相互に連動してポストモダン的状況を生み出していることが明らかになる。フレキシブルな蓄積体制は、時間による空間の絶滅を極限まで推し進めることによって資本の生産力を高め、蓄積を加速度的に推進する。この蓄積の進展が、国境を越えた市場取引を推し進め、諸地域・諸国民国家の相互依存を強め、地球空間を一体化させるのである。

そしてこのグローバリゼーションの過程がモダニズムの原理をつき崩していく。

第一に、グローバリゼーションは国境を越えた資本・貨幣・労働力・情報・映像・記号の移動を推進し、国民国家という近代社会の統一的なきずなを激しく揺り動かす。グローバリゼーションの波はそれに対抗しようとする国際地域統合の動きを促す。欧州統合はその代表例である。この動きは国民国家を越えた超国家的な主権の誕生をもたらした。それまで近代社会のあらゆる主権を独占した国民国家は、通貨の発行権、軍隊の組織権、立法権、行政権、司法権、外国人の出入国の管理権などを欧州連合の諸機関に委譲するよう余儀なくされる。また多国籍企業のように、一国のGNPを上回る販売総額を上げる巨大企業が立ち現れ、グローバルな視野で経営戦略を行使することによって、国民国家の制御能力を超えていく。

第二に、グローバリゼーションは国家に集約されていた近代の政治のありようを変容させる。国家の公式の諸機関を介して行われていた政治は、今では超国家的機関や国家機関だけでなく、地域の自治体、住民運動、グローバルな社会運動、非政府系組織、利益諸団体などのネットワークを通して営まれるようになる。政治は多面的なレベルにおける非公式の協議や調整の過程を経るようになる。ガヴァメントからガヴァナンスへの政治の変容が生ずる。国民国家はこのようなネットワーク・ガバナンスの調整機能を果たす任務をあたえられる。ポストモダニズムの時代における新しい政治の可能性が現れる。

第三に、グローバリゼーションは、主体の自律という近代のプロジェクトをつき崩す。グローバリゼーションは日常生活におけるひとびとの意識に巨大な変容を及ぼす。ハーヴェイが《時間-空間圧縮》と呼んだ動きによって、ひとびとの近接性と相互依存が強まり、ひとびとはおのれの身近な日常生活を遠方の見知らぬひとびとの運命と結びつけてとらえ返すようになる。その結果、地域の親密な相互関係は固有な場所性から引き離され、グローバルなコンテキストの中に置き直される。そのためにひとびとの直接的関係が《脱領土化》され、内省を通して《再埋め込み》される。このような過程を通して、主体のアイデンティティは解体され再構築される（Tomlinson J. [1999] を参照）。グローバリゼーションとアイデンティティとの関連を問う文献がさまざまな研究領域でたちあらわれてきた背景には、このような事態がある。

この最後の論点は、次節で述べるように、グローバリゼーションとアイデンティティの危機との関連を浮き彫りにしている。

(3) アイデンティティの危機——主体の自律性の解体

フレキシビリティとグローバリゼーションの進展は、個人と集団のアイデンティティを安定した基盤から引き離して浮遊化し、不確定で複合的なものにしていく。かつて個人のアイデンティティは、集団への帰属や社会的役割の付与に根ざしていた。つまり家族・地域・共同社会の成員であることによって、そのひとのアイデンティティは決定された。また性・人種・民族への帰属が個人のアイデンティティを規定した。だが家族形態が多様化し、空間の移動が激しくなり、集団の枠組みが不安定になるとともに、個人のアイデンティティも不明確なものになっていく。個人が帰属する集団的カテゴリーそのものが自明のものではなく再審理されるようになる。たとえばかつて自分が男であるという認定によって、そのひとは男らしく生きることが自己のアイデンティティであった。だが今日問われているのは、男らしさ、女らしさとは何か、ということである。個人は自己の帰属する集団や自己にあたえられた社会的役割から距離を置き、集団や社会的役割を再定義したり選びとるようになる。セクシャリティやエスニシティのような自然的・生理的な規定に思われるようなものまでが、個人にとって問い直しや選び直しの対象となる。性同一性障害はその典型例である。性同一性障害者は、自分が属する身体の性と自分の性的なアイデンティティとのズレを感じて、性を自己決定しようとする。このように個人が集団や社会的役割への自己の帰属を問い直し選び直すことによって自己のアイデンティティを創造する権利が新しい人権概念として登場しつつある。

ポストモダンの社会学におけるフレキシブル・アイデンティティ論はこのような状況の中から生まれた。この社会学は主体のアイデンティティの浮遊化を新しいアイデンティティ創造の契機とするように提言する（今田高俊[1998]）。個人のアイデンティティとは、もはや不動の自己同一性を意味するのではなく、自己と自己ならざるもののとのたえざる応答を通して新しい自己を生み出す不断のプロセスとなる。個人は多様な差異を組織しつつ不安定な自己同一性をたえず編集し維持していく必要に迫られるのである。

ただしポストモダンの社会学は、このような個人のアイデンティティ創造が純粋に個人的な過程であるかのようにみなしている。だが現実には、このようなフレキシブル・アイデンティティの形成過程は、権力の作用する社会的な過程なのである。個人の固定したアイデンティティが崩壊したのは、歴史的状況としてのポストモダンにおいてであり、この状況の現出は、個人のアイデンティティ形成の領域に権力諸関係が介在する時代が到来したことを物語っている。カルチュラル・スタディーズやラディカル・デモクラシーはポストモダンの社会学とは異なり、個人のアイデンティティ形成における権力諸関係の介在を察知している。「カルチュラル・スタディーズは、……階級やジェンダー、エスニシティなどをめぐる社会的権力の不均等な配分のなかで構造化されているものとして主体を考える。」（吉見俊哉［2000］八四-五頁）

そこでは主体の自律性というモダニズムの原理が再審理されている。モダニズムとは、かつては自我の物語であり、主体の自律の物語であった。だがこの物語は主体の自律が自明性を失うことによって崩壊する。この崩壊によって、自我は他者の問題となる。自我のアイデンティティ形成を自己完結型の個人の問題としてとらえることはもはやできなくなるからである。自我のアイデンティティは「言説空間において構築され、広範な社会的・文化的過程によってかたちづくられるアイデンティティ・プロジェクト」（Delanty G.［1999］p.8.）となる。それゆえ自我のアイデンティティ形成の過程は、権力諸関係を問い直す過程であり、そのような問い直しを保証する人権の問題となるのである。主体の自律というモダニズムの原理が崩壊した後に登場するのは、このような権力と人権を再審理するプロジェクトなのである。世紀転換期の今日、もはや主体の自律を信ずるものなどだれもいない。「その意味でわれわれはすべてがポストモダニストなのである。」（Delanty G.［1999］p.181.）だがポストモダニストのわれわれには新しいプロジェクトが要請される。個人のアイデンティティ形成の過程に介入する権力諸関係を再審し、この再審の権利を人権として確立するというプロジェクトがそれである。このプロジェクトこそ、ポストモダニズム時代の社会主義戦略が課題とすべきものなのである。

ポストモダンと社会主義戦略

(1) 集団的意志形成と社会形成の非決定性——集団的主体および社会の構成過程としての政治

主体の自律性の崩壊は、個人の自我だけでなく、集団的意志についても言える。近代社会の階級や集団の自律性は、経済構造や社会制度に規定されるものとみなされ、自明の前提とされていた。だがこの自律性も疑問視されるようになる。マルクス主義における労働者階級の集団的意志の自明性に疑問を投げかけ、ポストモダンの歴史的状況の中で集団的主体の生成を問うことによってポスト・マルクス主義の地平を切り開いたのは、E・ラクラウ／C・ムフの『ヘゲモニーと社会主義戦略』(邦題『ポスト・マルクス主義と政治』)であった。マルクス主義は、労働者階級に所属する諸個人が労働者として共通の利害をもち資本主義社会を変革する主体であるということを自明の前提としていた。だが今日の社会では、労働者としての個人は多様な主体であって、それらの主体の位置相互の関係は非決定の状態におかれている。たとえば労働者は、市民であり、国民であり、消費者であり、女あるいは男であり、少数民族であり、特定の地域の住民であり、あるいは特定の思想や文化の担い手である。このような多様な主体位置の中にあって、労働者という主体位置に最優先の地位をあたえる必然性はどこにもない。これらの主体位置の間の節合関係は、完全に開かれたままである。

二〇世紀のマルクス主義者は、このような主体位置の複合性と主体位置相互の非決定性についてしだいに自覚するようになった。そして古典的なマルクス主義のパラダイムからすると統一されているはずの社会的行為者の主体位置が分断され複合化していることに気づくようになった。だからたとえばローザ・ルクセンブルクは、大衆の自然発生性を強調して、労働者階級の統一性が経済闘争から一義的に生ずるのではなく、経済闘争と政治闘争との相互作用から重層的かつ偶発的に決定されることを明らかにした。またベルンシュタインの修正主義は、労働者階級の統一性が経済過程に根拠づけられるのではなく、政治レベルで事後的に構成されることを指摘したのである。
集団的主体の均質性に亀裂を入れ、集団的主体が不断の対立・紛争・矛盾を通して事後的に成立するものであることをもっとも深く洞察したのが、グラムシのヘゲモニー論である。ヘゲモニーの概念が開示したのは、政治的な主体がたんに経済的な位置からストレートに生じてくるのではなく集団的な意志形成の結果として生ずるものであること、そしてその集団的な意志形成は分散し断片化した歴史的諸勢力の政治的=イデオロギー的節合の結果であるということ、であった。この集団的意志を形成する知的・道徳的指導性および影響力が《ヘゲモニー》と呼ばれるものにほかならない。
したがって、集団的意志形成の成立と社会の成立は同時である。集団的な意志形成に先立ってあらかじめ社会を根拠づけるものは何もない。社会的なるものは集団的な意志形成においてはじめて成立するのである。ポストモダン的状況の出現とともに、近代社会において社会的なるものの基盤がたえず不安定化し分裂し解体して、無限の奈落の底になっていることがしだいに自覚されるようになる。ヘゲモニーとは、そのような社会的なるものの構造的な非決定性の下で社会を形成するロジックにほかならない。近代社会における社会的な意味はたえず浮遊しており、その意味を固定させるためにはヘゲモニーの作用によって意味を組織し、意味を一定の中核に集結させなければならない。ヘゲモニーとは、社会の断片化された諸要因を編成して言説を組み立てそれらの諸要因を言説の契機へと転化する節合的実践であり、この実践を通してはじめて社会が成立するのである。政治とは、このような社会的なるものを構成する意志決定の行為なのである。それゆえ「社会諸関係は究極には政治の意志決定においてかたちづくられる」（Torfing J.［1999］p.69.）
こうして社会形成における政治の優位性が浮かび上がる。経済の再生産過程そのものがヘゲモニーという政治的実践を介して組織される。社会形成の最終審としての政治において、政治はもはやあらかじめ存在する集団的・個人的主体の利益を実現する場ではなく、むしろ集団的・個人的主体それ自身が生成する場となるのである。

ポストモダニズム時代の社会主義戦略は、なによりもまず集団的主体の生成と社会的なるものの生成を媒介する政治に立脚しなければならないのである。

(2) 多元主義的・平等主義的民主主義――社会的なきずなの形成としての社会主義

このような政治の場に定位して民主主義を再定義しようとするのが、ラディカル・デモクラシーである。民主主義とは集団的・個人的な主体をたちあげる場であって、個人や共通の善を自明の前提として個人の自由を保証したり共通善を実現する場ではない。リバータリアンやコミュニタリアンの民主主義論との決定的なちがいはそこにある。リバータリアンの民主主義は、自律した個人を前提として、その個人の自由を保障しようとする。だがこの民主主義は集団的意志を形成する政治を看過して、政治を個人的な利益の追求と同一視する。そのことによって個人的な利益の追求にはらまれる支配と服従の関係が消去される。リバータリアンの民主主義論は、政治を私的利益の合理的な追求に還元するから、権力諸関係を再審理する政治をはじめから除外している。リバータリアンは多元主義が不可避的に社会的な敵対関係と結びつくことを理解しない。「合理的で自己の利益を追求する個人間の合意というのは、政治レベルにおける社会的敵対関係の存在をあらかじめ排除している。」(Torfing J.［1999］p.254.)

またコミュニタリアンの民主主義論は市民的徳性といった共通の道徳的善をあらかじめ前提としているが、それは多様な個人を市民に還元し、個人を有機的な共同体の成員に押しこめることによって、個人の多元主義的な自由を抑圧することになる恐れがある。共通の道徳的な善を前提とするのではなく、自由と平等の原理にもとづいて個人の多元主義を保証するような行為の文法を築き上げることが民主主義の課題とされなければならない。

ラディカル・デモクラシーの多元主義的・平等主義的な民主主義は、個人の多元主義を承認しながら、多元主義にはらまれる社会的な敵対関係を制御してそこに平等主義的な関係をうちたてる政治を構想しようとする。ラディカル・デモクラシーは、諸種の主体のアイデンティティの多元主義がいかなる超越論的な基盤も有しないことを確認する。そこでは、労働者のアイデンティティをあらかじめ最優先する社会主義の古典的なパラダイムも拒否される。

そのうえで、多元主義の自由で平等な編成の原理を築き上げ、この原理を社会のあらゆる領域にまで押し広げるよう主張する。この原理は私的利益を追求する資本の経済活動にまで押し広げられる。資本の経済活動は労働者の搾取や不平等や排除を生み出し、環境破壊や人権侵害や身体の危機や倫理の退廃をもたらすが、この活動に対しては、多元主義的民主主義の原理にもとづく規制と制御が加えられる。このような原理の拡張によって「ラディカルな多元主義的民主主義のための闘争と社会主義のための闘争との内在的な結びつきを構想することができる。」(Torfing J.［1999］p.256.)

それゆえラディカル・デモクラシーの原理は社会主義の理念をも包みこむ。しかも労働者の搾取だけでなく、性差別、人種差別、社会的排除などの新しい従属と抑圧の形式に対抗して、自由主義の多元主義にはらまれる敵対関係を再審理し、この敵対関係を平等主義的な関係へと転換する様式がうちたてられる。諸種の従属と抑圧の関係を克服してそこに平等主義的な関係を築き上げるためには、多様なアイデンティティを承認し、それらの間に等価関係をうちたてる言説が、つまり多元主義的民主主義の市民権が必要とされる。「ラディカル・デモクラシーの市民権は、労働者、女性、ゲイ、黒人、そして従属の不正な形式に抗して闘うその他のひとびとの間に一連の等価関係を押し広げることを通して《われわれ》をうちたてるアイデンティティ化の集団的な形式の創出」(Torfing J.［1999］p.272.) にかかわっている。

それゆえこの市民権の言説の創出において、新しい集団的意志が形成され、社会的なるものが生成する。われわれはこのようにして生成する社会的なるものに《社会主義》という名称をあたえることができる。それこそ、ポストモダンの歴史的状況における社会主義の定義にほかならない。

労働者階級という集団的意志を前提とするマルクス=レーニン主義の言説に代わって、ラディカルな多元主義的市民権の言説において生成する集団的主体が、新しい社会主義を生成させる担い手である。この言説において、今日存在するあらゆる服従の形式を抑圧として受けとめる言説的根拠がうちたてられる。社会主義の社会形成を実現するために今日必要とされているのは、ラクラウ／ムフが指摘するように、「不平等に対する戦いと服従関係の挑戦とに向けられた共同行動を実現するための言説的条件をうちたてることである。」(Laclau E./Mouffe C. [1985] 邦訳二四五頁)

かつてフランスの人権宣言はそのような言説的条件をうちたてた。人権宣言が提示した民主主義の言説によって、不平等のさまざまな形式は不当なもの、反自然的なものとして受け止められるようになり、抑圧的なものとして感じとられるようになった。ラディカル・デモクラシーによる差異の相互承認と平等主義的節合にもとづく市民権の言説は、個人の身体・欲望・意識・生命の内部にまで及ぶ支配と服従の形式までをも抑圧として受け止める言説的根拠を提示している。それはまた、主体のアイデンティティ化の集団的形式をうちたてることによって、社会的なるものの統一の新しい枠組みをも提示することになる。モダニズムに代わる新しい言説と集団的主体と社会的なるものがともに出現する可能性がここに生ずる。

(3) ポストモダニズムと市民社会——新しい政治の場

差異の平等主義的節合というポストモダニズムの原理は、《市民社会》を再発見することになる。市民社会は、ポストモダニズムの歴史的状況における新しい政治の場として、つまり社会的なるものの構造的非決定性における社会形成の場として再発見される。ただし、古典における市民社会思想はすでに市民社会をそのような場として洞察していた。たとえばマルクスは、市民社会をたんに物質的諸関係の総体としてではなく、国家と経済世界を媒介する領域として、つまり法および国家との緊張関係にある物質的な生活諸関係として把握した。市民社会は国家の外部にある私的な領域ではなく、政治社会と経済世界が交差し、社会的な紛争がくりひろげられる領域であり、したがって個人と集団のアイデンティティが形成される場でもある。マルクスはこの市民社会概念をヘーゲルから継承した。さらに二〇世紀に入ってアントニオ・グラムシがヘゲモニーの概念を駆使してこの市民社会を再発見する。

われわれはこの市民社会の古典的思想を、ポストモダニズム時代における社会主義の生成の場として読み直すことができる。というのも、市民社会とは、利害の対立する異質な個人や集団が紛争をくりひろげる場であり、そこでは集団的意志も、個人のアイデンティティも非決定の状態におかれているからである。集団的意志やアイデンティティが生成するのは、市民社会における断片化した諸要素を言説の契機として編成する節合的実践を通してである。市民社会においては、市民・個人・階級といった主体の自律性も、社会的な統一も、アプリオリなものは何もない。すべてが節合的実践を通して生成する。すでに指摘したように、グラムシは集団的意志を生成させ、社会的統合を実現するこの実践をヘゲモニーと呼んだ。言説の編成はひとびとの思考と行動を導く回路となるからである。つまりヘゲモニーとは、「敵対勢力が交差する状況において、非固定的な要素を部分的に固定した契機へと節合することによって、言説を社会的な方向づけや行動へと拡張すること」(Torfing J.［1999］p.88.) なのである。

市民社会とは、自由で平等な個人が関係を結ぶ均質な社会ではない。そこには形式的な市民的平等の関係と同時に、実質的な不平等や差異や差別の関係がはらまれている。それは紛争と敵対関係が支配する領域であり、集団的な意志形成がおこなわれる場でもあれば、そのような意志形成から他者が排除される場でもある。言説を構築する節合的実践によって、自発的な連帯が生まれる場でもあれば、マイノリティを排除する場にもなる。そこはヘゲモニーの作用を通して個人のヴォランタリーな活動が資本と国家に動員されていく回路にもなりうる。

それゆえ市民社会は、私的利益を追求する競争の場というよりもむしろ、支配と服従の関係が組織される政治の場である。それは《われわれ》を集団として組織し、《やつら》を排除する場である。だから「市民社会において他者とは、競争相手ではなく、敵」(Smith A. M.［1998］p.129.) なのである。リバータリアニズムの政治学と市場の経済学は、このような政治の場としての市民社会を社会認識から抹消しようとする。

このような社会的なるものを構成する場として再発見された市民社会こそ、ポストモダンの歴史的状況における社会主義の問題圏なのである。差異と敵対関係が生産される市民社会において、不平等と支配の敵対関係に置かれた差異を、平等主義的で等価な関係へと転換することを通して、社会主義が浮上する。社会主義とは、市民社会における紛争と敵対関係を平等主義的に節合する言説的実践の方向性にほかならない。社会主義のヘゲモニーを放棄するとき、市民社会は社会的なるものを構成する方向性を喪失して紛争の混沌状態に陥るか、他者を排除し抑圧する関係が支配することになる。

かつてグラムシは、ヘゲモニー概念を駆使して市民社会から社会主義を展望した。社会統合の合意形成をめぐって社会集団の知的・道徳的な指導が争われる市民社会は、そのまま放置すれば排除と自己主張が支配する混沌状態に陥る。グラムシは被統治者の同意を獲得して自発的な服従を強いる支配の場としての市民社会を解放の場へと反転させようとする。この解放を実現するためには、被統治者がこの自発的な服従を抑圧として受けとめることができる言説を構築しなければならない。この言説を媒介にして、支配の場である市民社会は、アソシエートする諸個人の自己統治の場へと反転する。そのような市民社会をグラムシは《調整された社会》と呼ぶ。その意味で、社会主義とは市民社会を支配と従属の場から自己統治の場へと変換するたえざる過程にほかならない。

したがって社会主義の戦略目標は、国家権力の奪取という目標から市民社会の自己統治という目標へと転換させられることになる。たとえばヨアヒム・ヒルシュは社会主義の戦略を国家権力の奪取と利用ではなく、社会の自己組織化へと転換させる必要性を訴える。社会主義は生産手段の国有化や生産の国家管理をめざすよりも、日常生活の変革と自己組織化をめざさなければならない。「多くの日常的な行為様式、日常生活の変革と生活の形態、性的関係と消費習慣、社会的共同生活のあり方、政治と公共圏の形態が、ラディカルに変革されなければならない。」(Hirsch J.［1990］邦訳一六〇-一頁）社会主義戦略において重要なことは、「支配的な政治的・イデオロギー的ヘゲモニーが掘り崩され、社会の新しい理想像、秩序モデル、価値観や目標イメージが発展し普及していくような

『文化革命的』過程」（同書、邦訳一六四頁）なのである。

(4) 社会的再生産の場としての市民社会――市民社会の脱構築としての社会主義

すでに見たように、市民社会とは社会構造の非決定性という土俵の上でおこなわれる社会構成的な意志決定としての政治の場である。だが同時に、市民社会はこのような社会構成的な意志決定を介して資本の蓄積＝再生産が遂行される場でもある。市民社会は、産業資本が平均利潤や生産価格の法則を介して産業連関を編成する領域であり、社会の総生産物を所得カテゴリー（利潤、利子、地代など）にしたがって配分する領域である。市民社会とは経済社会を再生産する場であり、経済社会の再生産は不可避的にこの市民社会を経由する。産業編成や所得分配のような経済活動は、純粋な市場メカニズムによって遂行されるのではなく、利害対立や敵対関係を制御調整する市民社会を不可避的に経由するのである。

市民社会はまた経済空間を編成する場であるだけでなく、ひとびとの協同生活空間を編成する場でもある。そこでは家族関係、科学技術研究、文化・スポーツ活動、教育活動、医療活動などを通してひとびとの協同的関係が築き上げられる場でもある。

さらに市民社会は、地域や都市における生活様式が展開される場である。労働と居住と消費の諸関係が空間化され、地域空間や都市空間という空間的な秩序として編成される場でもある。

近代社会の経済的諸関係は、このような再生産の重層的構造を介して編成される。それは市民社会における紛争と敵対関係の制御調整を介して、また言説を構築する節合的実践を介して編成される。それゆえマルクスは《諸階級》という近代社会の集団的な主体が「再生産の過程的構造の社会的形態たる市民社会」（平田清明［1996］三〇一頁）において成立するものであることを指摘したのである。このマルクスの洞察こそ、ポストモダンという歴史的状況下の社会形成においてよみがえらせるべき視点であり、二一世紀社会主義の可能性を切り開くものにほかならない。

市民社会における差異と敵対関係の平等主義的な節合を通してアソシエートな関係を築き上げることにより、社会の再生産の過程的構造を編成するヘゲモニーを確立する、これこそ社会主義の戦略にほかならない。

第一に、経済の編成過程にこのヘゲモニーを貫徹させることは、所得分配の平等性（利益分配制度）を確立することであると同時に、社会的な剰余循環の流れを公共的に制御することでもある。投資循環のフローを私的利益の追求に委ねるのではなく、地域の自律、貧困の改善、環境の保全、人権の拡充といった倫理的な基準にもとづいて方向づけなければならない。このような運動は、先進諸国・途上国を問わず、世界の各地で繰り広げられている。環境保護を尊重する投資活動に優先的に融資をおこなうエコファンドの運動、マイノリティや女性や低所得者層に住宅資金や事業資金を融資する米国のグリーン・ライニング連合、協同組合・労働組合・共済組合が連合して市民社会の協同組織を編成するヨーロッパのエコノミー・ソシアールの運動、地域の基本的なニーズと地域の自律を目的として融資をおこなうバングラデシュのグラミン銀行などが、その事例である。

第二に、ラディカル・デモクラシーの多元主義的・平等主義的な政治がひとびとの協同生活空間の再生産のヘゲモニーになるということである。市民社会とは内省力を備えた言説的実践の場である。差異の平等主義的な節合という政治の原理は、協同生活空間を再生産する原理にならなければならない。そこではこの言説的実践を通して個人や集団のアイデンティティが承認されたり否認されたりする。この言説的実践が社会の再生産の過程的構造の場であることを認識する必要がある。権力諸関係を再審理して差異の平等主義的な節合を図る政治過程が、社会的総生産物を配分し投資循環のフローを制御調整する過程であることを認識しなければならない。知的言説のレベルで言うと、ラディカル・デモクラシーの民主主義概念は、レギュラシオン理論の調整様式概念と節合されなければならない。ラディカル・デモクラシーの政治哲学やカルチュラル・スタディーズの文化研究は、社会の再生産の過程的構造を内省する知であることを自覚する必要がある。市民社会が再生産の過程的構造の媒介であることを内省すること、それこそポストモダニズム時代の社会主義の課題なのである。

第三に、都市と地域の空間編成に市民社会の言説的実践を行使して都市空間と地域空間の自律的編成を推し進めなければならない。グローバリゼーションとローカリゼーションが同時進行する現代において、空間と時間を編成する主権を国家ではなく、地域や都市が獲得することによって、社会的なるものの統一の可能性が創出される。

結び

社会主義とは自己完結した理想モデルではない。今日の社会をそのような理想モデルに向かって移行すべき過渡期として位置づけることはもはやできない。ジェラール・ドゥランティが指摘するように、今日の社会変化の本性は《過渡期（transition）》よりもむしろ《変容（transformation）》というタームで語られるべきものなのである。断片化と統一化の自己矛盾的進展というモダニズムのダイナミックな活力が失われ、この進展を制御する主体の自律性が崩壊した今日の社会では、社会の安定した基盤が失われ、不確実性が蔓延している。われわれに求められていることは、理想モデルを構築することではなく、現存の社会の中に社会的なるものを構成する場としての市民社会を再発見し、集団的主体を構築する政治をうちたて、平等主義的な多元主義にもとづいて不確実な社会の脱構築を図ることである。社会主義はそのような社会の脱構築の羅針盤として意味をもつ。崩壊した集団的主体を構築し社会的なるものの統一性を実現する鍵を握るのは、言説的実践にもとづく社会の内省力である。今日の社会は言説によって構造化されたコミュニケーション構造になりつつある。このコミュニケーション構造を探り当て、そこにはらまれる権力諸関係を再審理すること、それこそが社会主義の戦略なのである。

参考文献

阿部潔［1998］『公共圏とコミュニケーション』ミネルヴァ書房

Aglietta M.［1976］Régulation et crises du capitalisme,Calmann-Lévy.（『資本主義のレギュラシオン理論』若森章孝ほか訳、大村書店、増補版）

Amin A.ed.［1994］“Post-Fordism”Blackwell.

Anderson B.［1983］“Imagined Communities”Verso.（『想像の共同体』［増補版］白石さや・白石隆訳、NTT出版）

Artuad A.［1938］Le théâtre et son double,Gallimard.（『演劇とその形而上学』安堂信也訳、白水社）

浅野清／篠田武司［1998］「現代世界の『市民社会』思想」（八木・山田・千賀・野沢編著『復権する市民社会論』日本評論社、所収）

Attali J.［1975］La parole et l'outil, PUF.（『情報とエネルギーの人間科学』平田・斉藤訳、日本評論社）

［1988］Au propre et au figuré—Une histoire de la propriété,Fayard.（『所有の歴史』山内昶訳、法政大学出版局）

［1999］Fraternités, Fayard.（『反グローバリズム』近藤・瀬藤訳、彩流社）

『新しい歴史教科書』扶桑社、二〇〇一年

Balibar E./Wallerstein I.［1990］“Race, Nation, Class”Éditions la Découverte.（『人種・国民・階級』若森章孝ほか訳、大村書店）

Balibar E.［1992］‘Droit de l'homme et Droit du citoyen’,“Les frontiéres de la democratie”Éditions la Découverte.（「人権と市民権」大森秀臣訳『現代思想』五月号）

［1998］Droit de cité, Éditions de l'Aube.（『市民権の哲学』松葉祥一訳、青土社）

Barber B.R.［1995］“Jihad vs. Mcworld”, Times Books.（『ジハード対マックワールド』鈴木主税訳、三田出版会）

Beck U.［1986］“RISIKOGESELLSCHAFT”（東／伊藤訳『危険社会』法政大学出版局）

Beck U./Giddens A./Lash S.［1994］“Reflexive Modernization”, Polity Press.（『再帰的近代化』松尾・小幡・叶堂訳、而立書房）

Benko G./Lipietz A. éd.［1992］Les régions qui gagnent,PUF.

[2000] La richesse des régions,PUF.

Benko G./Strohmayer U. ed. [1997] “Space & Social Theory”, Blackwell Publishers.

Bertramsen R.B./Peter J./Thomsen F./Torfing J. [1991] “State,Economy & Society” Unwin Hyman.

Bobbio N [1990], “Saggi su GRAMSCI”, Giangiacomo Feltrinelli Editore Milano.（小原・松田・黒沢訳『グラムシ思想の再検討』お茶の水書房）

Bollnow O.F. [1963] “Mensch und Raum” W.Kohlhammer GmbH.（『人間と空間』池川・中村訳、せりか書房）

Borja J./Castells M. [1997] “Local and Global”, Earthscan Publications Ltd.

Boyer R. [1996] La globalisation,mythes et réalités.（『世界恐慌』井上泰夫訳、藤原書店）

Burkhard B. [2000] “French Marxism between the Wars—Henri Lefebvre and the ‘Philosophies’”, Humanity Books.

Castelles M. [1984] La question urbaine, Éditions la Découverte.（山田操訳『都市問題』恒星社厚生閣）

[1996] “The Rise of the Network Society”, Blackwell.

[1999]『都市・情報・グローバル経済』（大澤善信訳・解説、青木書店）

Chavance B. [1990] Le systéme économique soviétique, Éditions Nathan.（『社会主義のレギュラシオン理論』斉藤日出治訳、大村書店）

Cohen J./Arato A. [1992] “Civil Society and Political Theory”, MIT Press.

Davis M. [1992] “City of Quartz”（村山・日比野訳『要塞都市LA』青土社）

Debord G. [1992] La société du spectacle, Éditions Gallimard.（『スペクタクルの社会』木下誠訳、平凡社）

Delanty G. [1999] “Social Theory in a Changing World” Polity Press.

[2000] “Citizenship in a Global Age”, Open University Press.

Fraser N. [1992]「公共圏の再考：既存の民主主義の批判のために」（キャルホーンG・編『ハーバマスと公共圏』山本・新田訳、未来社、所収）

[1995a] ‘Equality,Difference and Radical Democracy’,ed.by Trend D. “Radical Democracy” Routledge.（『ラディカル・デモクラシー』佐藤・飯島・金田ほか訳、三嶺書房、所収〕

[1995b]「再分配から承認まで？　ポスト社会主義時代における公正のディレンマ」『アソシエ』V

[1998]「ヘテロセクシズム、誤認、そして資本主義」『批評空間』II－23号
Fröbel F.I.,Heinrichs and Kreye O.［1980］“The New International Division of Labour”, Cambridge University Press.
藤原帰一［2002］『デモクラシーの帝国』岩波新書
『現代思想』［1999］特集《変容する空間》一二月号
『現代思想』［2001］特集《帝国》VOL.29-8. 七月号
Giddens A.［1999］“Runaway World”, Profile Books Ltd.（『暴走する世界』佐和隆光訳、ダイヤモンド社）
Gorz A.［1991］Capitalisme,Socialisme,Écologie, Éditions Galilée.（『資本主義・社会主義・エコロジー』杉村裕史訳、新評論）
［1988］Métamorphoses du travail, Éditions Galilée.（『労働のメタモルフォーズ』真下俊樹訳、緑風出版）
Gottdiener M.［1985］“Social Production of Urban Space”,University of Texas.
Gramsci A.［1965］『グラムシ選集』（山崎功監修）合同出版
Guillaume M.［1974］Le capital et son double. PUF.（斉藤日出治訳『資本とその分身』法政大学出版局）
Gutmann A.ed.［1994］“Multiculturalism”, Princeton University Press.（『マルチカルチュラリズム』佐々木・辻・向山訳、岩波書店）
Hall S.［1989］‘The Meaning of New Times’,“New Times”（葛西弘隆訳「『新時代』の意味」『現代思想』《総特集 スチュアート・ホール》一九九八年三月号）
［1990］‘Cultural Identity and Diaspora’,“Identity,Community,Culture,Difference”（「文化的アイデンティティとディアスポラ」小笠原博毅訳『現代思想』《総特集スチュアート・ホール》一九九八年三月号）
花田達朗［1996］『公共圏という名の社会空間』木鐸社
花崎皋平［2002］『〈共生〉への触発』みすず書房
Hardt M.［1998］‘The Withering of Civil Society’ ed.by.Kaufman E./Heller K.J.“Deuleuze & Gauttali—New Mapping in Politics,Philosophy and Culture”.The University of Minnesota Press.（「市民社会の衰退」『批評空間』第II期、第二一号、所収）
Hardt M./Negri A.［2000］“Empire” Harvard University Press.（『帝国』水嶋一憲ほか訳、以文社）

Harvey D.［1985］“The Urbanization of Capital”The Johns Hopkins University Press.（『都市の資本論』水岡不二雄監訳、青木書店）
［1990］“The Condition of Postmodernity”, Blackwell Publishers.（『ポストモダニティの条件』吉原直樹監訳、青木書店）
［1996］“Justice,Nature and the Geography of Difference”, Blackwell.（部分訳「戦闘的個別主義と世界的大望」西部均訳『現代思想』一九九九年一二月号）
［2000］“Space of Hope”, Edinburgh University Press.
Hess R.［1988］Henri Lefebvre et l'avanture du siècle, Éditions A.M.Mêtaili.
樋口陽一［1989］『自由と国家』岩波書店
［1996］『人権』三省堂
平田清明［1969］『市民社会と社会主義』岩波書店
［1970］「地平設定のために・市民社会の経済学批判」『経済学史』（『経済学全集三』筑摩書房、所収
［1971］『経済学と歴史認識』岩波書店
［1981］『コンメンタール「資本」』II、日本評論社
［1987］「現代資本主義と市民社会」『現代市民社会の旋回』昭和堂、所収
［1993］『市民社会とレギュラシオン』岩波書店
［1996］『市民社会思想の古典と現代』有斐閣
廣松渉［1974］『資本論の哲学』現代評論社
Hirsch J.［1990］Kapitalismus Ohne Alternative?, VSA Verlag.（木原・中村訳『資本主義にオルタナティブはないのか』ミネルヴァ書房）
今枝法之［2000］『溶解する近代』世界思想社
今井弘道［1998］「Die Bürgerliche Gesellschaft/Die Zivilgesellschaft/Der Staat」（『復権する市民社会論』前掲書、所収）
今井弘道編著［2001］『新・市民社会論』風行社
今田高俊［1998］「アイデンティティと自己組織性」青井・高橋・庄司編『現代市民社会とアイデンティティ』梓出版社）

Isin E.F./Wood P.K. [1999] "Citizenship and Identity" The Cromwell SAGE.
岩永真治［1998］「シティズンシップの歴史社会学」『明治学院論叢』第六一一号
伊豫谷登士翁［1993］『変貌する世界都市』有斐閣
［2001］『グローバリゼーションと移民』有信堂
［2002］『グローバリゼーションとは何か』平凡社
Jessop B. [1994] Post-Fordism and the State, in Amin A.ed. "Post-Fordism", Blackwell.
梶田孝道［1993］『統合と分裂のヨーロッパ』岩波新書
姜尚中／吉見俊哉［2001］『グローバル化の遠近法』岩波書店
Kimlica W. [1995] "Multicultural Citizenship"（『多文化時代の市民権』角田・石山・山崎監訳、晃洋書房）
金静美［1988］「三重県木本における朝鮮人襲撃・虐殺について」『在日朝鮮人史研究』第一八号、在日朝鮮人運動史研究会
木村宏一郎［2001］『忘れられた戦争責任』青木書店
Kornai J. [1984] "Sellected Writings of Kornai"（盛田常夫訳『「不足」の政治経済学』岩波書店）
[1992] "The Socialist System—The Political Economy of Communism", Oxford.
古関彰一［1995］『新憲法の誕生』中央公論社
Kristeva J. [1988] Étrangers à nous même ,Librairie Arthême Fayard.（『外国人—我らの内なるもの』池田和子訳、法政大学出版局）
Laclau E./Mouffe C. [1985] "Hegemony and Socialist Strategy" Verso.（『ポスト・マルクス主義と政治』山崎・石澤訳、大村書店）
Lash S./Urry J. [1987] "The End of organized Capitalism", Oxford.
[1994] "Economies of Signs and Space", Sage.
Lefebvre H. [1939] Nietzsche, Éditions sociales internationales.
[1947a] Critique de la vie quotidienne I: Introduction,Grasset.（『日常生活批判序説』田中仁彦訳、現代思潮社）
[1947b] Logique formelle,logique dialectique, Éditions sociales.（『形式論理学と弁証法論理学』中村・荒川訳、合同出版）

[1948] Le Marxisme,PUF.（『マルクス主義』竹内良知訳、白水社）
[1966] Sociologie de Marx,PUF.（『マルクスの社会学』山下淳志郎訳、せりか書房）
[1968a] La droit à la ville,Anthropos.（森本和夫訳『都市への権利』筑摩書房）
[1968b] La vie quotidienne dans le monde moderne,Gallimard.（『現代世界における日常生活』森本和夫訳、現代思潮社）
[1971] Au-delà du structuralisme,Anthropos.（『革命的ロマン主義』西川・小西訳、福村出版、『構造主義を越えて』西川・中原訳、福村出版）
[1973a]「都市政策の構想」（岩波講座『現代都市政策』別巻、「世界の都市政策」所収）
[1973b] Espace et politique, Éditions Anthropos.（『空間と政治』今井成美訳、晶文社）
[1974] La production de l'espace, Éditions Anthropos.（『空間の生産』斉藤日出治訳、青木書店）
[1992]（with Catherine Régulier-Lefebvre）Eléments de rythmanalyse, Éditions Syllepse.
Lefort C. [1986] "The Political Forms of Modern Society", Oxford.
Lipietz A. [1999] Qu'est-ce que l'écologie politique?, Éditions la Découverte & Syros.（『政治的エコロジーとは何か』若森文子訳、緑風出版）
Makoto Kubo [1997] Étude historique sur la notion de minorité en droit international,Université Robert Schuman de Strasbourg.
Marshall T.H.et al. [1963] 'Citizenship and Social Class', "Sociology at the Crossroad and other essays", Heinemann.（『シティズンシップと社会的階級』岩崎・中村訳、法律文化社）
Marx K. [1962-64] Das Kapital,Dietz Verlag.（『資本論』長谷部文雄訳,青木書店）
[1967] Marx-Engels Werke,Band 26,Dietz Verlag.（マルクス・エンゲルス全集』第二六巻「剰余価値学説史」大月書店）
Massey D. [1995] "Spacial Division of Labour", Macmillan.（『空間的分業』富樫・松橋監訳、古今書院）
Méda D. [1995] Le travail—Une valeur en voie de disparition,Aubier.（『労働社会の終焉』若森章孝・若森文子訳、法政大学出版局）

McIntyre-Milles J. [2000], "Global Citizenship and Social Movements", Harwood Academic Publishers.
Mies M. [1986] "Patriarchy and Accumulation on a World Scale" Zed Books.（『国際分業と女性』奥田暁子訳、日本経済評論社）
Mies M./Thomsen V.B./Werlhof C.V. [1988] "Women : The Last Colony", Zed Books.（『世界システムと女性』古田・善本訳、藤原書店）
Mies M. [2002]「戦争システムとしてのグローバル化」『季刊ピープルズ・「シンポジウム：マリア・ミースを迎えて―テロ・報復戦争のもとでグローバル資本主義を超える」『季刊ピープルズ・プラン』一七号、二〇〇二年冬
水嶋一憲 [1999]「市民のミスエデュケーション」『現代思想』五月号
最上敏樹 [2001]『人道的介入』岩波新書
Mouffe C. [1993] "The Return of the political" Verso.（『政治的なるものの再興』千葉真ほか訳、日本経済評論社）
Münch R. [2001] "Nation and Citizenship in the Global Age―From National to Transnational Ties and Identities", Palgrave.
長坂寿久 [2000]『オランダモデル』日本経済評論社
Nietzsche F,. [1872]『悲劇の誕生』『世界の名著』第四六巻「ニーチェ」所収
Noble D. [1995] "Progress without People" Between The Lines.（『人間不在の進歩』渡辺・伊原訳、こぶし書房）
荻野昌弘 [1998]『資本主義と他者』関西学院大学出版会
大城・荒山編 [1998]『空間から場所へ』古今書院
Panovsky E. [1951] "Gothic Architecture and Scholasticism", Archabbey Press.（『ゴシック建築とスコラ哲学』前川道郎訳、ちくま学芸文庫）
Piore M.J./Sabel C.F. [1984] "The Second Industrial Divide" Basic Books Inc.（『第二の産業分水嶺』山之内靖ほか訳、筑摩書房）
Poulantzas N. [1978] L'État, le pouvoir, le socialisme,PUF.（『国家・権力・社会主義』田中・柳内訳、ユニテ）
[1980] Repéres, Maspero Éditeur.（『資本の国家』田中正人訳、ユニテ）
Roseman C.C./Laux H.D./Thieme G. [1996] "Ethni-City" Rowman & Littlefield Publishers,INC.

齋藤純一［2000］『公共性』岩波書店
斉藤日出治［1990］「都市の物象化と歴史認識」（斉藤日出治『物象化世界のオルタナティブ』昭和堂、所収）
［1995］「六八年後の追悼」『月刊フォーラム』三月号
斉藤日出治／岩永真治［1996］『都市の美学』平凡社
［1998a］「木本トンネルと紀州鉱山」『大阪産業大学論集』社会科学編、１０８号
［1998b］『国家を越える市民社会』現代企画室
［1998c］「市民社会と空間形成」（『復権する市民社会論』前掲書、所収）
［1999a］「社会空間の制度経済学的アプローチ」（八木紀一郎編『制度の政治経済学の体系化』一九九九年度科学研究費補助金研究成果報告集）
［1999b］「空間と社会の発生論―H・ルフェーヴル『空間の生産』のプロブレマティーク」『大阪産業大学論集』社会科学編第一一三号
［1999c］『ノマドの時代』増補版、大村書店
［1999d］「国家主権の危機と近代的人権の再審」『大阪産業大学経済論集』第1巻、第1号
［2000a］「空間の生産の問題圏」［アンリ・ルフェーヴル著『空間の生産』訳者解説］
［2000b］「グローバリゼーションと対抗的ヘゲモニーの可能性」『インパクション』１２１号
［2001a］「ポストモダニズム時代の社会主義戦略」『21世紀社会主義への挑戦』社会評論社
［2001b］「グローバリゼーションと憲法」『ピープルズ・プラン研究』四号
［2001c］「21世紀の社会主義像を求めて」『QUEST』No.11-16
［2001d］「市民権論としての社会主義」（『21世紀の社会主義像を求めて』第3回『QUEST』NO.13）
［2002］「グローバル資本主義と対抗的ヘゲモニー」『季刊ピープルズ・プラン』一七号（冬号）
斉藤日出治／池田祥子［2002］「グローバリズムとナショナリズム」『季刊・運動〈経験〉』第六号、夏号
酒井隆史［2001］『自由論』青土社
佐々木政憲［2001］「市民的ヘゲモニーと歴史的選択」（『新市民社会論』前掲書、所収）
佐々木允臣［1998］『自律的社会と人権』文理閣

[2001]『もうひとつの人権論』増補版、信山社
Sassen S. [1996] "The Age of the Globalisation" Columbia University Press.（『グローバリゼーションの時代』伊豫谷登士翁訳、平凡社）
Scott A.J. [1988] "Metropolis" The University of California Press.（『メトロポリス――分業から都市形態へ』水岡不二雄監訳、古今書院）
Shields R. [1999] "Lefebvre, Love & Struggle――Spatial Dialectics" .Routledge.
島袋純 [2001]「自治と分権の視点から」『季刊ピープルズ・プラン』四号、所収
市民フォーラム二〇〇一 [1999]『WTOが世界を変える』
Smith A.M. [1998] "Laclau and Mouffe", Routledge.
Soja E.W. [1996] The Third Space, The Blackwell Publishers.
田畑稔 [2001]「アソシエイショナルな革命と新しい世界観」（社会主義理論学会編『21世紀社会主義への挑戦』社会評論社、所収）
戴エリカ [1999]『多文化主義とディアスポラ』明石書店
高橋哲哉 [2001]『歴史／修正主義』岩波書店
テッサ・モーリス・スズキ [2001]「批判的想像力の危機」『世界』二〇〇一年一月号
[2002]『批判的想像力のために』平凡社
Théret B. [1992] Régimes économiques de l'ordre politique,PUF.［神田・中原・宇仁・須田訳『租税国家のレギュラシオン』世界書院］
Tomlinson J. [1999] "Globalisation and Culture",Polity Press.（『グローバリゼーション』片岡信訳、青土社）
Torfing J. [1999] "New Theory of Discourse――Laclau,Mouffe and Zizek" Blackwell.
Touraine A. [1980] L'Aprés socialisme,Grasset.（『ポスト社会主義』平田・清水訳、新泉社）
[1995] "Critique of Modernity" Blackwell.
Tuan Yi-fu [1977] "Space and Place" The University of Minnesota.（山本浩訳『空間の経験』筑摩書房）
植村邦彦 [2001]『マルクスを読む』青土社

［2001］『「近代」を支える思想』ナカニシヤ出版
上野俊哉［1999］『ディアスポラの思考』筑摩書房
上野俊哉／毛利嘉孝［2000］『カルチュラル・スタディーズ入門』ちくま新書
Urry J.［1981］“The Anatomy of Capitalist Societies” The Macmillan Press.（『経済・市民社会・国家』青野正義監訳法律文化社）
［1990］“The Tourist Gaze”, Routledge.（『観光のまなざし』加太宏邦訳、法政大学出版局）
［1996］“Consuming Places”, Sage.
［2000］“Sociology beyond Societies” Routledge.
ヴァンダナ・シバ［1999］『種子と生命の多様性のために』生活クラブ生協
若森章孝［1996］『レギュラシオンの政治経済学』晃洋書房
［1998］「福祉国家は越えられるか」（『復権する市民社会論』前掲書、所収）
山本・雨宮・新川編［2002］『NPOと法・行政』ミネルヴァ書房
山之内靖［1996］『システム社会の現代的位相』岩波書店
［1999］『日本の社会科学とヴェーバー体験』筑摩書房
吉原直樹［2002］『都市とモダニティの理論』東京大学出版局
吉見俊哉［2000］『カルチュラル・スタディーズ』岩波書店

あとがき

前著『国家を越える市民社会』では、二〇世紀を《国民国家の動員体制》としてとらえ、その視点から二〇世紀資本主義（フォーディズム）および二〇世紀社会主義（指令型計画経済）を総括した。そして国民国家が動揺するポスト・ナショナルな社会に対して、崩壊する国民主体に代わる複合的な集団的主体の生成、およびそれらの主体間の平等主義的な節合を追求するラディカル・デモクラシーの理念を軸にして社会形成の可能性を探った。

本書はそのような探究をさらに押し進めた続編の仕事に当たる。つまり、グローバリゼーションとポストモダンの歴史的状況下で、社会統合の基盤が失われ、ひとびとのアイデンティティが揺らぐ中で、グローバリゼーションに代わる社会統合をどのようにして達成しうるのかを探究しようとしたものである。空間、時間、身体、生きられる経験という根源にまで立ち入って、これらの概念の再構築を通してグローバリゼーションへの対抗的な理念を提示しようとこころみた。

わたしがこの一〇年間取り組んできた日本の戦後責任と民族差別にかかわる社会運動（熊野の朝鮮人虐殺、紀州鉱山における朝鮮人労働者の強制労働、中国・海南島での旧日本軍による朝鮮人虐殺）についても、本書では言及している。本書を通してこの社会運動の歴史理論的な意義をようやく内在した形であきらかにすることができたように思う。なお、本書の刊行とほぼ同時に、わたしたちの社会運動のブックレットが完成した。『紀伊半島・海南島の朝鮮人——木本トンネル・紀州鉱山・「朝鮮村」』（三重県木本で虐殺された朝鮮人労働者（李基允・裵相度）の追悼碑を建立する会編）である。本書とあわせてお読みいただければ幸いです。

本書は、初出一覧の諸論稿をもとにして、組み替えや加筆・削除・書き直しをおこない一冊の書としてまとめたものである。

本書の刊行に当たって、大阪産業大学から刊行助成金の支給を受けた。ご協力をいただいた関係者のかたがたに感謝を申し上げたい。また本研究は、大阪産業大学のプロジェクト共同研究《人権概念への社会経済学的アプローチ》の研究成果でもあることを付言しておきたい。

前著に続いて、現代企画室の太田昌国さんにお世話になった。出版活動を日本の政治文化をはぐくむ重要な環として位置づける太田さんのプロジェクトに共鳴しつつ、本書がその任務の片鱗なりとも果たせることを祈念して、お礼の言葉に代えたい。

二〇〇二年十一月

斉藤日出治

初出一覧

序章「ポストモダンにおける歴史の復権」……『大阪産業大学論集』社会科学編、第一一六号、二〇〇一年一〇月

I

一「グローバリゼーションと対抗的ヘゲモニーの可能性」……『インパクション』二〇〇〇年九月

二「グローバル資本主義と性差別」……『立命評論』二〇〇二年四月

三「国家主権の危機と近代的人権の再審」……『大阪産業大学経済論集』第一巻、第一号、一九九九年一〇月
「グローバリゼーションとポストナショナルな立憲主義」……『大阪産業大学経済論集』第三巻、第一号、二〇〇二年

四「グローバル化とローカル化のなかの都市」……『社会情報学講座』早稲田大学出版局（刊行予定）

五　書評（初出紙は本文に掲載）

II

一、二「空間と社会の発生論」……『大阪産業大学論集』社会科学編、第一一三号、一九九九年六月
「空間の生産の問題圏」……アンリ・ルフェーヴル『空間の生産』（斉藤日出治訳）訳者解説、青木書店、二〇〇〇年

三「モダニティと空間――抽象空間の弁証法と歴史認識」……『現代社会理論における都市思想と都市文化』科学研究費補助金基盤研究、研究成果報告書、二〇〇二年三月

III

一　書き下ろし

二「21世紀の社会主義像を求めて」……『QUEST』連載 No. 11-16号、二〇〇一年一、三、五、七、九、一一月

三「ポストモダニズム時代の社会主義戦略」……『21世紀社会主義への挑戦』社会評論社、二〇〇一年

事項索引

ま

や

ら

わ

人名索引

ら

【著者紹介】

斉藤日出治（さいとう・ひではる）

1945年、長野県伊那市に生まれる。

社会経済学専攻

現在、大阪産業大学経済学部教員

著書――『物象化世界のオルタナティブ』（昭和堂、1990年）

『都市の美学』（共著、1996年、平凡社）

『国家を越える市民社会』（現代企画室、1998年）

『ノマドの時代』（増補版、大村書店、1999年）

『21世紀社会主義への挑戦』（共著、社会評論社、2001年）

『文化の権力』（共著、藤原書店、2003年）ほか

訳書――M・ギヨーム『資本とその分身』（法政大学出版局、1987年）

B・シャバンス『社会主義のレギュラシオン理論』（大村書店、1992年）

M・アグリエッタ『通貨統合の賭け』（藤原書店、1992年）

A・コッタ『狼狽する資本主義』（法政大学出版局、1993年）

H・ルフェーヴル『空間の生産』（青木書店、2000年）ほか

空間批判と対抗社会――グローバル時代の歴史認識

発行……………二〇〇三年三月一日　初版第一刷　一五〇〇部

定価……………三五〇〇円＋税

著者……………斉藤日出治

発行人…………北川フラム

発行所…………現代企画室

住所……………101-0064東京都千代田区猿楽町二―二―五　興新ビル302

電話――〇三―三二九三―九五三九

ファクス――〇三―三二九三―二七三五

Email:gendai@jca.apc.org

URL.www.jca.apc.org/gendai/

印刷所…………中央精版印刷株式会社

ISBN4-7738-0214-6 C0033 Y3500E